Christian Gruber

Glaubwürdig kommunizieren

Christian Gruber

Glaubwürdig kommunizieren

Interne und externe Strategien
für Führungskräfte
und Pressestellen

VS VERLAG

Bibliografische Information der Deutschen Nationalbibliothek
Die Deutsche Nationalbibliothek verzeichnet diese Publikation in der
Deutschen Nationalbibliografie; detaillierte bibliografische Daten sind im Internet über
<http://dnb.d-nb.de> abrufbar.

1. Auflage 2010

Alle Rechte vorbehalten
© VS Verlag für Sozialwissenschaften | Springer Fachmedien Wiesbaden GmbH 2010

Lektorat: Barbara Emig-Roller

VS Verlag für Sozialwissenschaften ist eine Marke von Springer Fachmedien.
Springer Fachmedien ist Teil der Fachverlagsgruppe Springer Science+Business Media.
www.vs-verlag.de

Umschlaggestaltung: KünkelLopka Medienentwicklung, Heidelberg
Gedruckt auf säurefreiem und chlorfrei gebleichtem Papier
Printed in Germany

ISBN 978-3-531-17651-2

Inhalt

Einleitung

Glaubwürdigkeit ist eins der zentralen Themen dieses Bandes – die Glaubwürdigkeit der Kommunikation. Sie intern wie extern, bei den Mitarbeitern und in der Öffentlichkeit, herzustellen, das ist eine der größten Herausforderungen, vor denen Unternehmen, ihre Führungskräfte und Pressestellen heutzutage stehen. Denn auf der einen Seite ist da eine junge Generation von kritischen Konsumenten, die ein nachhaltiges und ethisch sauberes Wirtschaften einfordern und die sich an den etablierten Medien vorbei im Internet selbst organisieren und dort eine Gegenöffentlichkeit etablieren. Auf der anderen Seite wird das Agieren für die Unternehmen selbst im Zeichen einer immer enger vernetzten Welt komplexer und komplexer. Diese Komplexität gilt es verständlich und überzeugend zu kommunizieren, intern in die Mitarbeiterschaft hinein, und extern in eine Presselandschaft hinaus, die immer weniger in der Lage ist zu differenzieren – sei es aus Überforderung und Personalmangel, weil die Redaktionen immer weiter ausgedünnt werden; sei es aus einem Popularisierungsdruck heraus, der sich der abnehmenden Lesekompetenz des Publikums beugt.

Das Hauptproblem der Kommunikation im Unternehmen ist, dass die Wirtschaftswissenschaften und in ihrem Gefolge die an sie glaubende ökonomische Gemeinde insbesondere im Management traditionell ein stark verkürztes Menschenbild haben: den rationalen Entscheider. Auch wenn inzwischen ein Umdenken spürbar wird, so ist es noch immer dieser Typus, dessen Selbstwahrnehmung die Chefetagen prägt. Und das schlägt sich auf die Kommunikation nieder: Das Management spricht eine andere Sprache als der Rest der Mitarbeiter. Und das ist fatal. Denn so kann man niemanden motivieren. Dieser Band will für das tägliche Aneinandervorbeireden sensibilisieren und ein Bewusstsein dafür schaffen, dass Menschen in ihren jeweiligen sozialen Rollen in ihrer eigene Sprache sprechen. Das gilt für die Familie genauso wie für das berufliche Umfeld. Für die interne Kommunikation bedeutet das: Der Beschäftigte in der Produktion braucht eine andere Ansprache als die Sekretärin im Büro. Und vom fachgetriebenen Ingenieur kann man nicht erwarten, dass er die betriebswirtschaftlichen Kommunikationsversuche des Managements in irgendeiner Weise nachvollzieht. Wer motivieren will, der muss wissen, dass er das nur kann, wenn er sein Anliegen auf das jeweilige Umfeld, mit dem er gerade zu tun hat, zuschneidert. Das gilt innerhalb wie außerhalb des Unternehmens.

Das *erste Kapitel* befasst sich deshalb mit einer kleinen Typologie der Kommunikation. Und mit der Frage, warum die Kommunikationssituationen entscheiden über die Bandbreite der Deutungsversuche von Wirklichkeit, und warum sie darüber bestimmen, welchen Entscheidungsheuristiken und Handlungsmustern man unbewusst folgt. Es wird geklärt, wie wir wirklich kommunizieren. Und es wird aufgeklärt darüber, dass die Akteure im Unternehmen oft eine falsche Vorstellung davon haben, was Kommunikation ist.

Das *zweite Kapitel* beleuchtet die internen Strukturen von Unternehmen aus sozialpsychologischer Sicht. Warum handeln wir sprachlich so und nicht anders, ist eine der zentralen Fragen. Und was lässt sich daraus ableiten für die eigene Kommunikation nach innen? Dass der Kommunikationsstil, wie er die Managementebene prägt, lediglich der Selbstverständigung und Selbstbeschreibung einer schmalen Elite dient, der in der Firma meist nicht ankommt und von daher viel Potenzial verschenkt, wird eins der Ergebnisse sein. Dass die meisten Mitarbeiter den Mittelpunkt ihres Lebens nicht im Beruf sehen und dass Kommunikation sich darauf einstellen muss, ein anderes. Schließlich ist eins der Anliegen dieses Bandes, die heutzutage allerorten eingeforderte Angepasstheit auf das rechte Maß zurückzustutzen: Als Rekrutierungsmerkmal und Karriereinstrument kann sie sehr kontraproduktiv sein für das Unternehmen. Die Gefahr, dass durch sie die falschen Entscheidungsheuristiken generiert werden, ist groß.

Im *dritten Kapitel* geht es um die Kommunikation nach draußen, in die Öffentlichkeit hinein. Die Mechanismen, Konzentrationsprozesse und Strukturen des Medienbetriebs werden kritisch beleuchtet. Die daraus resultierenden Qualitätsdefizite und Eigendynamiken, aber auch die Herausforderungen, die das für die Unternehmenskommunikation mit sich bringt, sind Thema. Beispiele zeigen, warum es manchmal unvorhersehbar ist, welche Verwüstungen die eigenen Kommunikationsversuche in einer von Konkurrenzkampf, Vereinfachung und Zeitnot geprägten Presselandschaft anrichten. Gute und schlechte Pressemitteilungen werden analysiert. Aus der Psychologie der Redaktionen wird ein Leitfaden entwickelt, wie man an die Meinungsprofis bei Presse, Funk und Fernsehen herantritt, den juristischen Fallstricken aus dem Weg geht und warum es manchmal einfach besser ist zu schweigen. Welche Erfordernisse die antiökonomische Gegenöffentlichkeit des Internet an die externe Kommunikation heutzutage heranträgt, ist ein zentraler Punkt. Und: Warum nicht die bundesweite Aufmerksamkeit das übergeordnete Ziel der eigenen Pressearbeit sein sollte, sondern aus unternehmerischer Sicht die beste Strategie meistens ist: global denken, regional kommunizieren.

Um den Lesefluss nicht zu unterbrechen, sind die Literaturangaben in diesem Band auf das Minimum beschränkt. Die zahlreichen Primärquellen wie Pressemitteilungen, Agenturmeldungen, Zeitungsartikel oder Magazinbeiträge werden auf der jeweiligen Seite in der Fußnote genannt. Wo sie im Internet verfügbar sind, ist die Adresse mit angegeben. Für alle diese Belege gilt: Sie liegen mir in ausgedruckter Form vor.

Bei den sozialpsychologischen Beiträgen, auf die sich dieser Band stützt, habe ich mich auf die ältere Forschung bis Mitte der 1990er Jahre konzentriert. Wesentliche Ergebnisse wurden in dieser Zeit zusammengetragen, die heute – trotz des Hirnforschungs-Jubels mit seinen bildgebenden Verfahren, in den auch weite Teile der Psychologie derzeit kräftig mit einstimmen – im wesentlichen nur bestätigt, im besten Fall ergänzt werden und bislang aus meiner Sicht keine wesentlichen Erkenntnisfortschritte erbracht haben, was das soziale Handeln der Menschen betrifft. Natürlich ist auch die Theorienbildung in der Sozialpsychologie inzwischen vorangeschritten, der pragmatische Ansatz dieses Bandes fragt aber nicht nach der Stimmigkeit wissenschaftlicher Modelle, sondern nach der Verwertbarkeit von empirischen Studien für die Beschreibung der Muster des sozialen Handelns.

Ich bin natürlich einigen Menschen zu Dank verpflichtet, allen voran meiner Familie, meiner Tochter Cristina, meinem Sohn Sebastian und meiner Frau Antje. Ich möchte ihnen für ihre Geduld mit mir danken. Und vor allem meiner Frau widme ich dieses Buch als Glücksbringer. Sie weiß, warum. Ich danke meinen Freunden, die mich bestärkt haben, wieder etwas zu schreiben und insbesondere meinem Freund Professor Dr. Stephan Fischer, dessen Idee, mir an der Hochschule Pforzheim eine neue akademische Heimat anzubieten, die Initialzündung für diesen Band war. Ich danke Frau Emig-Roller vom VS-Verlag dafür, dass sie sich ein Gesamtbild gemacht hat, bevor sie sich für mein Manuskript entschied. Und nicht zuletzt bedanke ich mich bei meinem Kollegen Marco Kalinke für seine Plackerei mit der Formatierung dieses Buches.

Wachenheim im Juni 2010

1. Die Draufsicht: Was ist Kommunikation?

Auf der Suche nach dem Ich und seinen Entscheidungen sind Teile der Neuro-wissenschaften inzwischen an einem Punkt angelangt, der die klassische öko-nomische Handlungs- und Entscheidungstheorie ziemlich alt aussehen lässt. Natürlich beschäftigen sich auch die Wirtschaftswissenschaften schon lange mit Entscheidungsheuristiken, jenen evolutionär geprägten Denkabkürzungen unse-res Gehirns, die sehr erfolgreich sind. Oder, wie Gigerenzer und Goldstein es charakterisiert haben: „Wenn Menschen Schlussfolgerungen ziehen, müssen sie sich nicht zwischen »korrekt« und »einfach« entscheiden. Beides ist möglich."[1] Auch dass diese Heuristiken oft zu Fehlschlüssen führen, ist bekannt[2] – und wird von Marketingstrategen gnadenlos ausgenutzt. Was die Wirtschaftswissen-schaften aber bislang geflissentlich ausblenden, ist: Entscheidungen werden normalerweise nicht im stillen Kämmerlein unseres Denkens gefällt und dann der sozialen Außenwelt mitgeteilt. Entscheidungen entstehen vielmehr, weil wir ständig mit der Außenwelt interagieren und weil unser Inneres immer schon ein Teil dieser Außenwelt ist und sich nicht von ihr abtrennen lässt. Insofern sind unsere Entscheidungen nie ganz allein unsere Entscheidungen. Alles basiert in irgendeiner Form auf Kommunikation – und wenn es nur die Kommunikation mithilfe unserer unterschiedlichen sozialen Rollen ist, die in uns abgespeichert sind, weil wir sie leben.

Insofern haftet den Diskussionen innerhalb der ökonomischen Theorie über ein Mehr oder Weniger an Laborexperimenten, um die menschlichen Entschei-dungswege besser zu verstehen, etwas Hilfloses an.[3] Zumal – und unter anderem deshalb dieses Buch – sich andere Wissenschaften wie die Hirnforschung und vor allem die Sozialpsychologie längst mit dem Menschen und seinen Heuristi-ken im sozialen Beziehungsgeflecht auseinandersetzen. Diese Ansätze zeigen: Den einsamen Entscheider gibt es nicht. Fasst man die wichtigsten Ergebnisse kurz zusammen, lässt sich sagen: Unser neuronaler Entscheidungsapparat ver-bindet Körper und Umwelt von Anfang an und bezieht alles, was uns in der

---

[1] Gigerenzer/Goldstein 1999: 95.
[2] vgl. im Überblick Frey/Frey 2009.
[3] vgl. Falk/Heckman 2009.

Außenwelt begegnet, zuallererst auf sich selbst.[4] Wir sitzen also nicht fest in unserem Kopf und integrieren mühsam Daten aus der sozialen Umwelt, mit deren Hilfe wir verstandesgemäße Entscheidungen treffen. Wir sind die Produzenten dieser Daten, indem wir die soziale Umwelt automatisch auf uns beziehen und uns in dieser ichbezogenen Umwelt verhalten. Erst in der Differenz zwischen dem anderen und dem eigenen entsteht so etwas wie ein Ich der Entscheidung, das zugleich extern und intern generiert ist, das rational und emotional zugleich agiert.

Natürlich hängt es sehr vom Kontext ab, wie unsere Entscheidungswege aussehen: Innerhalb der Familie und wenn es um eine lebensbedrohliche Situation geht, handeln, verhalten und denken wir nur allzu oft überwiegend emotional. In Kontexten dagegen, wo abstrakte Größen die entscheidende Rolle spielen wie bei Bilanzen, Geld, Budgets, wissenschaftlichen Theorien oder experimenteller Methodik, da setzen wir die logische Seite unseres Denkens ein, d.h. eine Ursache-Wirkungs-Heuristik, um zu Entscheidungen zu gelangen oder um in einen Trial-and-Error-Prozess einzusteigen. Trotzdem, und darauf will die moderne Neurowissenschaft hinaus, gibt es kein Erkennen oder Entscheiden aus der Perspektive der dritten Person, aus der Objektivität einer imaginären Beobachterposition heraus. Unser Erkennen beginnt immer mit dem Bezug zum erkennenden, denkenden, fühlenden Ich, lange, bevor uns das bewusst wird. Und dann erst fängt das Subjekt an, abhängig vom Kontext, in dem es sich befindet, unterschiedliche Entscheidungsverfahren anzuwenden. Im Falle eines Aktienkaufs zum Beispiel eins, das sich auf »objektive« Börsendaten verlässt, und ein intuitives, wenn es darum geht, was man jetzt konkret wann kauft. Insofern ist die Unterscheidung zwischen rational und emotional eine künstliche, da beide Verfahren die zwei Seiten der einen Medaille sind. Die einzige Rationalität, die überhaupt objektivierbar existiert, ist die Rationalität des Überlebens (siehe unten). Und sie muss nicht notwendigerweise nur logischen Heuristiken folgen.

Innerhalb der Wirtschaftswissenschaften ist Herbert A. Simon einer der wenigen, der früh auf diese »zwei Seelen in unserer Brust« hingewiesen hat und der damit den rein bewusst-vernünftigen Abwäger und Entscheider, den Homo oeconomicus, relativiert: „Was hat es mit der Intuition auf sich? Man kann beobachten, dass Menschen manchmal ein Problem ganz plötzlich lösen. Sie haben dann ein »Aha-Erlebnis« von unterschiedlicher Intensität. Die Echtheit dieses Phänomens ist unbezweifelbar. Mehr noch, die Problemlösungen, zu denen Menschen bei einem solchen Erlebnis durch intuitive Urteile kommen, sind oft die richtigen."[5]

---

[4] vgl. Northoff 2009: 53f. oder Singer et al. 2006.
[5] vgl. Simon 1993: 35.

1.1. Wirtschaftswissenschaften auf dem Holzweg

„Die Ökonomen fragen danach, was etwas jemandem wert ist, und leiten davon ab, wie Entscheidungen fallen. Dabei wird vorausgesetzt, dass Menschen wissen oder zumindest schätzen, mit welcher Wahrscheinlichkeit Ergebnisse eintreten, und dass der Wert unterschiedlicher Handlungsmöglichkeiten sich errechnen lässt. Manchmal fallen Entscheidungen tatsächlich auf diese Weise, manchmal aber nicht. Sehr häufig überblicken wir nämlich kaum, was passieren kann und welche Risiken wir wirklich eingehen; die Dinge sind dann ungewiss." So hat die Psychologin Elke Weber das Entscheidungsmodell der Wirtschaftswissenschaften mit Blick auf die Finanzkrise 2009 charakterisiert. Sie ist Direktorin des »Zentrums für Entscheidungswissenschaften« der New Yorker Columbia Universität.[6]

Allerdings: Nicht um diesen Entscheidungsansatz soll es in erster Linie gehen, sondern darum, wie Menschen kommunizieren und welchen Einfluss das auf ihre Entscheidungsheuristiken hat. Der Zusammenhang, den ich dabei – empirisch gestützt – unterstellen werde, ist folgender: Jedes Kommunizieren ist ein soziales Handeln, das andere beeinflusst und beeinflussen will und mit dem andere uns beeinflussen bzw. zu beeinflussen versuchen. Dieses sozio-kommunikative Handeln, wie ich es deshalb nennen möchte, muss nicht immer bewusst sein, manchmal folgen wir unausgesprochenen, sozialen Regeln blind, ohne sie zu hinterfragen. Dieses nur meist unbewusste sozio-kommunikative Handeln werde ich als Sozialsemantik bezeichnen. Typische Sozialsemantiken sind etwa das »Betriebsklima« oder die »Betriebsblindheit«. Sozio-kommunikatives Handeln und seine unbewusste Spielart, die Sozialsemantik, lassen bestimmte Entscheidungsoptionen stärker ins Bewusstsein rücken, andere im Hintergrund verblassen und manche ganz verschwinden.

Zwar sind Entscheidungen immer bewusst, aber nicht immer ist man sich dessen bewusst, dass man bei seinen Entscheidungen einer bestimmten Heuristik folgt, die spezifische Entscheidungsoptionen ausblendet. Andere Optionen, die außerhalb der eigenen Heuristik liegen, geraten gar nicht erst in den Blick, man schaut nicht »über seinen Tellerrand hinaus«. Die Sozialsemantiken und Entscheidungsheuristiken zusammen genommen werde ich als Rationalitäten bezeichnen. Sie werden nicht nur von unseren individuellen kognitiven Standards wie Intelligenz, Wissen und Emotionen bestimmt, sondern sie sind auch zu einem guten Teil abhängig davon, wann wir in welcher Situation mit welcher Gruppe interagieren.

---

[6] Weber 2010: 26.

Interessant dabei ist, dass auch ein Zuviel an Informationen Entscheidungsoptionen verschwinden lassen kann oder Verunsicherung erzeugt und damit die richtigen Entscheidungen zum richtigen Zeitpunkt verhindert – wobei die Kategorie der »Richtigkeit« sich erst im Nachhinein, in der Retrospektive, einstellt. In der Geheimdienstforschung ist dieses Phänomen als »noise« berühmt geworden, als das Gewirr der zusammengetragenen Stimmen, Meinungen, Daten und Informationen, die sich zu einem Hintergrundrauschen aus unüberblickbaren Datenmengen verdichten, aus dem es schwer ist, das Relevante zum richtigen Zeitpunkt herauszufiltern und zur Grundlage seiner Entscheidung zu machen.[7] Das hat vor allem mit den begrenzten Verarbeitungskapazitäten des menschlichen Gehirns und einer Komplexität zu tun, die entsteht, wenn das eigene sozio-kommunikative Handeln, wenn die eigenen Entscheidungen oder Nicht-Entscheidungen nach außen getragen werden und dann Feedback-Kaskaden des sozio-kommunikativen Handelns im engeren und weiteren sozialen Umfeld in Gang setzen, die sich unkontrolliert ausbreiten können. Ich werde auf die dabei eine Rolle spielenden Mechanismen wie die Kumulation und das dahinter steckende Chaos-Modell noch zu sprechen kommen.

1.2. Wer wir wirklich sind, oder: Man kann nicht *nicht* kommunizieren

Vor allem die Studien des Hirnforschers Jaak Panksepp[8] zeigen, dass das Gehirn ein Beziehungsorgan ist: Entstanden, um dem Körper das bestmögliche Überleben in der Umwelt zu ermöglichen, bauen unsere neuronalen Systeme verschiedene Formen der Beziehung zu dieser Umwelt auf. Und diese Beziehungen äußern sich in jedem von uns als bewusste Emotionen, als Angst, Wut, Freude und so weiter. „Das Gehirn ist das Mittel für die Emotionen, deren Zweck die soziale Verständigung ist. Sie etablieren einen sozialen Code zwischen den Menschen, der die Kommunikation ermöglicht", formuliert es der Neurophilosoph Georg Northoff.[9] Er meint damit: Was unser Gehirn beispielsweise an internen Entscheidungsoptionen und Kriterien für ein bestimmtes Verhalten oder sprachliches Handeln kreiert und was von außen aus dem sozialen Umfeld auf diese Entscheidungskriterien, Handlungserfordernisse und Möglichkeiten, in einer konkreten sozialen Situation kommunikativ zu agieren, einwirkt,

---

[7] vgl. Krieger 2009: 214.
[8] vgl. Panksepp 1998a und 1998b.
[9] Northoff 2009: 191.

das lässt sich nicht scharf voneinander scheiden. „Die versuchte Trennung zwischen Gehirn und Umwelt ist (...) eine künstliche", so Northoff, „die wir selbst, als außenstehende Beobachter unserer selbst, in die Welt setzen, die aber mit der Welt, speziell unserem Hirn und unserem Kontext, nicht allzu viel zu tun hat. Möglicherweise existiert die Unterscheidung zwischen Gehirn und Umwelt also nur in unserem Kopf, nicht aber in der Welt selbst."[10]

Wir sind soziale Wesen, unser Tun, unser Denken, unser Entscheiden dient einem Zweck: der Kommunikation mit der materiellen, biologischen und vor allem sozialen Umwelt. Insofern sind Entscheidungen nie unsere Entscheidungen allein, die durch ein nüchternes Abwägen zustande kommen, das roboterhaft Alternativen abarbeitet, Ungeeignetes verwirft und am Ende die eine rationale Option verfolgt, die objektiv, also völlig losgelöst vom eigenen subjektiven Empfinden, die geeignetste wäre. Unsere Entscheidungen, die nach außen, für die anderen sichtbar, als kommunikatives Handeln zutage treten, sind immer Beziehungsentscheidungen, die uns in ein bestimmtes Verhältnis zur vornehmlich sozialen Umwelt setzen; und die diese Umwelt ein bestimmtes Verhältnis zu uns einnehmen lassen, ob wir das wollen oder nicht. Jede Entscheidung ist damit emotional und rational zugleich, sie ist ein Amalgam der neuronalen Repräsentationen von externer Welt und interner Welt in unserem Kopf. Und diese Repräsentationen sind dynamisch, ständig im Umbau begriffen, weil sie auf Veränderungen in der Umwelt reagieren, die jeder von uns durch sein Handeln bewusst oder unbewusst mitgestaltet. Wir sind ein Stück weit die anderen, und die anderen sind nur durch jeden einzelnen von uns. Insofern kann man sagen: Alles ist Beziehung – und damit ist alles Kommunikation.

Deshalb umreißt der Satz des Kommunikationswissenschaftlers Paul Watzlawick, man könne nicht *nicht* kommunizieren,[11] die zentrale Dimension der menschlichen Existenz. Watzlawicks These ist leicht zu verifizieren: Selbst wenn ein Vorstandsvorsitzender oder Politiker sich vor die Kameras stellt und nur äußert: „Keinen Kommentar!", hat er vielleicht schon viel mehr von sich preisgegeben, als er eigentlich wollte. Grinst er? Macht er ein ernstes, verschlossenes Gesicht? Ist er rot geworden? Wirkt er resigniert, kämpferisch oder genervt? Diese und andere Anzeichen seiner inneren Verfassung versuchen die Kommunikationspartner, zu denen auch die Fernsehzuschauer gehören, unwillkürlich aus seiner Mimik und Gestik herauszulesen.

Das Interpretieren ist uns evolutionär eingebrannt. Und das unbewusste Kommunizieren über Körpersprache und Mimik genauso. Während wir selbst weitgehend unfähig sind, unsere eigene Körpersprache zu lesen, gelingt es Au-

---

[10] ebd. 192.
[11] vgl. Watzlawick [8]1993: 50ff.

ßenstehenden problemlos, von einem nervösen Augenzwinkern, von hochgezo-
genen Schultern oder einem selbstsicheren Gang auf versteckte Persönlichkeitsmerkmale und Überzeugungen zu schließen, wie eine Studie der Universität Würzburg erst unlängst wieder gezeigt hat.[12] Watzlawicks Satz hat also eine
Dimension, die der Sprecher nicht beherrschen kann: das Interpretiert-werden
durch die anderen. Egal, wie der Sprecher selbst sein „Kein Kommentar!" gemeint hat: Es wird ihm ein bestimmtes Gemeint-haben unterstellt. Und letztlich
ist das Kommunikation: Der Versuch, durch meist sprachliche Mittel den anderen etwas mitzuteilen, um dann am Ende überrascht zu sein, was die anderen
daraus machen. So kommt die Bedeutung in die Welt. Und so arbeitet auch der
Journalismus.

Wir haben nun einmal nicht die Verfügungsgewalt darüber, wie unsere
Äußerungen »draußen« ankommen: Man denke an die Kommunikationsdebakel
des CSU-Politikers Edmund Stoiber als Kanzlerkandidat der Union im Bundes-
tagswahlkampf 2002, die ihm Zehntausende von Klicks im Internet beschert
haben und zahllose Satiren. Man denke an das Victory-Zeichen des Vorstandsvorsitzenden der Deutschen Bank, Josef Ackermann, am 21. Januar 2004 im
Mannesmann-Prozess, als es um 60 Millionen Euro ging, die die Angeklagten
um Aufsichtsratschef Joachim Funk allzu großzügig an Top-Manager und Man-
nesmann-Pensionäre verteilt haben sollen. Ackermann wurde vom Vorwurf der
schweren Untreue freigesprochen. Seine Geste aber avancierte in den Medien
und der breiten Öffentlichkeit zum Sinnbild für die Arroganz der Macht. Und
man denke an die depressiv-staatstragend wirkende Emotionslosigkeit, mit der
Kanzlerin Angela Merkel auf dem Bildschirm erscheint – ganz im Gegensatz
zur telegenen, klaren und emotionalen Art des US-Präsidenten Barack Obama,
die ihm den Friedensnobelpreis zu einem Zeitpunkt eingebracht hat, als noch
keine seiner Visionen auch nur annähernd verwirklicht war. Obamas Stil, seine
direkte, konkrete Ansprache der Themen, weckt Vertrauen.

Die Beispiele zeigen: Wer es versteht, auf der Klaviatur der Kommunikation zu spielen, dem wird mehr Vertrauen entgegengebracht und mehr Gehör
geschenkt als demjenigen, der sich zwar hinter den Kulissen redlich müht und
ein ausgewiesener, umsichtiger Experte auf seinem Gebiet ist, der aber unfähig
ist, das geschickt nach außen zu tragen. Das hat vor allem mit der Sprache zu
tun, die nicht das ist, was ihr insbesondere die Philosophie und die Linguistik
gemeinhin unterstellen: ein Instrument, um die Wahrheit zu sagen. Sprache ist
vor allem ein Instrument, um den anderen in seinem Sinn zu beeinflussen. Und
manche setzen dabei auf Ehrlichkeit oder das, was sie für die Wahrheit halten,

---

[12] vgl. Hofmann 2009.

und andere auf Strategie: Ihnen ist jedes Mittel Recht, getreu der Devise: »Was interessiert mich mein Geschwätz von gestern?«

1.3. Soziale Rolle, sozialer Kontext und Rationalität

Aufs Ganze gesehen, versucht jede gesellschaftliche Gruppe, die Deutungshoheit über die Wirklichkeit für sich zu gewinnen: Die Ökonomie feiert die Effizienz und den Eigennutz als Motor der allgemeinen Wohlfahrt; die Politik besetzt – mit wechselnden Inhalten und sich darin mit den Kirchen und Nichtregierungsorganisationen zumindest im Grundsatz, wenn auch nicht in den Methoden einig – Werte wie Solidarität, Gerechtigkeit, Umwelt oder Sicherheit; und der Privatmann ist hin- und hergerissen zwischen den Anforderungen, die aus der Gesellschaft an ihn herangetragen werden, seinen ureigensten Bedürfnissen und denen seiner Familie oder seines Partners. In diesem Spannungsfeld findet täglich Kommunikation statt. Sie ist kein bloßes Reden, sondern ein konkretes soziales Handeln. Kommunikation ist geprägt von den Rollen, in denen man sich gerade befindet, also: Bin ich der Papa oder die Mama oder die Tochter oder der Sohn daheim? Oder bin ich der Sachbearbeiter, Chemiker, Physiker, Manager, die Chefin, Kindergärtnerin, Schülerin oder die Freundin draußen? Die jeweilige Situation bestimmt, wie wir kommunizieren und mit wem wir kommunizieren (müssen). Kommunikation ist also höchst kontextabhängig und Äußerungen werden kontextabhängig verstanden – oder eben nicht verstanden, nämlich dann, wenn Gesprächspartner aufeinander treffen, die sich in völlig verschiedenen sozialen Kontexten befinden. Dementsprechend fluktuieren die Bedeutungen der Sprache und dementsprechend verändert sich das Kommunizieren. Es ist ein Unterschied, ob ich mit einem Vorgesetzten in einem dienstlichen Kontext rede, mit ihm abends ein Bier trinke, oder ob ich selbst der Vorgesetzte bin, der seine Mitarbeiter instruiert, oder ob ich mit einem Kollegen aus der gleichen hierarchischen Ebene ein Pläuschchen halte usw.

Jeder dieser Sozialkontexte folgt einer eigenen Rationalität der Kommunikation. Insofern macht es wenig Sinn, von der *einen* Rationalität zu sprechen, wenn es um das sprachliche Handeln in sozialen Kontexten geht. Es gibt vielmehr viele Rationalitäten, die sich unterschiedlichen Kommunikationssituationen mit ganz spezifischen Sprachverwendungsweisen zuordnen lassen. Von der einen, objektivierbaren Rationalität zu sprechen kann nur dann Bestand haben, wenn damit eine Rationalität gemeint ist, die sich auf Strategien der Evolution beziehen lässt, auf den biologisch-physikalischen Urgrund unseres Seins, den wir mit wissenschaftlichen Heuristiken zu beschreiben versuchen – und ihn so erneut einbetten in eine sozial-kommunikative Rationalität, weil wir ihn wieder mit ganz bestimmten Bedeutungen aufladen.

Auch Wirklichkeit und Realität sind nicht das Gleiche: Wenn es um sprachliches Handeln geht, muss man beide Begriffe sehr genau voneinander unterscheiden. Mit Realität ist im folgenden die uns umgebende physikalische Welt gemeint – die Natur, das Universum oder der Planet, auf dem wir leben – mit ihren streng korrelierten Ereignissen wie »Gravitation«, »Energie«, »Masse« etc. Diese Realität hat uns geformt, indem wir eine bestimmte körperliche und psychisch-emotionale Ausstattung entwickelt haben, die es uns erlaubt zu überleben. Für unser selbstreflexives Bewusstsein bzw. Denken erkennbar ist diese Realität aber nicht notwendigerweise. Vielmehr bewegt sich jedes Erkennen im Bereich der Wirklichkeit, d.h. es nähert sich der Realität nur an, unterliegt aber letztlich den Eigendynamiken unseres neuronalen Netzwerks sowie den jeweiligen Gegebenheiten unserer sozialen Umwelt. Das gilt übrigens auch für dieses Buch.

Jedes Denken, Meinen oder Fühlen, jede wissenschaftliche Theorie, Kategorien wie »Rationalität«, »Objektivität«, selbst die »Naturgesetze« und das Sprechen und Schreiben über all diese Dinge sind in diesem Sinn soziale Hervorbringungen – sie haben keine Realität, sondern Wirklichkeit. Das schließt freilich nicht aus, dass diese Wirklichkeiten des Denkens und sozialen Agierens Einfluss auf die Realität nehmen können, wenn mit ihrer Hilfe Realitäten geschaffen werden wie Städte, Staudämme oder Flugzeuge. Einem Philosophen, den die Angst vor Relativismus und die Suche nach dem »wahren« Sein umtreibt, mag das nicht genügen. Allerdings lässt sich gerade mit dem Wissen im Hinterkopf, dass es graduelle Unterschiede hinsichtlich der Überprüfbarkeit von Aussagen über die Welt gibt, dem Wesen des sprachlichen Handelns und seiner Bedeutungserzeugung, dem Geheimnis der Kommunikation näherkommen.

Unser Handeln, ob sprachlich oder physisch, orientiert sich an den Größen Trial und Error, Versuch und Irrtum. Handeln, auch das kommunikative, ist soziales Experimentieren, es lotet Möglichkeiten aus, es unterlässt das Unmögliche, es schiebt die Grenzen des Möglichen bis an den Endpunkt des Unmöglichen heran und es durchbricht manchmal unmöglich Erscheinendes. Was möglich bzw. nicht möglich ist, unterscheidet sich dabei von Kontext zu Kontext. Im sozialen Kontext eines wissenschaftlichen Vortrags ist es »unmöglich«, nicht zu argumentieren. Im sozialen Kontext einer Selbsterfahrungsgruppe ist es dagegen verpönt, also »unmöglich«, sein Handeln gegenüber den anderen theoretisch zu begründen. Im physikalischen Kontext ist es dem Menschen unmöglich zu fliegen. Im sprachlichen Kontext eines fiktionalen Textes dagegen können Superhelden wie die menschliche Fackel aus dem Marvel-Comic »Fantastic Four« aus eigener Kraft abheben.

Die Beispiele zeigen: Wir haben es in unserem Leben mit unterschiedlichen Graden von Möglich-/Nicht-möglich-Relationen zu tun. Es gibt naturwissenschaftlich objektivierbare Unmöglichkeiten und es gibt »Unmögliches«, das auf gesellschaftlichen Konventionen beruht. Im einen Fall, der objektivierbaren Unmöglichkeit des Fliegen-könnens, wird sich jeder Mensch zu Tode stürzen, der es ohne Hilfsmittel versucht. Im anderen Fall bringen sozialer Kontext und sprachliches Handeln Möglich-/Nicht-möglich-Relationen hervor, die nicht mit der gleichen, allgemeingültigen Konsequenz (dem Tod) objektivierbar sind.

Gerade Sprache folgt im jeweiligen sozialen Kontext, in dem sie eingesetzt wird, einer je anderen Rationalität: Sie erzeugt Konventionen und – in wissenschaftlichen Kontexten – einen vergleichsweise eng umrissenen Begriff von Rationalität im Sinne eines logischen Argumentierens. Im sozialen Kontext einer Punkband ist es eine Rationalität der Emotion, der hier gefolgt wird: Sprachliches Handeln muss spontan wirken, als käme es »aus dem Bauch heraus«, um sein Umfeld zu beeindrucken. Ob dahinter nicht manchmal auch nüchternes Kalkül steckt, sei einmal dahingestellt. Sprachliches Handeln kann aber nicht nur soziale Konventionen durchbrechen, wie es ein Punk oder literarischer Boheme durch seine demonstrative Antibürgerlichkeit bewusst tut. Sprachliches Handeln kann darüber hinaus die objektivierbaren Erfahrungen der physikalischen Welt aufheben, etwa indem Unmöglichkeiten wie das Fliegen-können im fiktionalen Text außer Kraft gesetzt werden. Und in ökonomischen Kontexten will sprachliches Handeln das Beste für das eigene Unternehmen herausschlagen oder die Mitarbeiter motivieren etc.

1.4. Die Kommunikationssituationen

In allen diesen verschiedenen Kontexten konstruiert Sprache verschiedene Wirklichkeiten, die nicht identisch sind mit der uns prägenden Realität. Für alle weiterführenden Fragen verweise ich auf die philosophisch-neurobiologischen Diskussionen seit Kant. Die sprachlichen Wirklichkeiten sind einmal mehr, einmal weniger mit den objektivierbaren Möglich-/Nicht-möglich-Relationen der physikalischen Welt verwoben, sodass sich idealtypisch drei Kommunikationssituationen unterscheiden lassen, in denen ein je anderer Begriff von Rationalität gilt. Ich möchte Kommunikationssituationen einteilen in drei Ordnungen.[13] Die *Kommunikationssituation erster Ordnung* lässt sich vor allem beobachten bei Kindern bis zu zweieinhalb Jahren, die noch nicht sagen können, was sie möchten. Sie deuten deshalb auf verschiedene Gegenstände ihrer Be-

---

[13] vgl. Gruber 2007: 54-70.

gierde und äußern einen Laut. Kleinkinder gleichen also ihren entwicklungsbedingten Mangel an sozialen Sprachgebrauchsmöglichkeiten dadurch aus, dass sie beispielsweise identische Laute für unterschiedliche, von ihnen wahrgenommene Sachverhalte benutzen und den Unterschied in den beabsichtigten Aussagen mit Gesten markieren. Hier sind physisches und sprachliches Handeln eng verwoben. Sprachliches Handeln folgt einer Rationalität der unmittelbaren Umsetzung von Bedeutung in Aktion und von Aktion in Bedeutung. Diese Rationalität bezieht sich immer auf Physisches, Greifbares.

Kommunikationssituationen erster Ordnung entstehen auch dann, wenn zwei Gesprächspartner keine gemeinsame Sprache haben, in der sie sich verständigen können und deshalb beginnen, »mit Händen und Füßen zu reden«. Hier muss das übergeordnete Ziel, zu einer Verständigung auf höherem Niveau zu gelangen, hinter der Notwendigkeit gestischer Markierungen und physikalischer Bezüge zurücktreten. Und an Kommunikationssituationen erster Ordnung nähern sich beispielsweise die Interaktionen der Menschen in der Industrie an, die körperliche Tätigkeiten in der Produktion verrichten, was einen starken Einfluss auf die Kommunikation der Arbeiterschaft hat: Sprache und Inhalte sind in diesen Situationen auf die konkreten Tätigkeiten ausgerichtet und kreisen um sie. Man spricht eine ganz eigene Sprache, in der ein »rauer Ton« vorherrscht, man ist mit »beiden Beinen auf der Erde«, »legt nicht jedes Wort auf die Goldwaage« und es geht meist um konkrete, tätigkeitsgebundene Sachverhalte, auch in den Pausen.

Die *Kommunikationssituation zweiter Ordnung* lässt sich vereinfacht mit dem Begriff Alltagskommunikation umschreiben. Sie geht über das auf konkrete Situationen bezogene sprachlich-körperlich-gestische Handeln von Kindern hinaus, folgt aber weitgehend einer Rationalität der prinzipiellen Überprüfbarkeit bzw. muss sich in konkreten sozialen Situationen bewähren. Das bedeutet: Gespräche beispielsweise zwischen Nachbarn, die sich um einen neuen Autotyp drehen, wobei Aussage gegen Aussage steht, ob das Fahrzeug auch mit Hybrid-Antrieb oder nur als Diesel-Version zu haben ist, lassen sich im Prinzip überprüfen: Man geht ins Internet und schaut bei dem Automobilhersteller nach. Im Raum der Kommunikationssituation zweiter Ordnung ist auch das naturwissenschaftliche Experiment angesiedelt, dessen Versuchsanordnung für weitere Forscher nachvollziehbar beschrieben wird. Fachgetriebene Unternehmensabteilungen, in denen Ingenieure die Machbarkeit und Funktionsfähigkeit eines Produkts diskutieren, spielen sich in diesem Kommunikationsraum ab. Und Bedienungsanleitungen gehören hierher: Die Semantik des Textes lässt sich an der Umwelt überprüfen. Ein Gerät funktioniert – oder es funktioniert eben nicht, nämlich dann, wenn man den Text falsch verstanden hat oder er falsch aus dem Japanischen übersetzt wurde.

Auch soziale Hervorbringungen wie religiöse, juristische oder ökonomische Systeme, die sich an der sozialen Wirklichkeit messen lassen müssen, obwohl sie unüberprüfbare Sachverhalte wie »Gott«, »Recht« oder »Wohlfahrt« postulieren, gehören weitgehend der Kommunikationssituation zweiter Ordnung an, zumindest so lange sie sich den Feedbacks aus der Gesellschaft nicht verweigern und – in diesem Fall normsetzend – in sie eingreifen. Freilich gibt es einen graduellen Unterschied bei der intersubjektiven Überprüfbarkeit zwischen den physikalischen Feedbacks, die eine Bedienungsanleitung ermöglicht, und den sozialen Feedbacks, wie sie etwa die Bibel erzeugt oder die ökonomische Theorie (inklusive sozialer Institutionen wie der Kirche, der Universitäten oder der Unternehmen). Man könnte also von einem Kontinuum an Objektivierbarkeit innerhalb der Kommunikationssituation zweiter Ordnung sprechen, das zwischen den beiden Polen physikalische Erkenntniswirklichkeit und sozioökonomische Wirklichkeit angesiedelt ist.

Anders ist das mit vielen literarischen Texten. Weder lassen sie sich an der (sozialen) Umwelt ausprobieren, noch folgen sie einer Rationalität der unmittelbaren Umsetzung in ein physisches Handeln oder einer Rationalität der Überprüfbarkeit. Sie gehören der *Kommunikationssituation dritter Ordnung* an, die ich als arational charakterisieren möchte. Der Begriff der Arationalität markiert, dass das sprachliche Handeln in fiktionalen Texten einem besonderen Begriff von Rationalität folgt, der sowohl rationale als auch irrationale Strategien einschließt. Ein Beispiel: In Kafkas Erzählung »Die Verwandlung« erwacht der Protagonist Gregor Samsa eines Morgens und erkennt, dass er sich über Nacht in einen Käfer verwandelt hat. Der Kunstgriff, den Kafka anwendet, ist der, dass sämtliche Figuren sich in der Erzählung völlig alltagsweltlich-rational verhalten: Der Käfermann kann sich seine Verwandlung nicht erklären und lehnt sie zunächst als unmöglich ab; seine Familie hält Samsa für ein Untier und quält ihn schließlich zu Tode, weil sie den Käfer für Samsas Verschwinden verantwortlich macht. Trotz dieser alltagsweltlichen Rationalitäten, in die Kafka die Rationalität des Irrationalen wie die Ängste vor dem Fremden und Unbekannten einarbeitet und denen der gesamte Handlungsstrang folgt, gründet Kafka seinen Text auf eine arationale Ausgangsbasis, die mit der Alltagsrationalität des »gesunden Menschenverstandes« nicht zu fassen ist: Ein Mensch erwacht als Käfer.

Möglich ist das nur, weil Kafkas Text eine eigene sprachliche Wirklichkeit erschafft. Das bedeutet für seinen Text: Er muss sich den Rationalitäten des sozialen Trial-and-Error, wie sie die Kommunikationssituationen erster und zweiter Ordnung charakterisieren, nicht stellen, weil sein Kontext auf reinem sprachlichen Handeln basiert, das nicht an die Alltagswelt des physischen Handelns oder des sozialen Interagierens gebunden ist (auch wenn er sich darauf bezieht). Wenn wir den Selbsterhalt als die Kategorie ansetzen, die unser Tun an unsere Mitmenschen oder an unsere Umwelt im weitesten Sinn bindet, als die Kategorie, die uns zwingt, uns sozial zu rechtfertigen, uns zurückzunehmen, uns anzupassen oder durchzusetzen, die uns ein Leben des sozialen Experimentierens gerade mithilfe des sprachlichen Handelns aufnötigt, dann schaffen fiktionale Texte einen Gegenpol. Sie unterliegen nicht im gleichen Maß diesen Selbsterhaltkategorien des Trial-and-Error, sondern hier greifen Selbstbeschreibungskategorien, die sich beliebig weit vom Selbsterhalt entfernen können – so lange sie das in einer Sprache tun, die verstanden wird von anderen. Diese Selbstbeschreibungen oder diese Art der Selbstreferenzialität wird nicht nur virulent in literarischen Texten, sich kann sich auch einschleichen in allzu geschlossenen Führungszirkeln von Unternehmen, wie wir noch sehen werden.

Hier greift eine feine *List der Rationalität*, die tief in Grammatik und Semantik verankert ist. Sprachliches Handeln folgt automatisch Konventionen, es orientiert sich an dem, was man als seine Muttersprache erlernt hat. Das ist auch sinnvoll. Gäbe es diese Rationalität der Verständigung nicht, dann würde Sprache ihre Hauptfunktion einbüßen: ein Instrument des Handelns in sozialen Kontexten zu sein. Wirklichkeiten, die allein über Sprache hergestellt werden, wie sie fiktionale Texte, wie sie aber auch religiöse Texte und manchmal sogar ökonomische Kontexte erzeugen (siehe unten das Beispiel Sozialdarwinismus), sind immer insofern an Selbsterhaltkategorien rückgebunden, als sie einer Sprachgemeinschaft noch irgendetwas »sagen« müssen. Ein Buchstabenbrei, der jede bekannte grammatische Struktur außer Acht ließe, eine veraltete Sprache, die keiner mehr verstünde, würden nicht rezipiert und blieben von daher ähnlich bedeutungs-los wie die physikalischen Bestandteile eines Textes von Goethe, nämlich Druckerschwärze und Papier. Erst indem man den Buchstabenfolgen und Sätzen eine erlernte Grammatik und Semantik zuordnet, entsteht Sinn, der immer nur Sinn für den Menschen ist, nie für ein Tier, das vielleicht nur Schwarz-weiß-Unterschiede ausmacht. Und solche Sinnzuweisungen setzen Konventionen des Sprechens voraus, wie sie sich in einer Grammatik niederschlagen, wie sie aber auf der semantischen Ebene auch eine literarische Tradition anbieten kann, mit der man dann als Autor in voller künstlerischer Absicht, aber erkennbar bricht.

Diese Rationalität der Konvention hat evolutionäre Ursachen. Der Mensch hätte nie Sprache ausgebildet bzw. sie so lange erfolgreich angewendet, wenn sie ihm in seiner Entwicklungsgeschichte nicht von Vorteil gewesen wäre. Dabei geht es, wie neuere Erkenntnisse der Evolutionspsychologie zeigen, weniger um die Sprache als Instrument, effizientere Jagd- oder Kriegstechniken zu entwickeln. Das leistet Sprache auch, aber sie war von Anfang an vor allem auf das soziale Zusammenleben bezogen. Um sich effizient bei Jagd, Sammeltätigkeit oder Feldarbeit zu verständigen, genügen wenige tausend Wörter. Wie aber die reiche mündliche und schriftliche literarisch-mythische Tradition in allen Kulturen belegt, ist Sprache seit ihrem Entstehen schon immer mehr: Sie dient der Unterhaltung, dem Kennenlernen, der Werbung um einen Partner, sie soll Imponieren, Einschüchtern etc. Unsere Empfänglichkeit für glänzende Redner, argumentiert etwa der Evolutionspsychologe Geoffrey F. Miller,[14] hat einen biologischen Urgrund, der auf die evolutionäre Funktion von Sprache verweist: Sie soll soziale Bindungen schaffen und erhalten, die das Überleben der Spezies Mensch sichern. Und Überleben ist in diesem Zusammenhang immer eng mit sexueller Fortpflanzung verwoben, auch wenn bestimmte, über gesellschaftliche und soziale Strukturen vermittelte Motivationen, etwa die, ein einflussreicher Dichter, Popstar, Wissenschaftler oder Wirtschaftsboss zu werden, die biologische Grunddisposition überformen können.

Wenn es also eine Rationalität gibt, die »wahr« im Sinne von objektivierbar, im Sinne von »für jeden gültig« ist, dann kann das nur die *Rationalität des Überlebens* einer Spezies sein. Diese Rationalität ist ausschließlich in sehr langen Zeiträumen messbar. Sie stellt sich mit dem evolutionären Erfolg einer Spezies sozusagen von selbst ein und besteht nur so lange, wie eine Art überlebt – insofern ist sie zwar objektivierbar, aber zugleich auch subjektiv. Das gilt genauso für den Menschen, auch wenn er sein unmittelbares physisches Agieren in der natürlichen Umwelt weitgehend überformt hat durch ein sprachliches Handeln in sozio-kommunikativen Kontexten, die von ihm selbst erzeugt bzw. im Handeln ständig verändert wurden und werden. Der Mensch setzt anders als das Tier, das fast nur Selbsterhaltstrategien kennt, für sein Überleben auch soziale Selbstbeschreibungsstrategien ein, die – wir hatten es am Beispiel der Literatur gesehen – sogar reine sprachliche Wirklichkeiten erzeugen können. Diese Selbstbeschreibungsstrategien folgen auf der individuellen Ebene vielen Rationalitäten: Abhängig von der jeweiligen sozialen Gruppe, in der man sich bewegt oder der man sich zugehörig fühlt, wird man zum wortkargen Freeclimber, zum emotionalen Punk, zum intellektuellen Aperçu-Produzenten, zum universitären Wissensverwalter oder zum daueroptimistischen Manager.

Ich möchte an dieser Stelle davor warnen, meinen Ansatz der vielen sprachlichen Rationalitäten mit dem gleichzusetzen, was unter dem französischen Sprachphilosophen Jacques Derrida und seinen Epigonen gemeinhin als Dekonstruktivismus gilt. Ich glaube nämlich nicht, dass reine Sprachwirklichkeiten wie fiktionale oder teilweise auch religiöse Texte Sinngeneratoren sind, die beliebig viele Bedeutungen produzieren können. Zwar kennzeichnet reines sprachliches Handeln, das auf Selbstbeschreibungskategorien basiert, eine große Offenheit oder – negativ ausgedrückt – Anfälligkeit für Vereinnahmungen durch

---

[14] vgl. Miller 2001.

soziale Gruppen im Kampf der gesellschaftlichen Teilrationalitäten um die Deutungshoheit. Dennoch sind fiktionale Texte nicht beliebig auslegbar. Nehmen wir Goethes »Werther«. Er mag einem liebeskranken Jugendlichen dazu dienen, seine eigene Situation in dem Briefroman wiederzufinden. Er mag einem Revolutionär seine antibürgerliche Haltung bestätigen, weil der die gleichen sozialen Schranken in seinem eigenen Umfeld wiederzufinden glaubt, wie Goethe sie im 18. Jahrhundert beschrieben hat. Und der »Werther« kann einem Literaturprofessor seine ästhetische Theorie begründen helfen, dass Goethes Jugendwerk Klopstock näher stand als dem Sturm und Drang. Keinesfalls jedoch ist der »Werther« ein kommunistisches Manifest: dagegen sprechen objektivierbare historische Gegebenheiten wie die Entstehungszeit.

Es gibt also bei aller Offenheit der Auslegung *Obergrenzen* und *Untergrenzen* der Interpretation sprachlicher Wirklichkeiten, die den jeweiligen sozialen Strukturen geschuldet sind, in der Rezipienten und Autoren oder Sprecher leben. Anders formuliert: Entsprechend der jeweils vorhandenen sozialen Kontexte werden bestimmte Deutungsmöglichkeiten wahrscheinlicher als andere. Man rufe sich den real existierenden Sozialismus noch einmal ins Gedächtnis mit seiner Fixierung auf gesellschaftliche Determination und materialistische Teleologie. In dieser Wahrnehmung bleibt dem »Werther« nur das interpretatorische Schicksal, als bourgeoise Verirrung abgetan oder als bürgerliche Form des frühen Klassenkampfes gefeiert zu werden. Natürlich sind zwischen diesen beiden Polen viele Sinnzuweisungen denkbar, aber überschritten werden können diese Ober- und Untergrenzen der Interpretation von der offiziellen Literaturdoktrin wohl kaum.

Man stelle sich dagegen einen Schweigeorden vor, der den »Werther« rezipiert. Die Wahrscheinlichkeit dafür, dass die Verwirrungen des Jünglings, die schließlich zu seinem Suizid führen, als Bestätigung der eigenen Askese und Weltentsagung genutzt werden, ist groß. Und man stelle sich einen Manager vor, der normalerweise Baumaschinen weltweit verkauft: Er wird den »Werther« in die Ecke pfeffern, weil er ihm nichts abgewinnen kann, weil er es sich nicht leisten kann, ein solches Buch zu lesen, das Räume der Innerlichkeit heraufbeschwört und der Introspektion, da er täglich um das Überleben seiner Firma kämpfen muss. Da bleibt für Empfindsamkeit keine Zeit. Auch das Zuschlagen eines Buches ist eine Art der Interpretation: die der Verweigerung, die des Nicht-zur-Kenntnis-nehmens dieses Teils der Welt, der wiederum vielen anderen ein Bedürfnis ist, weil sie dadurch einer durchökonomisierten Leistungswelt zu entfliehen hoffen. Die Psychologie nennt dieses Phänomen, das oft hinter dem Lesen von Literatur steckt, »Eskapismus«.

Ganz generell gilt – und das sollen die Beispiele demonstrieren: Die Offenheit für Sinnzuweisungen, die sprachliche Wirklichkeiten an den Tag legen,

lässt sich nur in einer historischen Perspektive rückblickend konstatieren, nämlich als die Zahl der tatsächlich eingetretenen Deutungsvarianten von Welt bzw.
als die verschiedenen geschichtlichen Weisen des sozialen Handelns (natürlich
ist genauso die jeweilige historische Perspektive abhängig von der jeweils aktuellen sozialen Wirklichkeit). Für die Zeitgenossen gelten bestimmte Wahrscheinlichkeiten der interpretatorischen Bandbreite; alles, was darüber hinausgeht, ist nicht unmöglich, aber unwahrscheinlich und fast immer unvorhersehbar. Diese Bandbreite wird festgelegt durch die jeweiligen sozio-kommunikativen Konstellationen, die von Gesellschaften laufend erzeugt und verändert
werden und von den jeweiligen Rationalitäten, die die sozialen Gruppen innerhalb dieser Gesellschaften beim sprachlichen Handeln hervorbringen, indem sie
sich bei ihren Entscheidungen daran orientieren.

Unter diesem Blickwinkel gilt es auch, das in den westlichen Gesellschaften derzeit vorherrschende ökonomische Paradigma zu betrachten: Es ist nur
eine Deutungsvariante von Welt, nur eine Semantik, nur eine Rationalität oder –
abwertend gewendet – nur eine Ideologie, der ein Teil der Gesellschaft mehr
oder weniger blind folgt. Man muss das Handeln der Menschen nicht ökonomisch beschreiben, aber man kann es. Und wer das Leben ökonomisch sieht, der
erzeugt damit eine andere Wirklichkeit, als jemand, der das Leben poetisch
definiert. Beides ist gleich legitim, wenn auch nicht gleich ökonomisch erfolgreich, wobei nicht jeder ökonomischen Erfolg anstrebt. Problematisch ist die
Kommunikation zwischen diesen Lebenswelten. Und unterschiedliche Lebenswelten – ich werde das noch aufzeigen – stoßen auch in Unternehmen aufeinander und geraten darüber hinaus aneinander, wenn das Management versucht,
nach draußen in die Öffentlichkeit zu kommunizieren. Der gute Kommunikator
weiß das, und er kann die andere Seite einschätzen und sich ihrer Sprache und
der durch sie konstruierten Wirklichkeit im Idealfall bedienen. Nur so, das ist
eine der Ausgangsthesen dieses Buches, kann Kommunikation gelingen. Dieser
Aspekt wird bislang sträflich vernachlässigt in der einschlägigen Literatur.

Die jeweiligen sozialen Rationalitäten der verschiedenen gesellschaftlichen
Gruppen und ihr spezifisches Sprachhandeln sind nichts weiter als *Maximen des
Handelns*,[15] denen die Angehörigen einer sozialen Gruppe meist unbewusst eine
Weile folgen. In einer Künstlerkolonie könnte ein solches ungeschriebenes
Gesetz des sozialen Handelns lauten:»Sei anders als die anderen«; in Offiziers-
kreisen:»Gehorche Deinen Befehlen«; im Club der Manager:»Tue, was dir
Geld bringt« etc. Davon unterschieden habe ich die objektivierbare Rationalität
des Überlebens, die sich im sozio-kommunikativen Kontext unserer Gesell-
schaften vor allem äußert im Streben nach sozialem Erfolg. Um es noch einmal

---

[15] Anmerkung: Der Begriff stammt von Rudi Keller; vgl. Keller 1990: 121ff.

zu betonen: Sozialer Erfolg ist nicht gleichzusetzen mit ökonomischem Erfolg. Sozialer Erfolg ist für jeden etwas anderes und immer abhängig von dem Umfeld, in dem man sich bevorzugt bewegt.

Diese Unterscheidung ist wichtig, weil vor allem die westlichen Industrie- und Dienstleistungsgesellschaften dazu tendieren, den ökonomischen Erfolg mit dem sozialen Erfolg gleichzusetzen. In diesen sozio-kommunikativen Kontexten werden bestimmte Deutungsmuster von Welt erzeugt, nach denen man sich (unbewusst) richtet und durch deren Filter eine ganz bestimmte Wirklichkeit hindurchschimmert. Das Ergebnis sind Konzepte wie der »Homo oeconomicus« und seine angebliche Rationalität, Konstrukte, deren Vorhersagen und Annahmen von jedem Wirtschafts- und Finanzcrash ad absurdum geführt werden. Weshalb sich die wissenschaftliche Theorie inzwischen der Psychologie öffnet und dem Experiment – auch wenn es meiner Meinung nach wenig Sinn macht, im Labor mit Studenten nachgestellte Kooperationsspiele eins zu eins auf die gelebte Wirklichkeit übertragen zu wollen. Die ökonomische Theorie sollte sich hier lieber eingestehen, dass die gesellschaftliche Komplexität sie einfach überfordert, so wie das andere Sozialwissenschaften schon seit langem tun.

Für unseren Zusammenhang der Kommunikation heißt das ganz konkret: Auch wenn die Management-Elite im Unternehmen eine bestimmte Art des sich Selbstvergewisserns und Selbstverständigens pflegt, etwa indem sie wirtschaftswissenschaftliche Floskeln benutzt oder mit Statistiken, Szenarien, Marktanalysen und Bilanzen um sich wirft – der einzelne Mitarbeiter, der nicht Teil dieser Elite ist, sondern seinen sozialen Erfolg vielleicht gar nicht über die Firma definiert, der seinen Arbeitsplatz eher als notwendiges Übel ansieht, um in seiner privaten Welt Anerkennung zu finden, um sich die Wochenenden zu finanzieren etc., der findet keinen Zugang zu dieser Art der Kommunikation und wird nicht erreicht, wenn es darum geht, mehr aus ihm herauszuholen, ihn zu motivieren. Eine unlängst erschienene britische Studie legt sogar nahe, dass sich alle Berufsgruppen – von der Sekretärin über den Facharbeiter bis zum Handwerker, Ingenieur und Manager – erst am Wochenende richtig wohlfühlen, also eskapistische Grundtendenzen haben. Nach Ansicht des Studienleiters Richard Ryan stützen seine Resultate die sogenannte Selbstbestimmungstheorie: Ihr zufolge hängt das Wohlbefinden weitgehend davon ab, ob sich die grundlegenden Bedürfnisse nach Autonomie, Kompetenz und Verbundenheit verwirklichen lassen. Fünf Tage die Woche seien geprägt von externer Kontrolle, Zeitdruck und anderen Stressfaktoren, so Ryan, zudem müsse man in dieser Zeit mit Menschen zusammen sein, die einem emotional nur bedingt nahestünden.[16] Solcher Zusammenhänge ist man sich in den allermeisten Unternehmen viel zu wenig

---

[16] vgl. Ryan 2010.

bewusst, weil die Firma vom sich selbst bestimmenden Vorstand oder vom Unternehmer an der Spitze her gedacht wird. Auch »Corporate-Identity«-Ansätze können daran nichts ändern und schaffen eher (und in der Mehrzahl der Fälle) eine kritische Distanz, wenn man es sprachlich – und das heißt immer gleichzeitig emotional – falsch anpackt.

Das Spezifikum ökonomischer Zusammenhänge ist, dass sie von allen sozio-kommunikativen Kontexten am engsten angebunden sind an die objektivierbare Realität des Überlebens, auch wenn das in den entwickelten Gesellschaften des Westens meist kein existenzielles Überleben im biologischen Sinn mehr meint – hier verhungert keiner –, sondern ein soziales Überleben, das Respekt und Anerkennung durch die anderen sucht. Die weit verbreitete Angst in Deutschland vor dem sozialen Abstieg, vor dem Nicht-mehr-dazugehören, vor Hartz IV, vor Konsumverlust und Arbeitslosigkeit macht das augenfällig. Auch aus der Perspektive des Unternehmers oder Managers ist der sozio-kommunikative Kontext Wirtschaft immer mit einer existenziellen Bedeutung aufgeladen: Entscheidend ist, ob man am Markt überlebt. Die Ökonomie ist sehr viel enger angebunden an die Feedbacks aus der Gesellschaft, wenn es um das wirtschaftliche Bestehen geht, als das Literatur oder die Kirchen mit ihren Deutungsvarianten von Welt sind, die nicht primär darauf angelegt sind, dass sie sich jeden Tag aufs Neue an den Sachverhalten der Wirklichkeit messen lassen müssen, also daran, ob ihre Produkte und Dienstleistungen gekauft werden oder nicht. Anders gesagt: Ein Unternehmer oder Mitarbeiter eines Unternehmens darf gern an jede Welt glauben, die ihm gefällt und gut tut, aber die Wirklichkeit, in der er und mit der er agieren muss, wird ihn sehr schnell zwingen, sich ihr anzupassen. Oder er oder sein Unternehmen verschwindet.

Allerdings ist es so, dass sich auch die Kommunikation im Unternehmen etwa in bestimmten Fachzirkeln oder in den Führungsetagen einer arationalen Kommunikationssituation annähern kann, in der Selbstreferenzialität groß geschrieben ist. Hier findet eine Kommunikation zwischen Gleichgesinnten und Gleichgestellten statt, die Kriterien für wichtig hält und auf Standards basiert, deren Kennzeichen es ist, wichtige Feedbacks aus der Umwelt größtenteils auszublenden. Wenn Ingenieure sich beispielsweise an einer Hinterachse verkünsteln, deren Vorzüge kein Kunde bei seinen alltäglichen Einkaufsfahrten je bemerkt, die aber das Fahrzeug unverhältnismäßig teuer machen, dann schadet diese Selbstreferenzialität dem ganzen Unternehmen, weil unter Umständen der Absatz einbricht. So geschehen bei VW.[17] Wenn Führungseliten im Unternehmen sich gegenseitig ihrer großen Kompetenz versichern und sich nur ihnen genehme Berater holen, Kritik dabei weitgehend ausblenden, dann kann sich das

---

[17] Äußerung eines Insiders gegenüber dem Autor.

rächen. Es ist also wichtig, die Kommunikationssituation ab und an zu analysie-
ren, in der man sich befindet: Hat man genügend Feedbacks von außerhalb, oder
sind die eigenen Wahrnehmungsfilter verstopft? Kommuniziere ich noch über
tatsächliche Erfordernisse, orientiere ich mich noch an Trial-and-Error-Prozes-
sen, oder befinde ich mich in einem Kommunikationszustand der wechselseiti-
gen Verstärkung, im Nirwana der reinen unternehmerischen Ideologie, das die
Bindung nach draußen gekappt hat?

Schließlich muss man sich immer vergegenwärtigen, in welcher Kommunikationssituation derjenige sich normalerweise befindet, mit dem man interagiert, beispielsweise der Mitarbeiter in der Produktion: Ihn interessieren Managementstrategien, Organisationssoziologie oder die Lage auf den globalen
Märkten in der Regel nicht bzw. nur, wenn es ihn ganz persönlich betrifft. Er ist
konkrete Ansprache in Form von Anweisungen gewöhnt, liebt seine Routinen,
weil sie ihm die körperliche Arbeit erleichtern, und kommuniziert innerhalb
seines engeren sozialen Umfelds fast ausschließlich in Kommunikationssituationen zweiter Ordnung, die oft in Richtung Kommunikationssituationen erster
Ordnung tendieren. Kommunikation »nach unten« muss sich darauf einstellen.
Betriebsräte und Gewerkschaften haben das naturgemäß schon immer getan,
was ihren Einfluss erklärt, der über die meist rituellen Entgeltverhandlungen
und juristischen Hilfestellungen hinausreicht: Hier kommunizieren Sender und
Empfänger miteinander, die »die gleiche Sprache sprechen«.

Ein indirekter Beleg dafür ist das Fehlen eines gewerkschaftlichen Be-
triebsrats beim Walldorfer Softwarekonzern SAP. Erst im März 2006 wurde ein
solcher gegen den Widerstand des Großteils der Beschäftigten an den Standorten Walldorf und St. Leon-Rot installiert: Nur ein Zehntel der Beschäftigten
sprach sich dafür aus. Seit 1989 vertraten acht Arbeitnehmervertreter, die im
Aufsichtsrat angesiedelt waren, die Interessen der 36.000 Mitarbeiter von
SAP.[18] Sozialpsychologisch lässt sich das leicht erklären: Bei SAP herrscht ein
Akademiker- und Angestelltenmilieu vor, Mitarbeiter in der Produktion gibt es
so gut wie nicht. Diese vergleichsweise inhomogene, informatikergetriebene
Belegschaft hat keine größeren Kommunikationsprobleme, weil dort »alle die
gleiche Sprache sprechen« und zudem alle vom Erfolg der Firma profitieren.
Und von daher rühren die Schwierigkeiten einer traditionellen Industriegewerk-
schaft wie der IG Metall mit einer eher klassenkämpferischen Rhetorik, die
insbesondere bei Arbeitern verfängt, Fuß zu fassen.

---

[18] Reuters Pressemeldung vom 5. März 2006, im Internet:
http://www.faz.net/s/RubE2C6E0BCC2F04DD787CDC274993E94C1/Doc~EF11D04D09D724E45
99FEA9EA2D4D0537~ATpl~Ecommon~Scontent.html.

Die beschriebenen Kommunikationssituationen werden außerdem im Journalismus virulent: Auch er agiert mitunter selbstreferenziell, d.h. reagiert mehr auf das, was die Kollegen in anderen Medien geschrieben und gesendet haben, als dass er sich immer wieder aufs Neue ein eigenes Urteil bildet und die Wirklichkeit im Blick behält (siehe unten das Beispiel Sebnitz). Das verstärkt sich exponentiell etwa im Kulturjournalismus, dessen Sujets weitgehend im arationalen Raum angesiedelt sind. Medien sind nun einmal Mythoserschaffer und Mythoszerstörer[19] zugleich: Was die Konkurrenz hochjubelt, das muss man selber klein machen oder zumindest kritisch beleuchten. Wer eine Weile der von allen Seiten hoch gelobte Manager des Jahres war, dem pinkelt man umso lieber ans Bein. Man muss das als Unternehmenskommunikation und Führungskraft wissen, wenn man mit Medien kommuniziert. Die eine Strategie, diesen Mechanismen zu entkommen, gibt es nicht. Ein Stück weit schützen kann allerdings Understatement, seriöses Auftreten, den »Mund nicht zu voll zu nehmen«. Das verkleinert die Angriffsfläche.

1.5. Kommunikation und Chaos

Eine Frage gilt es noch zu klären: Wenn es so viele individuelle und gruppenspezifische Kommunikationsvarianten in der Gesellschaft gibt, so zahlreiche Maximen des sozio-kommunikativen Handelns, die je unterschiedlichen Rationalitäten folgen, wie kann es dann so etwas geben wie einen gesellschaftlichen Konsens, wie Werte, eine gemeinsame Sprache mit ähnlich aufgeladenen Bedeutungen? Wie entstehen in einer solchen Gemengelage aus unterschiedlichen individuellen Rationalitäten gesamtgesellschaftliche Begriffe von »Gemeinwohl«, »Demokratie«, »Gerechtigkeit«, »Leistung«, »Effizienz«, um deren Inhalte gleichwohl ständig gerungen wird? Die Antwort lautet: durch Kumulationseffekte. Nur wenn viele Individuen nach gleichen oder ähnlichen, meist unbewussten Maximen handeln, können sich die Deutungen von Welt durchsetzen, denen die meisten folgen, indem sie sie leben.

Auch sozio-kommunikative Rationalitäten entstehen analog zur Rationalität des Überlebens »wie von selbst«. D.h. so lange eine bestimmte Anzahl von Individuen sich entsprechend verhält bzw. entsprechend sprachlich handelt oder sich einem bereits praktizierten sozialen Handeln anschließt, hat ein bestimmter Begriff von Rationalität Bestand. Und so kann es für eine religiös geprägte, voraufgeklärte mittelalterliche Gesellschaft, die dem Teufel eine reale Existenz zuschreibt, durchaus rational sein, Hexen zu verbrennen, während eine wissen-

---

[19] vgl. Gruber 2005: 73ff.

schaftsgläubige Gesellschaft Relativitätstheoretiker verehrt oder eine kaufmännisch getriebene Elite dem Gott der freien Marktwirtschaft huldigt – bis neue Definitionen von Welt einen neuen Rationalitätsbegriff hervorbringen.

Die Kumulationseffekte sehen dabei so aus, dass einige wenige – eine Minderheit – mit den alten sozio-kommunikativen Mustern des Handelns brechen und sich immer mehr Menschen der neuen »Denke« anschließen, indem sie sie handelnd umsetzen. Das zwingt manchmal auch den verbliebenen Rest, sich anzupassen. Die Führungsetagen börsennotierter Unternehmen zum Beispiel exerzieren das jedes Mal wieder vor, wenn ein neuer Vorstandsvorsitzender mit seinen Visionen auf den Plan tritt. Das heißt nun nicht, dass alle dem neuen sozio-kommunikativen Handeln folgen. Man kann sich innerlich distanzieren, man kann nach außen mittun oder sich sichtlich verweigern. In der Gesellschaft genauso wie in einem Unternehmen können unterschiedliche Begriffe von Rationalität konkurrieren. Wem die neue Führungsphilosophie nicht passt, der zieht sich vielleicht in die »innere Emigration« zurück und macht nun das private Umfeld zum Zentrum seines Lebens, während er beruflich zwar noch das Geforderte abliefert, aber eben auch nicht mehr.

Einen Endpunkt finden alle sozialen Rationalitäten in der Rationalität des Überlebens: Der möglichen Selbstvernichtung oder dem möglichen Aussterben muss sich jede Spezies stellen. Allgemeingültige soziale Rationalitätsbegriffe, wie sie die einzelnen Teilsysteme der Gesellschaft gern für sich reklamieren, lassen sich aber auch von hier aus nicht ableiten. Was die eine Seite beim Stichwort Überleben als natürliches Verteidigungsrecht auf Erhalt der eigenen Existenz auslegt, das benutzt die andere Seite, um sich einer Transzendenz zu verschreiben, die das individuelle physische Überleben negiert, wenn sie religiösem Fanatismus und dem Märtyrertod das Wort redet. Das zeigt unsere Schwierigkeiten mit der »Wahrheit«, mit der Rationalität des Überlebens selbst im Angesicht des Todes.

Man kann sich die konkurrierenden Rationalitäten des sozio-kommunikativen Handelns und ihre unbewussten Semantiken vielleicht am besten als »seltsame Attraktoren« aus den Chaos-Theorien vorstellen:[20] Eine Zeit lang kreist das entsprechende sprachliche Handeln um diese Trichter herum, die ein bestimmtes sozio-kommunikatives Handeln markieren, wie Wasser um einen Strudel. Der Mittelpunkt des Trichters ist ein fest gefügter Rationalitätsbegriff, wie ihn eine Peer-Group oder ein Einzelner gefordert, vorgelebt oder theoretisch begründet hat: Er kann beispielsweise religiöser, ökonomischer oder politischer Natur sein. Die kreisenden Wasser im Sog sind die »Kulturfolger«, deren soziales Handeln sich auf diesen Mittelpunkt (auch unbewusst) ausrichtet. In einer

---

[20] Anmerkung: Die Einzelnachweise finden sich in Gruber 2000: 166ff.

Gesellschaft kann es viele dieser Trichter geben, die unterschiedlich groß sind, je nachdem, wie viele gleich oder ähnlich Handelnde sie angezogen haben. An den Rändern kann sich aber abweichendes Handeln herausbilden, das sich neue Wege sucht und vielleicht, wenn die Kumulationseffekte groß genug sind, einen neuen Trichter ausbildet. Weil irgendwann immer weniger Individuen ihr Handeln an den alten Trichtern orientieren, weil sie sterben oder sich neuen Trichtern zuwenden, lässt die Kraft der alten Strudel nach: Sie verlieren geistige Energie und kommen zum Stillstand – und mit ihnen geht ein einst gültiger Rationalitätsstandard verloren. Ich werde das unten ausführlicher erläutern. Auf diese Weise sind die sozio-kommunikativen Rationalitäten und die Rationalität des Überlebens zusammengespannt: In der Objektivierbarkeit des »Todes« eines Trichters, der eintritt, wenn seine Standards oder Maximen für das soziale Handeln keine Gültigkeit mehr haben, also nicht mehr gelebt werden.

Der Zusammenhang, auf den ich hinaus will, ist folgender: Auch wenn Ökonomie weitgehend angesiedelt ist in einer Kommunikationssituation zweiter Ordnung, auch wenn sie ständig gezwungen ist, auf die Feedbacks aus der Umwelt zu reagieren, so schützt sie das dennoch nicht vor Selbstbeschreibungen, die selbstreferenziell sind. Denn die Umwelt, in der die Ökonomie agiert, ist eine soziale Umwelt, ein Umfeld, in dem die Feedbacks aus der Gesellschaft dominieren, ein gesellschaftlicher, kultureller Kontext also; auch wenn durchaus physikalische Rückkoppelungen eine große Rolle spielen können, sei es die Machbarkeit bestimmter Techniken oder Produktionsweisen, sei es die Abhängigkeit von Rohstoffen und der Erschließung neuer Vorkommen etc.

Von dieser zivilisatorischen Grundprägung her ist die Ökonomie ständig mit den Selbstbeschreibungen der Gesellschaften konfrontiert, in denen sie und für die sie agiert. Sie kann sich den innerhalb der Gesellschaften dominierenden Selbstbeschreibungen, die nicht notwendigerweise ökonomisch ausgerichtet sein müssen, entgegenstemmen, oder sie kann diese Selbstbeschreibungen nutzen und mitdefinieren, um ihre eigenen Interessen durchzusetzen, wie es derzeit in den entwickelten Nationen geschieht. Ökonomisches Denken ist von daher kein naturgesetzliches Denken, das sich an allgemeingültigen Regeln orientiert, die für jeden gleich gelten, wie es bei physikalischen Naturgesetzen der Fall ist. Das ökonomische Denken unterliegt ständigen Veränderungen und Schwankungen, es muss sich selbst ständig neu erfinden, es konkurriert mit anderen (auch ökonomischen) Selbstbeschreibungen, mit anderen sozio-kommunikativen Handlungsweisen, um die Deutungshoheit über die Wirklichkeit. Diesen Zusammenhang blenden sowohl die Wirtschaftsakteure wie auch die Wirtschaftswissenschaften gerne aus. Und das führt dann zu Kommunikationsschwierigkeiten zwischen der Ökonomie und den verschiedenen Lebenswelten, in denen sich die Menschen nun einmal unweigerlich befinden.

1.6. Der Sozialdarwinismus und seine erstaunliche Karriere

Ich möchte das Ganze einmal exemplarisch aufzeigen am Sozialdarwinismus, einer Selbstbeschreibung, die im Anschluss an die Evolutionstheorie des britischen Biologen Charles Darwin in England entstand, sich zu einer Semantik verdichtete und – in Verbindung mit dem Imperialismus und Rassismus – vor allem während der letzten Jahrzehnte des 19. Jahrhunderts bis zum Ende des Zweiten Weltkriegs 1945 ganz spezifische Entscheidungsheuristiken (Rationalitäten) der ökonomischen und politischen Eliten Europas hervorbrachte. Allzu weit von uns weisen brauchen wir diese Semantik und ihre Rationalitäten übrigens nicht, denn auch in der Wortwahl so mancher Manager von heute und insbesondere in der auf Konkurrenz ausgelegten Grundhaltung der Ökonomie und ihrer Rekrutierungsmechanismen bis hin zum blinden Glauben an die »Leistungsgesellschaft« schwingt manchmal noch etwas von einem Gedankengut mit, das ziemlich vage Vorstellungen davon hat, was das »Überleben des Fittesten« in der Biologie eigentlich meint – nämlich letztlich einen statistischen Wert für die Fortpflanzungswahrscheinlichkeit.

Arten und Individuen unterscheiden sich. Sie vererben bestimmte Merkmale. Und knappe Lebensgrundlagen schränken ihre Fortpflanzungsmöglichkeiten ein, sodass sie gezwungen sind zu konkurrieren. Auf diesen drei Säulen ruht die erstmals 1859 veröffentlichte Selektionstheorie von Charles Darwin. Geradezu verführerisch hat das auf jene gewirkt, die nach Belegen für ihre Weltanschauung gesucht haben.[21] Einer von ihnen war der englische Soziologe Herbert Spencer, der im 19. Jahrhundert als Erster Darwins Ideen auf die menschliche Gesellschaft übertrug. Spencer prägte den Begriff »survival of the fittest«, das Überleben des Tüchtigsten. Eine Formulierung, die Darwin später von ihm übernahm, wenn auch unter ganz anderen Vorzeichen. Das Überleben des Tüchtigsten war für Spencer der Motor für die menschliche Entwicklung, von „primitiven Urformen" zu „höheren Stufen der Zivilisation". Auf dem Kriegsschauplatz der knappen Ressourcen überlebten seiner Meinung nach nur die „Besseren", die „Wertvolleren". Und diesem für ihn natürlichen Zustand stellte er den künstlichen Zustand gegenüber – eine Welt des kulturellen, technischen und medizinischen Fortschritts. Die Fürsorge für Kranke, Schwache und Arme führe, so Spencer, zu einer Degeneration der Menschheit, weil sie die Mechanismen der natürlichen Selektion ausschalte. Der Biologe Darwin verwahrte sich zeitlebens gegen solche Folgerungen aus seiner Evolutionstheorie und

---

[21] Anmerkung: Die folgenden Zitate siehe Winkler 1994.

machte sich stark für die Unterstützung der Schwachen, weil sonst „unsere edelste Natur an Wert verlöre".

Spencers Thesen konnten von einer Gesellschaft aufgenommen werden, in der die sozialen Unterschiede von Tag zu Tag wuchsen. Die Welt hatte begonnen, sich zu industrialisieren. Und das brachte einer ökonomischen, risikobereiten Elite unvorstellbaren Reichtum, und es schuf auf der anderen Seite ein Arbeiterheer, das nicht mehr in ihren traditionellen, weil nicht konkurrenzfähigen Berufsfeldern unterkam und deshalb seine Arbeitskraft zu Bedingungen verkaufen musste, die es ihm nicht erlaubten, sich zu regenerieren. Den politischen und ökonomischen Eliten war das durchaus bewusst, aber die Biologie lieferte ihnen eine Selbstbeschreibung, die sich auf den sozialen Status quo übertragen und zum Vorbild für eine Gesellschaftsordnung und für moralische Grundregeln machen ließ. Der Pauperismus wurde zu einem vermeintlich naturwissenschaftlich erklärbaren Phänomen, das per se keine ethische Dimension mehr enthielt, sondern das für moralisch gut befunden werden konnte, weil es naturgegeben war. Die ökonomische Sphäre trennte sich von ihren sozialen Begleiterscheinungen ab. Und die angebliche naturwissenschaftliche Gesetzmäßigkeit dieser Entwicklung entließ den Einzelnen aus der Verantwortung. Das wiederum schuf die Voraussetzung dafür, dass man innerhalb seiner Peer-Groups einer biologistischen Semantik zu folgen begann, also unbewusst ein sozialdarwinistisches Handeln an den Tag legte, das von den Gleichgestellten und Gleichgesinnten innerhalb der Eliten nicht mehr hinterfragt wurde.

Die Folge: Darwins biologisches Modell und Spencers soziale Interpretation der Evolutionstheorie vermischten sich zu einem neuen Amalgam, das instrumentalisiert wurde, um die bestehenden sozialen Verhältnisse zu rechtfertigen. Und dieses Amalgam, das weder Darwin noch Spencer gerecht wurde, kumulierte in der Gesellschaft. Ein großer Teil der ökonomischen und politischen Elite biologisierte die Gesellschaft, wogegen sich Widerstand in den unteren sozialen Schichten zu regen begann: die Fremdwahrnehmung des Sozialdarwinismus durch die Arbeiterschaft. Zum Trichter des Sozialdarwinismus gesellte sich also der Trichter der sich selbst organisierenden abhängig Beschäftigten, deren Vertreter menschenwürdige Bedingungen für sich einforderten und ihre eigenen Kampfmethoden wie Streiks entwickelten. Auch die Arbeiterschaft konnte bei ihrer Selbstbeschreibung auf die geistige Vorarbeit einer schmalen, intellektuellen Elite aufbauen, deren bekanntester Kulminationspunkt das 1848 erschienene Kommunistische Manifest von Karl Marx und Friedrich Engels ist. Von da aus entwickelte sich die These von der Entfremdung des Einzelnen im Arbeitsprozess in verschiedenen, auch christlich motivierten Spielarten weiter und begann, auf die politische Parteienlandschaft auszustrahlen, etwa in Form der Sozialdemokratie. Der proletarische Selbstbeschreibungsmodus und seine

Rationalitäten fand immer mehr Menschen, die ihn für sich übernahmen, auch weil die teils parlamentarischen europäischen Systeme den neuen sozialen Bewegungen Zugang zu einer breiten Öffentlichkeit ermöglichten und das Auftreten dieser sozialen Bewegungen durch verfassungsgemäße Wahlen sozusagen staatlich sanktioniert war. In den unteren sozialen Schichten kumulierte das eigene Handeln und Denken zu einem Klassenbewusstsein, zu einer Semantik, die sich in ihren Haltungen und Entscheidungsheuristiken der sozialdarwinistisch gefärbten Elite entgegenstellte, ihr eine eigene Selbstbeschreibung entgegensetzte, sie in der Fremdwahrnehmung als Ausbeuter zu charakterisieren begann, aber gleichzeitig von ihr abhängig blieb: Schließlich stand man bei den Unternehmern in Lohn und Brot.

Auch um von den Problemen mit der sozialen Frage im eigenen Land abzulenken und um den sozialen Druck ein Stück abzulassen, übertrugen die ökonomischen und die mit ihnen verflochtenen politischen Eliten ihre biologistische Sicht der Dinge nicht nur auf die eigene Gesellschaft, sondern auf die Welt. Ein neuer Selbstbeschreibungsmodus entstand, der die eigene Gesellschaft aufwerten sollte gegenüber anderen Kulturen: der Imperialismus. Für die Seemacht England mit ihren zahlreichen Kolonien war das ökonomisch überlebenswichtig. Die zögerliche und – zumindest noch unter Bismarck widerwillige – deutsche Kolonialpolitik war da eher ein Opfer des Zeitgeistes, also der kumulierten Semantiken und Rationalitäten des europäischen Imperialismus. Dennoch ließ sich mit einer übertriebenen Nationalpolitik der auch in der Arbeiterschaft stark verbreitete Patriotismus nutzen, um die unteren Schichten ein Stück weit mitzunehmen. Spätestens unter Kaiser Wilhelm II. hatte das Methode. Hier berührten sich die sonst einander gegenüberstehenden Trichter der Arbeiterschaft und der ökonomischen Elite bzw. hier standen sie untereinander in Verbindung, wie das Beispiel der Kriegsbegeisterung 1914 zeigt, die durch alle Schichten ging. Das ursprüngliche Konzept Darwins, das frei ist von jeder Ausrichtung auf ein Ziel, wurde im Laufe der Zeit zum zielgerichteten Plan der Evolution. Und bereitete den ideologischen Nährboden für die Ausbeutung des Industrieproletariats genauso wie für den Imperialismus und Kolonialismus des 19. und frühen 20. Jahrhunderts. Man übertrug die biologische Konkurrenz nicht mehr nur auf die Schichten, sondern schließlich auch auf die Völker, Nationen und Rassen. Der Lebenszweck des Einzelnen sollte nur noch darin bestehen, zum Wohl des Volkes auf seine eigenen Interessen zu verzichten.

Eine Zäsur brachte der verlorene Krieg 1918, zumindest in Deutschland: Mit dem Wechsel der Regierungsform von der Monarchie zur Demokratie und der Übernahme der Reichsregierung durch die SPD, hatte der Sozialdarwinismus im eigenen Volk zunächst ausgedient. Der neu entstehende Nationalsozialismus setzte dem gegenüber ganz entschieden auf eine »völkische Gemeinschaft«, also letztlich auf die Aufwertung der unteren Klassen und eine Ab-schaffung der alten, auch ökonomischen Eliten – zumindest der Ideologie nach. Dennoch waren die Strömungen des Sozialdarwinismus nicht verschwunden: Sie wirkten untergründig fort und formten sich im Lauf der Weimarer Republik in Gestalt des Nationalsozialismus neu als entschieden rassischer Sozialdarwi-nismus, der nach außen gerichtet war und sich so sinnstiftend für die innere Befriedung einsetzen ließ. Die alte Rationalität der wilhelminischen Zeit, die auch in Großbritannien oder Frankreich so erfolgreich war, nämlich von den innenpolitischen Problemen abzulenken, indem man nationale Größe nach drau-ßen demonstriert, wirkte hier unterschwellig weiter. Auch das rassische Argu-ment des Nationalsozialismus abstrahierte von der ethischen Ebene und argu-mentierte biologistisch. Die Ökonomie freilich stellten die braunen Ideologen nun stärker in den Dienst der »Bewegung«: Die Wirtschaft war das Mittel zum Zweck, um den technologischen Fortschritt hervorzubringen, mit dessen Hilfe man die Welt erobern wollte. Die Ökonomie beugte sich dem Primat der Politik, sie unterwarf sich ihren Entscheidungsheuristiken.

In der Bevölkerung und in den ökonomischen Eliten konnten diese Argu-mentationsmuster kumulieren, weil sie auf einer Semantik aufsetzten, die bereits seit dem 19. Jahrhundert eingeübt war. Das revanchistische Bedürfnis nach dem harten Frieden von Versailles war groß, der Deutschland seiner Großmachtstel-lung beraubt hatte, die ja immer auch benutzt worden war, um die soziale Frage im eigenen Land nicht lösen zu müssen. Zudem boten die Nationalsozialisten den Menschen Arbeitsbeschaffungsmaßnahmen und Sozialprogramme. Den ökonomischen Eliten wurden ihre Besitzstände garantiert, sie machten gute Geschäfte mit dem Regime und hatten Aussicht auf weitere Absatzmärkte durch die Expansionsgelüste der Politik. Unabhängig also vom repressiven und mör-derischen Vorgehen des Nationalsozialismus gegen die missliebige Opposition und – aus ideologischen Gründen – vor allem gegen die geschäftstüchtige, jüdi-sche Minderheit, deren ökonomische Vernichtung offenbar die Ressentiments der unteren Schichten gegen die ökonomischen Eliten vollauf kompensierte: Die nationalsozialistischen Argumentations- und Handlungsmuster griffen geschickt den ökonomischen Selbstbeschreibungsmodus des Sozialdarwinismus als rassi-schen wieder auf und machten ihn für kurze Zeit mehrheitsfähig, indem man all diejenigen, die sich dem Regime nicht entgegenstellten oder die nicht als miss-liebig galten, von ihm profitieren ließ.

Die demokratische Gründerzeit nach 1945 muss von diesen Zusammen-hängen etwas geahnt haben, denn sie propagierte den gefesselten Kapitalismus in Gestalt der »sozialen Marktwirtschaft«. Eine neue Selbstbeschreibung war geboren, die die Wirtschaft ohne zu Murren übernahm, waren doch die alten Eliten zunächst weitgehend diskreditiert. Außerdem wirkte die Semantik vom

Primat der Politik fort, auch wenn Politik unter dem alliierten Einfluss nun einer demokratischen Selbstbeschreibung folgte. Der Sozialdarwinismus war damit keineswegs vom Tisch – er wurde nun zur Kampfmetapher einer jungen Generation, die die Bedingungen des neuen ökonomischen Systems hinterfragte und die Ökonomisierung der Gesellschaft kritisierte, womit sie eine völlig andere Selbstbeschreibung aus der Taufe hob, die nun in den Kampf um die Deutungshoheit eingriff und für eine Weile das öffentliche sozio-kommunikative Handeln in der Gesellschaft dominierte. Diese Generation der »68er« glaubte einen fortbestehenden Sozialdarwinismus ausgemacht zu haben in der Unterdrückung der unterentwickelten Regionen durch die potenten Wirtschaften des Westens; und sie glaubte ihn entdeckt zu haben, tief verborgen in den Trichtern der Wissenschaft, die bislang immer von Ökonomie und Politik vereinnahmt worden waren und sich mehr oder weniger willfährig hatten vereinnahmen lassen, um die bestehenden Verhältnisse zu rechtfertigen.

Die Protagonisten der Studentenbewegung waren größtenteils die Kinder der in den Nationalsozialismus verstrickten Generation – und diese neue Elite unternahm es nun, die Werte und Semantiken der Väter umzuwerten und gegen sie in Stellung zu bringen, darunter den Sozialdarwinismus. Er wurde zum Kampfinstrument gegen die bundesrepublikanischen Eliten. In einer Zeit freilich, in der Vollbeschäftigung herrschte, in der also das ökonomische System seine Leistungsfähigkeit gerade unter Beweis stellte. Was dazu führte, dass die große Masse der Beschäftigten der kleinen, links orientierten Elite nicht zu folgen bereit war, ja sie größtenteils ablehnte, sodass der neue Trichter irgendwann zum »Marsch durch die Institutionen« verkümmerte. Wieder bildeten sich Verknüpfungen aus zwischen den unterschiedlichen Trichtern: Der ökonomische Erfolg machte die »68er« zu einem Teil der wirtschaftlichen Elite; ihre politische Rhetorik dagegen blieb zunächst anti-ökonomisch und brachte im Laufe der Zeit ein ökologisches Konzept hervor.

Ein Kennzeichen der »alternativen« Kommunikationsmuster ist ihre übergroße Sensibilität für vermeintliche und echte Unterdrückungsmechanismen, zu denen auch das sozialdarwinistische Gedankengut gehört. Von daher schoss man sich unter anderem auf die Soziobiologie ein. Bis weit in die 1990er Jahre hinein sah sie sich insbesondere dem Vorwurf ausgesetzt, gesellschaftliche Ungleichheit mit einem alles bestimmenden Erbgut zu begründen. Die Wissenschaftler waren daran nicht ganz unschuldig, wie der Konstanzer Biologe Hubert Markl selbstkritisch angemerkt hat: Man habe einfach „nicht vehement dagegen widersprochen“ und nur „allzu oft im Drang“, sich und seine Wissenschaft „wichtig zu machen“, Zweideutigkeiten zugelassen.[22]

---

[22] vgl. ebd.

Im Kampf der Studentenbewegung und ihrer Nachfolger um die Deutungshoheit wurde aber ausgeblendet, dass es der Soziobiologie im Kern darum geht, dass die Entwicklung des menschlichen Verhaltens zwar genetisch gesteuert wird, es aber von der Umwelt abhängt, wie sich ein Verhalten ausprägt. Die Soziobiologie ist also eine genetische Theorie, allerdings keine deterministische. D.h.: Sie nimmt eben keine strenge Wenn-dann-Beziehung zwischen Erbgut und menschlichem Verhalten an. Inzwischen sind neue wissenschaftliche Paradigmentrichter hinzugekommen wie etwa die Forschungsrichtung der Epigenetik:[23] Sie hat entdeckt, dass Umwelteinflüsse unsere Gene direkt an- oder abschalten können. Eine erste handfeste Widerlegung jeder platten Vererbungslehre, die aber den Charme hat, ebenfalls auf genetischer Hardware, also auf streng naturwissenschaftlicher Beweiskraft aufzusetzen. Das entzerrt die Debatten, was natürlich mit dem sich abschwächenden »68er«- und »Alternativ«-Trichter zu tun hat: Da dessen kommunikative Dominanz in der Öffentlichkeit nachgelassen hat und dafür nun eine der Globalisierung und den Wirtschaftskrisen geschuldete ökonomische Semantik durch die Gesellschaft schwappt, die beispielsweise auch den Bildungsbereich mit sich reißt, lässt sich nicht mehr so ohne weiteres behaupten, dass die moderne Biologie dem Sozialdarwinismus alter Prägung das Wort redet. Zudem hat der »Ökologie«-Trichter seit den 1980er Jahren das Biologische eher positiv aufgeladen.

Auch die ökonomischen Trichterparameter, die einst den Sozialdarwinismus und seine Rationalitäten speisten, haben sich umgepolt. Materielle Unterschiede und Konkurrenz sind weiterhin die Semantiken, denen die Ökonomie unterliegt und womit sie zum Beispiel die gestuften Entgelte und Vergütungen rechtfertigt. Doch mittlerweile hat es die Ökonomie übernommen, einer Weltgesellschaft das Wort zu reden, weil sich nur auf offenen Märkten gute Geschäfte machen lassen. Die Weltgesellschaft ist ökonomisch gedacht und kursiert unter dem Stichwort Globalisierung. Ein neuer Trichter ist entstanden, der einer anderen ökonomischen Semantik folgt als noch das 19. Jahrhundert: Die biologische Überlegenheit wurde ersetzt durch die Überlegenheit der Leistungsbereiten. Das schließt völkerübergreifend alle ein, die sich der ökonomischen Effizienz mit ihren Anforderungen wie Flexibilität und Rentabilität unterordnen; es schließt aber auch alle die aus, die sich der Leistungsgesellschaft verweigern, sogar und gerade die Verweigerer bzw. Verlierer der Globalisierung im eigenen Land. Heutzutage blenden die global ausgerichteten Ökonomien die Differenzen zwischen den Kulturen so weit es geht aus, um Geld zu verdienen; Differenzen, die sie im 19. Jahrhundert betont haben, um eigenes Gewinnstreben zu rechtfertigen. Und es ist eine junge Generation von Globalisierungsgegnern, die nunmehr

---

[23] vgl. zusammenfassend Spork 2009.

der Ökonomie Gleichmacherei vorwirft, die die Einebnung alternativer, nicht-ökonomischer Lebensentwürfe kritisiert, deren Zweck es sei, die Welt unter die Knute der Konzerne zu zwingen. Darauf reagieren wiederum die entwickelten Ökonomien des Westens mit einem neuen sozio-kommunikativen Handeln: Konzepte der Nachhaltigkeit und der ethischen Selbstverpflichtung halten plötzlich Einzug; die bislang rein ökonomischen Selbstbeschreibungen werden aufgeladen mit moralischen Kategorien.

Die Biologie kann sich damit Lösen aus dem Sog des Sozialdarwinismus-Verdachts, in den sie geraten war und gegen den Darwin sich von Anfang an gestemmt hatte. Sie sammelt nun in sicherer Entfernung von der neuen Demarkationslinie zwischen Globalisierungsbefürwortern und Globalisierungsgegnern Erkenntnisse über die Natur des Menschen, ohne automatisch in die jeweiligen gesellschaftlichen Deutungstrichter hineingezogen zu werden. Was nicht ausschließt, dass ihre Erkenntnisse irgendwann erneut von den jeweiligen Interessengruppen vereinnahmt werden. Das zeigt sich etwa daran, dass die Biologie sich inzwischen ungewollt gegen die von der Ökonomie behauptete weltweite Wertegemeinschaft der Leistungsbereiten stellt. Ein Erbe aller sozial lebenden Organismen, auch des Menschen, sei das Phänomen der Fremdenfeindlichkeit, betont etwa die moderne Forschung. Hier wirkten evolutionäre Selektionsmechanismen nach, die auf die Unterstützung von Verwandten setzten. Nicht nur die Individuen könnten nämlich die eigenen genetischen Programme verbreiten, sondern auch all diejenigen, die dasselbe Programm in sich trügen, also die Verwandten. Damit das Ganze funktioniere, müsse der Einzelne in der Lage sein zu diskriminieren, gemeint ist: zu unterscheiden. Verwandte müssten von Nichtverwandten, nahe Verwandte von entfernt Verwandten abgegrenzt werden können. Ein arabisches Sprichwort bringt es auf den Punkt: »Ich gegen meinen Bruder; ich und mein Bruder gegen unsere Vettern; ich, meine Brüder und meine Vettern gegen die, die nicht mit uns verwandt sind; ich, mein Bruder, meine Vettern und Freunde gegen unsere Feinde im Dorf; sie alle und das ganze Dorf gegen das nächste Dorf«. Diese evolutionsgeprägte Veranlagung macht »Multi-Kulti« so schwer und läuft gleichzeitig unseren moralischen Ansprüchen vom altruistischen Handeln zuwider, von der Hilfsbereitschaft auch dem Fremden gegenüber, wie es beispielsweise viele Weltreligionen einfordern. Es läuft aber auch dem auf rein ökonomischen Interessen basierenden Weltbürgerdenken der Unternehmen zuwider, denn hier stoßen die Paradigmen der Globalisierung an lebensweltliche Grenzen, wie ein weltweit erstarkender, die westliche Ökonomisierung ablehnender Islamismus vor Augen führt.

2. Die Binnensicht: Wie wir kommunizieren

Wo stehen wir nun? Ich denke, es ist klar geworden, dass auch ökonomisches Denken kein unwandelbares Naturgesetz ist, sondern einen bestimmten Selbstbeschreibungsmodus darstellt, der an soziale Selbsterhaltkategorien gebunden ist und dabei bestimmte Semantiken und Entscheidungsheuristiken (Rationalitäten) generiert. Die Ausgestaltung dieses Selbstbeschreibungsmodus steht und fällt mit den Akteuren. Und die Akteure wiederum vertreten Inhalte, die sich mit den in einer Gesellschaft konkurrierenden Semantiken und sozio-kommunikativen Rationalitäten wandeln. Gerade das Beispiel des Sozialdarwinismus macht das klar. Dass die meisten gesellschaftlichen Eliten momentan ökonomischen Entscheidungsheuristiken und ihren Semantiken folgen, hat vor allem damit zu tun, dass das ökonomische Denken eng mit dem Wohlstand der breiten Massen verknüpft und in das politische System der entwickelten Demokratien implementiert ist. Das Paradoxe daran scheint zu sein: Solange das System seine Leistungsfähigkeit unter Beweis stellt und die Volkswirtschaft prosperiert, häufen sich die ökonomiekritischen Stimmen. In Krisenzeiten schlägt das Pendel nach der anderen Seite aus: Auf der Suche nach den Ursachen der wirtschaftlichen Krise werden angeblich fehlenden ökonomische Kompetenzen im politischen System und in der Gesellschaft ausgemacht (Stichwort: die Bildungsmisere).

Ob das kommunizierte Modell der Marktwirtschaft mit seiner Wachstumsideologie die Selbstbeschreibung der Gesellschaft auch in Zukunft prägen wird, muss sich zeigen. Hier gibt es viele Anzeichen, die pessimistisch stimmen. Man denke an den Klimawandel, der einem Großteil der Menschheit die Lebensgrundlagen zu entziehen droht. Man denke an die zur Neige gehenden fossilen Brennstoffe, an denen derzeit alles hängt, man denke an die vielfach erschöpften Industrierohstoffe etc. Wie wir in Zukunft kommunizieren, wie wir uns selbst beschreiben, hängt von unseren Lebensumständen ab; das betrifft nicht nur die inhaltliche Seite der Kommunikation, also mit welchen Inhalten und Bedeutungen wir unser sprachliches Handeln neu aufladen, um die Deutungshoheit über die Wirklichkeit zu erringen; das betrifft auch das Wie der Kommunikation, ob wir offen und diskursiv – demokratisch – miteinander reden wie im Moment, oder ob Kommunikation wieder eingebettet wird in hierarchische, autoritäre Strukturen, ob es wieder Befehlsempfänger und Befehlende gibt.

Das Wie der Kommunikation hat allerdings nicht nur mit Selbst- und Fremd-wahrnehmung, dem Kampf um die Deutungshoheit oder den jeweiligen Selbst-beschreibungen und Entscheidungsheuristiken zu tun, sondern es gibt darüber hinaus bestimmte Muster des Kommunizierens, die offenbar (evolutionär) tief in uns eingebrannt sind und eine große Stabilität aufweisen. Ob wir autoritär kommunizieren oder diskursiv hängt nämlich vor allem auch davon ab, wem wir in welcher sozialen Situation gegenübertreten, welche intellektuellen, emotiona-len und psychologischen Fähigkeiten wir selbst haben oder eben nicht und ob wir in Gruppen agieren oder allein. Die Sozialpsychologie nimmt sich dieser Phänomene seit den 1960er Jahren an. Hier ein kleiner Überblick und ein vor-läufiger Ausblick darauf, was einzelne Forschungsaspekte für das kommunika-tive Handeln in ökonomischen Kontexten bedeuten.[24] Die methodischen Dis-kussionen und den Theorienstreit innerhalb der Sozialpsychologie werde ich dabei weitgehend außen vor lassen.

2.1. Bindung und Kommunikation

Beratungsresistent geben sich manche Unternehmer, zaudernd. An dem, was sie lange Zeit erfolgreich getan und was sie jahrelang nach außen und ins Unter-nehmen hinein kommuniziert haben, möchten sie festhalten, neue Entwicklun-gen interessieren sie nicht. Manchmal trügt sie ihre Intuition da nicht, manchmal aber doch und der Betrieb wird an die Wand gefahren bzw. die innovativen Mitarbeiter verlassen die Firma. Eins der Phänomene, das dahintersteckt und das natürlich auf allen gesellschaftlichen Ebenen virulent ist, beschreibt die Dissonanztheorie als »commitment« – als die Grade der Bindung an ein einmal gezeigtes sozio-kommunikatives Handeln. Demnach sind nie oder nur selten gemachte Äußerungen bzw. gelebte Verhaltensweisen nur schwach gebunden und leicht veränderbar. Das soziale Handeln fluktuiert dann stark, es wird der jeweiligen Kommunikationssituation und dem jeweiligen Interaktionspartner angepasst. Inhalte dagegen, die oft öffentlich eingesetzt wurden, sind stark ge-bunden und nur schwer zu ändern, also von der Kommunikationssituation und dem jeweiligen Interaktionspartner weitgehend unabhängig.

Beharrungsvermögen muss nicht per se schlecht sein. In einem gut funkti-onierenden Unternehmen ist die Bindung der Mitarbeiter einer der größten Mo-tivationsfaktoren überhaupt. Doch in unserer schnelllebigen Zeit stellt sich in-

---

[24] Anmerkung: Die Einzelnachweise für die sozialpsychologische Forschung finden sich in Gruber 2007: 75-102; im folgenden nur darüber hinausgehende Literaturverweise.

zwischen viel öfter die Frage: Was tun, wenn ich mich als Firma neu ausrichten muss, wenn ich ein übernommenes Unternehmen integrieren muss etc.? Wie stelle ich dann wieder commitment her? Die interne und öffentliche Kommunikation der Vergangenheit wirkt nämlich stark nach bei den Mitarbeitern und Kunden, auch wenn sie von den Vorgängern auf dem Chefsessel stammt und die neue Führungsriege ganz anderer Meinung ist. Das Bindungsproblem, das die Sozialpsychologie beschreibt, darf also nicht nur Top-down vom Sich-äußern und Handeln der Unternehmensspitze nach unten und draußen und der damit verbundenen Glaubwürdigkeit her gedacht werden. Das Bindungsproblem hat immer auch eine historische und eine Bottom-up-Dimension, die bei einer Veränderung virulent werden.

Das bedeutet: Für das Unternehmen ist es extrem wichtig, Bindung nicht nur zu propagieren, sondern auf allen Ebenen einzuüben und glaubwürdig zu vertreten, insbesondere, wenn die Chefetage ihr Selbstverständnis auch noch in die Öffentlichkeit kommuniziert. Es genügt nicht, einem Unternehmen ein Etikett aufzukleben und zu hoffen, dass die Mitarbeiterschaft dann schon die damit verbundenen Standards von allein verinnerlichen wird. Die gesamte Managementriege muss das entsprechende sozio-kommunikative Handeln, das propagiert wird, auch im Betrieb an den Tag legen. Nur das zieht Nachfolger bzw. Mitstreiter an, d.h. nur dann kann das Erwünschte kumulieren zu sozio-kommunikativen Mustern des Handelns im gesamten Unternehmen. Klaffen aber Sozialsemantik und Rhetorik auseinander oder halten sich die Führungskräfte bedeckt und »stehen für gar nichts«, ist also Bindung nur schwach ausgeprägt, sind lediglich situative Kumulationseffekte zu erwarten. Mitunter mit fatalen Folgen: blanker Opportunismus etwa, der sich der jeweils vorherrschenden Meinung anschließt, wenn es in der Konferenz gut aussieht. Um hinterher wieder in alte Routinen zurückzufallen; oder um hinterher halbherzig zu versuchen, Entscheidungsheuristiken durchzusetzen, an die man selbst nicht glaubt. Es entsteht eine oberflächliche Angepasstheit, für kurze Zeit überdeckt vom Hochglanzlack der neuen Managementphilosophie. Die Grundierung, der alltägliche, routinierte Schlendrian aber, der bleibt der gleiche. Und wenn intern anders gedacht und gehandelt wird, als es die Pressemitteilung, der Werbespot oder das Prospekt der Öffentlichkeit und der Kundschaft glauben machen wollen, dann verliert man sehr schnell an Glaubwürdigkeit, weil Kunde und Öffentlichkeit das merken. Und das ist immer schlecht fürs Geschäft.

Ein Beispiel für die komplette Fehleinschätzung des Bindungsproblems, die negativ bis auf die Kundschaft ausgestrahlt hat, ist die Neuausrichtung der Deutschen Bank, die 1999 glaubte, das Privatkundengeschäft unter dem Label »Deutsche Bank 24« an Computer delegieren zu können und sich auf das Investmentbanking und die vermögenden Industriekunden konzentrierte. „Gerade

mal neun Jahre ist es her," schrieb die »Welt online« im September 2008 anläss-
lich der Übernahme der Postbank durch die Deutsche Bank, „da konnte die
Deutsche Bank mit »Lieschen Müller« so ganz und gar nichts anfangen. Raus
sollten sie aus der Bank, die kleinen Leute, nur die betuchten Kunden sollten
bleiben. Fein säuberlich aufgeteilt. Wer weniger als 200.000 D-Mark im Depot
hatte, kam zur Deutschen Bank 24 – oft samt neuer Bankleitzahl und Konto-
nummer. Für so manchen Mitarbeiter war es ein Schock, für viele Kunden un-
fassbar. Die Missachtung der Privatkunden gipfelte in der Aussage des damaligen Vorstandschefs Rolf Breuer, der die Schilder an den Filialen »eben wieder
abmontieren« wollte, falls es schon bald zu einer Fusion mit einer anderen Bank
käme."[25] Heute heißt es in der Werbung der Deutschen Bank wieder: »Leistung
aus Leidenschaft«, und gerade der kleine, risikoscheue Sparer wird – nach der
Übernahme der Postbank – mit Festzinskonten gelockt. Man versucht mit einem
großen Marketingaufwand, Bindung wiederherzustellen, und das zerstörte emotionale Verhältnis der Kunden wie der eigenen Mitarbeiter zum Unternehmen
notdürftig zu reparieren bzw. neue Kunden zu gewinnen, die von diesen Vorgängen nichts wissen und mit denen man von vorne anfangen kann. Alle alten
Kunden und insbesondere die damals betroffenen Mitarbeiter wird man damit
nicht zurückholen.

Bindung im Unternehmen zu verändern, ist ein schwieriges Terrain, nicht
nur in der Belegschaft, auch im Management. Denn Bindung, sagt die Dissonanztheorie, entsteht durch Mühe: Je größer unter sonst gleichen Bedingungen
die Anstrengung ist, die man um einer Sache willen auf sich nimmt, desto größer ist die Wertschätzung, die man dieser Sache entgegenbringt; entsprechend
stärker sind die kognitiven Standards verankert und das daran geknüpfte soziale
Handeln, die Rationalitäten und die Semantiken gebunden. Diese starke Bindung schließt ein, dass man das eigene Handeln mit Hilfe subjektiver Rechtfer-
tigungen auch gegen die geltende Sozialsemantik oder die vorherrschenden
Entscheidungsheuristiken aufrechterhält. Das erklärt zum Beispiel, warum Entscheider so gerne die Sachkompetenz und die berechtigten Einwände ihrer Mitarbeiter einfach beiseite schieben: Weil sie glauben, dass ihre intensive Beschäftigung mit einem Thema sie selbst die Dinge richtig sehen lässt, während alle
anderen keine Ahnung haben. Mit allen positiven wie negativen Folgen. Und es
erklärt, warum Routinen im Unternehmen so schwer zu durchbrechen sind.

In diesem Zusammenhang hat die Dissonanztheorie einen Effekt bestätigt,
der an eine »selbsterfüllende Prophezeiung« erinnert: An Meinungen bzw. ein
soziales Handeln, das man lange genug in der Öffentlichkeit vertreten bzw.

---

[25] Welt online vom 12. September 2008; im Internet: http://www.welt.de/wirtschaft/article
2436282/Deutsche-Bank-entdeckt-ihr-Herz-fuer-Kleinkunden.html.

dokumentiert hat, etwa weil die berufliche Rolle das so erfordert, glaubt man
irgendwann selbst. Die Dissonanztheorie erklärt das damit, dass bei einstel-
lungsdiskrepantem Handeln die Dissonanz dann kleiner wird, wenn eine äußere
Rechtfertigung (Belohnung oder Zwang) für das Handeln vorhanden war; größer bleibt die Dissonanz, wenn es keine oder nur eine unzureichende Rechtfertigung gibt. Grundsätzlich postuliert die Dissonanztheorie drei Bedingungen,
denen individuelles Sozialverhalten bzw. Handeln unterliegt: eine gegebene
oder nicht gegebene Entscheidungsfreiheit, das Ausmaß an Bindung und vor
allem die Erwartung negativer Konsequenzen durch einstellungsdiskrepantes
bzw. einstellungskonformes Handeln. Interessanterweise ist es gar nicht nötig,
ein Handeln tatsächlich auszuführen: Es genügt, dass man glaubt, ein Handeln
könnte Konsequenzen haben, die man unter allen Umständen vermeiden will,
um es nicht auszuführen. Gerard et al. postulieren ergänzend, dass durch über-
reichliche genauso wie durch unzureichende Belohnung eine Anpassung der
Einstellung an das Handeln erzielt wird. Diese Hypothese wurde mehrfach bestätigt und gerade die Bedingungen, zu denen von Nicht-Lehrstuhlinhabern, vor
allem Assistenten, an Deutschlands Universitäten geforscht wird, zeigen, dass
Selbstausbeutungssysteme mit extrem geringen Belohnungsanreizen funktionieren können.

Muster des Handelns, die auf hohen Belohnungsanreizen basieren, finden
sich vor allem in ökonomischen Zusammenhängen, wo Hierarchien, Vergü-
tungssysteme und Erfolgsdruck eine weitaus größere Macht entfalten können als
im privaten Bereich. Gezielte Managementstrategien, etwa die »Corporate Iden-
tity«, wie sie in jüngster Zeit verstärkt eingesetzt werden zur Motivation und
letztlich zur Führung der Mitarbeiter, demonstrieren eindrucksvoll, wie soziales
Handeln von einer kleinen Elite bewusst gesteuert werden kann. Die dabei kon-
struierte Wirklichkeit folgt dem Muster: »Wir sind die Besten«, »wir können
mehr als die anderen«, »wir gehören dazu«, »wir schaffen das«. Die einsetzende
Selbstausbeutung und die wirklichkeitsverzerrenden Tendenzen werden nicht
als solche wahrgenommen, sondern man schraubt seine individuellen Interessen
und Bedürfnisse ein Stück weit zurück, stellt sich »in den Dienst einer Sache«
und lässt sich von der emotionalen Welle tragen, die durch ein Kollektiv läuft,
wenn alle den Eindruck vermitteln, das Gleiche zu wollen und das gleiche zu
denken. Das Problem: Unter Umständen verliert man die Wirklichkeit aus dem
Blick, mit der man schließlich Geschäfte macht und mit der man kommuniziert.

Auf den Führungsebenen führt das dazu, dass ein beständig verbreiteter
Optimismus zu einem Rekrutierungskriterium wird, was entsprechendes Handeln bei denen fördert, die Karriere machen wollen, und irgendwann von ihnen
selbst nicht mehr bewusst wahrgenommen wird. Es hat sich eine »zweite Haut«
gebildet, ein weitgehend reflexartig funktionierendes, unbewusstes, automati-

siertes sozio-kommunikatives Handeln, das im entsprechenden beruflichen
Umfeld abgespult wird und von diesem Umfeld als professionelles Verhalten
wahrgenommen wird. Auf den unteren Ebenen wird ein Teil der sozialen Wirklichkeit durch professionalisierte Filter hindurch konstruiert, die beispielsweise
selektieren nach: »Was mein Unternehmen macht, ist gut«; »die Konkurrenz
und die Verbraucherschützer sind der Feind« etc. So lange diese kognitiven
Wirklichkeitsfilter, die zu Karrierezwecken insbesondere in den internen Abläu-
fen eine enorme Rolle spielen, noch nicht aufgebaut sind (etwa bei Berufsan-
fängern oder Quereinsteigern ohne »Betriebsblindheit«), ist die Konstruktion
sozialer Wirklichkeit auch nicht wunschhaft verzerrt, sondern offen und unvoreingenommen. Darauf weisen etwa die Forschungen von Heckhausen und
Gollwitzer hin. Auf die von ihnen postulierte »motivationale Phase« folgt demnach mit zunehmender Zugehörigkeit zu einem Kollektiv eine »voliotionale
Phase« des Handelns, in der man nach günstigen Gelegenheiten sucht, die man
abwartet oder herbeiführt, um ein Ziel zu erreichen.

Daraus lässt sich ableiten: Entscheider, die ein gesundes Maß an Distanz
bei ihren Mitarbeitern schätzen (kritische Loyalität) und offen bleiben für die
ungewöhnlichen Ideen und Verhaltensweisen unangepasster Mitarbeiter, fahren
in der Regel besser, wenn es darum geht, sich neue Märkte zu erschließen oder
auf neue Anforderungen zu reagieren. Insbesondere dürfte das in Krisenzeiten
gelten, die immer wieder ungewöhnliche, Erwartungshaltungen durchbrechende
Menschen nach oben spülen, wie das deutsche Wirtschaftswunder ab den
1950er Jahren zeigt: Ein Mangel an qualifiziertem Personal, die diskreditierten
alten Eliten, Pioniergeist (»Not macht erfinderisch«) und eine Politik, die nach
jedem ökonomischen Strohhalm griff, ließen einzelnen Unternehmerpersönlich-
keiten die Freiräume, die sie brauchten, um Geschäftsideen erfolgreich zu er-
proben und umzusetzen. In den verkrusteten Strukturen heutzutage wird vor
allem auf formale Qualifikationen geachtet, die aber nichts aussagen über die
ökonomischen Kompetenzen eines Menschen, seinen Geschäftssinn. Deutschland braucht hier ein wenig mehr Mut, Spielwiesen einzurichten und auf Be-
währungssysteme zu setzen (»learning by doing«; »trial and error«), wie es im
anglo-amerikanischen Raum sehr viel weiter verbreitet ist.

2.2. Persönlichkeit und Kommunikation

Herkner bestätigt das aus sozialpsychologischer Sicht indirekt, indem er zu
bedenken gibt, dass ein uneingeschränktes Streben nach einer konsistenten sozialen Wirklichkeit, wie es die Dissonanztheorie postuliert, „ein völlig konserva-
tives und fortschrittshemmendes Prinzip wäre. Wissenschaftliche, künstlerische

und soziale Neuerungen sind meistens mit dem Auftreten von Inkonsistenzen verbunden." Diesen Befund untermauern nicht nur sozialpsychologische Experimente, sondern auch evolutionspsychologische Ansätze, die beim Menschen eine spielerische Neugier konstatieren, die mit zunehmendem Alter anhält und weit über das überlebensrelevante Maß hinausgeht. Herkner geht aus von großen individuellen Unterschieden sowohl hinsichtlich der Inkonsistenztoleranz als auch hinsichtlich der Situationen, die als inkonsistent empfunden werden. Das zeigt sich schon an der Wahl des Berufs und den unterschiedlichen Berufsgruppen: Naturgemäß sind Finanzbeamte, die einen stark reglementierten, dafür aber krisensicheren Arbeitsplatz wählen, konservativer als der Projektmanager eines Architekturbüros, der weltweit auf unabsehbare Erfordernisse vor Ort trifft und darauf reagieren muss.

Als wichtige Variable gilt in der sozialpsychologischen Forschung dabei der »Selbstwert« einer Person. So werten nur Menschen mit hohem Selbstwertgefühl eine gewählte oder verworfene Alternative des Handelns im Nachhinein auf bzw. ab. D.h. die Wahrnehmung und die daraus generierte soziale Wirklichkeit werden dem eigenen Handeln angepasst. Menschen, die sich selbst negativ einschätzen, werten nach einer Entscheidung oft nicht um bzw. werten die gewählte Alternative ab und die nicht gewählte auf. D.h. Wahrnehmung und Wirklichkeit werden dem eigenen Handeln gegenübergestellt. Im Fokus ist, was man besser nicht hätte tun sollen, und nicht, dass in Ordnung ist, was man derzeit macht. Diese »Anleitung zum Unglücklichsein« oder, positiver formuliert, skeptische und selbstkritische Grundhaltung, kann eine Stärke sein, etwa weil sie die Betriebsblindheit von Entscheidern verhindert. Das Problem ist nur: Viele Manager haben ein sehr stark ausgeprägtes, bis ins Unermessliche gesteigerte Selbstwertgefühl, das an Egomanie grenzt. Insofern ist es nur natürlich, dass die getroffenen Entscheidungen im Nachhinein als richtig eingestuft werden und man Fehler nicht bei sich, sondern gerne bei den Mitarbeitern sucht. Umgekehrt handelt es sich bei den Mitarbeitern oft um Menschen, deren Selbstwertgefühl nicht so stark ausgeprägt ist wie bei den »Führungspersönlichkeiten«. Sie lassen sich von daher vielleicht für Fehler verantwortlich machen, die sie nicht ursächlich zu verantworten haben, und schweigen dazu. Diese Asymmetrie in der Selbstwahrnehmung und die daraus resultierende Asymmetrie in der Kommunikation ist gefährlich, weil sie die Unfähigkeit des leitenden Angestellten oder des Mannes an der Spitze verschleiern kann. In die Breite der Belegschaft hinein wirken solche »Ungerechtigkeiten« dennoch: Sie demotivieren und schaffen Distanz zur eigenen Rolle und zum eigenen Handeln im Unternehmen.

Nicht nur das Selbstwertgefühl, auch die Art zu denken, beeinflusst den Umgang miteinander im Unternehmen. Vor allem autoritäre und dogmatisch denkende Menschen haben nur eine geringe Inkonsistenztoleranz, d.h. sie bevorzugen oft einfache und harmonische Wirklichkeitskonstrukte. Die Effekte auf der Management-Ebene ähneln denen, die der Commitment-Ansatz beschreibt: Entscheidungsstärke paart sich dann mit Beratungsresistenz. Trotzdem kann eine geringe Inkonsistenztoleranz innerhalb der Belegschaft hilfreich sein, Beschlüsse schnell nach unten durchzusetzen, weil das einfache Wirklichkeitskonstrukt »der Chef sagt, wo's lang geht« oder »der Chef wird schon wissen, wo's lang geht« eine diskursive Kommunikation nicht vorsieht. Das Paradebeispiel sind hier militärische Organisationen mit ihrer zeitsparenden Befehl-Gehorsam-Matrix oder das autoritärer strukturierte und in der Regel mit weniger Inkonsistenztoleranz ausgestattete Arbeitermilieu.

Wichtig werden diese Zusammenhänge in größeren Unternehmen, in denen die Führungsspitze mit verschiedenen Gruppen kommunizieren muss: mit den mittleren und unteren Managementebenen, mit dem nicht leitenden Angestelltenmilieu und der Arbeiterschaft in der Produktion. Die Ansprache muss dabei je verschieden sein, weil unterschiedliche Inkonsistenztoleranzen und Arbeitsbedingungen unterschiedliche Wirklichkeitskonstrukte hervorbringen und das kommunikative Handeln im jeweiligen Sozialkontext unterschiedlich eingeübt ist – eher diskursiv und ökonomisch geprägt im Management, eher von persönlicher Ansprache und klarer hierarchischer Orientierung geprägt im nicht leitenden Angestelltenbereich und in der Arbeiterschaft. Entscheidend zum Beispiel in der Produktion ist ein charismatisches, zupackendes Auftreten (»der Mann weiß, was er tut«) und eine Sprache, die der »kleine Mann« versteht, die also einfach, klar und komplexitätsreduzierend daherkommt. Entscheidend ist die bewusste Reduzierung von Komplexität übrigens auch für die Unternehmenskommunikation nach draußen, etwa in die Massenmedien hinein: Nur wenn die Redaktion auf Anhieb versteht, worum es geht, hat man eine Chance, gedruckt, gesendet, gelesen zu werden. Und das ist vor allem eine Frage der Sprache. Ich werde das noch eingehend erörtern.

Zwar ist soziales Handeln im Prinzip unvorhersehbar, weil jede Kommunikationssituation Aspekte enthalten kann, die der normalerweise gezeigten Tendenz des Handelns entgegenwirkt, etwa wenn man in existenziellen Zusammenhängen agieren muss (die »Unberechenbarkeit« in Extremsituationen gehört hierher). Diese Flexibilität des Menschen hat ihm letztlich das Überleben in der Natur garantiert, wo allerdings die Erfordernisse (Gefahren etc.) von außen an ihn herangetragen werden. In sozio-kommunikativen Kontexten dagegen, zu denen auch die Ökonomie gehört, folgt man eher Mustern des Handelns, die vergleichsweise stabil sind, sofern bestimmte Persönlichkeitsmerkmale auftreten. Snyder etwa postuliert, dass ergebnisorientierte Menschen vergleichsweise inkonsistent und situationsabhängig handeln, während jemand, der sein Handeln auf Persönlichkeitsmerkmale abstellt, relativ konsistent und situationsunabhän-

gig agiert; er hat ein festgefügtes Weltbild, das er jedermann gegenüber vertei-
digt. Das hängt ab vom Selbstwert bzw. dem Selbstvertrauen einer Person, von
der Bewertung der Situation und von der Involviertheit oder Ichbeteiligung in
der konkreten Situation. Generell gilt: Bei hohem Selbstvertrauen/Selbstwert-
gefühl und hoher Ichbeteiligung konvergieren das, was man denkt, und das
entsprechende soziale Handeln weitgehend; für niedrige Selbst- und Ichwerte
gilt unter sonst gleichen Situationsbedingungen das umgekehrte. Es entstehen
die bereits beschriebenen Effekte: eine asymmetrische Kommunikation mit
einer schweigenden Mehrheit bzw. die »Abstimmung mit den Füßen«, wenn die
kreativen Köpfe gehen etc.

Ähnlich wirken die von Wicklund und Snyder postulierten Merkmale
Selbstaufmerksamkeit und »Verhaltensüberwachung« (in unserem Kontext:
Handlungsüberwachung). Selbstaufmerksamkeit ist nach innen, auf sich selbst
gerichtete Aufmerksamkeit, die Diskrepanzen zwischen den Ansprüchen an sich
selbst und dem tatsächlich ausgeführten Handeln mit stark negativen Gefühlen
belegt (»Idealisten«), weshalb starke Selbstüberwacher in der Regel weitgehend
situationsunabhängig agieren – sie bleiben sich treu. Handlungsüberwacher
dagegen überprüfen ständig die an sie gestellten Anforderung in einer konkreten
Situation (»Opportunisten«); ihr Handeln und ihre sozialen Wirklichkeitskonstruktionen fluktuieren stark, da sie ad hoc und bei Bedarf ständig neue generieren. Das Handeln vieler Handlungsüberwacher in einer ähnlichen Kommunikationssituation kann schnell zu einem kollektiven sozialen Handeln kumulieren,
das eine ganz spezifische Wirklichkeit erzeugt, kann aber bei den einzelnen
Akteuren auch ebenso schnell wieder in ein anderes Handeln umschlagen und
eine andere Wirklichkeit hervorbringen, wenn sie aus diesem Umfeld herausge-
löst werden. Stabiler sind dagegen ein soziales Handeln und Wirklichkeitskonstrukte, die von ichbeteiligten bzw. selbstaufmerksamen Individuen getragen
werden. Insofern sich starke Selbstüberwacher an internalisierten Sozialsemantiken orientieren, dürften sie auch diese wesentlich konsistenter leben, also handelnd umsetzen, als starke Handlungsüberwacher das tun.

Das hat seine Konsequenzen in Unternehmen. Vor allem in den Chargen,
die unterhalb der Vorstands- oder Geschäftsführerebene agieren, gibt es eine
große Anzahl »dienstbarer Geister«, die sich die Philosophie des Chefs zu eigen
machen und diese ins Unternehmen hinein und nach außen vertreten. Wechselt
der Vorgesetzte oder zwingen Marktentwicklungen den Chef, seine Strategie zu
ändern, dann tendieren diese starken Handlungsüberwacher dazu, sich
schnellstmöglich anzupassen – sofern die neue Führungsriege nicht gleich ihr
eigenes Personal mitbringt. Übergangsphasen in Unternehmen, wenn die oberste
Etage wechselt, sind ohnehin Zeiten, in denen die Mitarbeiter ihr Verhalten
stärker überwachen, bis sie Unsicherheit reduzieren können und das eventuell

geforderte modifizierte Handeln eingeübt ist. Diese Phasen können Fluch und
Chance zugleich sein. Eine Chance, weil die neue Führungsriege unter Umständen auf eine offene Mitarbeiterschaft trifft, die bereit ist anzupacken und das
Unternehmen mit umzugestalten. Gleichzeitig ist die Gefahr groß, als neuer
Chef in der Firma Opportunisten aufzusitzen, deren Loyalität man sich nie sicher sein kann und die keine eigenen Ideen entwickeln, sondern lediglich geschickt nachbeten, was man ihnen vorkaut. Dabei kann man leicht übersehen,
dass die Erfahrung und das Beharrungsvermögen mancher Mitarbeiter, die den
alten Unternehmenswerten anhängen, eine wertvolle Ressource sein kann, wenn
es darum geht, die vorhandenen Kunden zu binden und sich gleichzeitig durch
eine behutsame Umorientierung neue Marktsegmente zu erschließen. Der
Kommunikationsaufwand, um diese Mitarbeiter zu überzeugen und mitzunehmen, ist sicherlich weitaus größer, aber wenn das gelingt, dann hat man »Über-
zeugungstäter« im Unternehmen, kritische, aber loyale und motivierte Mitarbeiter, die im Sinne des Unternehmens denken und nicht ausschließlich ihr persön-
liches Fortkommen im Blick haben.

2.3. Einstellung und Kommunikation

Die Methodik und die Aussagen der Sozialpsychologie, die den Zusammenhang
von Einstellungen und Handeln betreffen, sind vielfach kritisiert bzw. modifi-
ziert worden. Es zeichnet sich aber ein Muster des sozialen Handelns dahingehend ab, dass spezifische Einstellungen zu einem relativ eng begrenzten Thema
höher mit Handeln korreliert sind als allgemeinere Einstellungen. Das mag auch
dem sozialen Druck des Umfeldes geschuldet sein, das um so mehr Einfluss hat,
je konkreter sich eine Rationalität bzw. deren unbewusste Spielart, die Semantik, auf Personen bezieht, mit denen man eine hohe Interaktionsdichte hat, also
mit denen man täglich beruflich und privat zu tun hat und auf die man in irgendeiner Form angewiesen ist. Das belegen beispielsweise Experimente, die differenzierte Einstellungen als die stabilere Variante ausgemacht haben, wohingegen weniger komplexe Einstellungen sehr viel deutlicher fluktuieren. Mit differenzierten Einstellungen sind allerdings nicht nur intellektuelle Bildungs- oder
Wissensstandards angesprochen, sondern auch emotionale und auf Lebenserfahrung basierende kognitive Standards. Und das bedeutet: Es kann sich auch eine
Scheindifferenziertheit herausbilden, die sich zwar in der Eigenwahrnehmung
einer bestimmten sozialen Gruppe als differenzierte Weltsicht äußert, die aber
alles ausblendet, was von außerhalb der Gruppe herangetragen wird. Das berücksichtigt dieser sozialpsychologische Ansatz nicht. Und das will ich kurz
erläutern.

Gerade in Unternehmen sind einerseits das differenzierte soziale Handeln des Mannes oder der Männer an der Spitze und die soziale Semantik, der sie unbewusst folgen, ganz besonders eng verzahnt. Sie stehen täglich innerhalb ihrer Peer-Group unter Rechtfertigungsdruck für das, was sie tun und entscheiden. Sie investieren in der Regel viel Energie in ihre Arbeit, sodass das soziale Handeln und die Einstellungen, ihre Arbeit betreffend, eng korrelieren. Sie haben also eine enge emotionale Anbindung an den Gegenstand ihrer intellektuellen Beschäftigung und das hat wiederum mit der kognitiven Komplexität der Entscheidungsprozesse und deren Folgen zu tun, die sie überblicken und abwickeln müssen. Bestärkt werden sie in ihrem beruflichen Umfeld in aller Regel von Nichtgleichrangigen; diese äußere Verstärkung kann allerdings ihre inneren Einstellungen kaum erreichen, da sie als Loyalitätsbekundung erwartet wird.

Als echte Interaktionspartner werden nur Gleichrangige und – im privaten Umfeld der Sozialclubs (»Rotary«, »Lions« etc.), der Kunstvereine, der Theaterabonnenten oder der Exklusivsportarten etc. – Gleichwertige akzeptiert, die mit ähnlichen kognitiven Standards, inklusive ähnlichen Führungserfahrungen aufgrund einer wie auch immer gearteten Machtposition, agieren wie sie selbst. Dieses Umfeld der als gleichrangig oder gleichwertig Empfundenen verstärkt die Bindung an das eigene Denken und an die eigene Sicht der Dinge. In diesem Umfeld werden Abweichungen von der eigenen Meinung akzeptiert, auch, weil sie sich meist auf einen anderen Bereich beziehen, der nicht in die eigene Kernkompetenz hineinragt. Der gepflegte Disput gehört zum Selbstverständnis und mit zunehmender Interaktionsdichte entsteht in der Kaste der Gleichrangigen und Gleichwertigen eine unbewusste Sozialsemantik, ein Habitus, der Exklusivitätsrechte für sich beansprucht: Man gehört dazu – und die anderen eben nicht. Abgeschwächter gilt das auch für die unteren Führungsebenen, abgeschwächt deshalb, weil sie nicht ausschließlich mit sich selbst interagieren, sondern mit Mitarbeitern oder Kunden sehr viel direkter zu tun haben. Insofern bleibt ihre soziale Mobilität größer.

In der Riege der Gleichwertigen siedeln Unternehmer und Manager sehr oft auch Bildungsprofis wie Hochschullehrer an. Schielen nun die Entscheider zu sehr auf die Wirtschaftswissenschaften und deren Protagonisten, liebäugeln sie eventuell gar mit der Prestigeträchtigkeit eines Professorentitels, den auf die Visitenkarte zu drucken für sie selbst schmeichelnd sein mag, dann kann es für das Unternehmen von Nachteil sein. Die theoretische Ausrichtung vor allem der deutschen Wirtschaftswissenschaften und der weitgehend fehlende, mehrfache Personalaustausch zwischen Unternehmen und Hochschulen, wie er vor allem in den USA üblich ist, der Rollenwechsel also vom Unternehmer zum Hochschullehrer und wieder zurück zum Unternehmer, bringt keine guten Ratgeber hervor, wenn es darum geht, konkrete unternehmerische Entscheidungen treffen zu müssen. Dringt man als Mann der Wirtschaft in die heiligen Hallen der theoretischen Elfenbeintürme ein, dann kann das zwei Effekte haben: Die Hochschulen profitieren von der praktischen Erfahrung des Quereinsteigers; oder – die aus unternehmerischer Sicht negative Variante – der Newcomer passt sich dem wissenschaftlichen Umfeld an und verliert den Blick für das kaufmännisch Wesentliche. Die Folge: Die Eigenwahrnehmung überlagert die Wahrnehmung der Wirklichkeit um einen herum komplett, obwohl innerhalb der Kaste der Gleichrangigen weiterhin eine differenzierte gegenseitige Wahrnehmung herrscht, die aber lediglich darüber hinwegtäuscht, dass man letztlich die »Bodenhaftung verloren hat«.

Dringen nicht Gleichrangige etwa im täglichen Umgang miteinander in der Firma in diese Sozialsemantik ein, wird von ihnen erwartet, dass sie sich an die unausgesprochenen Regeln der Machtinhaber anpassen, was normalerweise bedeutet: die intellektuelle oder unternehmerische Überlegenheit des Chefs anzuerkennen und seinen Wirklichkeitsgenerierungen zu folgen. Sich dann als »Eindringling« nicht von den Sanktionsmöglichkeiten einschüchtern zu lassen, bedeutet, eine extrem starke emotional-epistemische Bindung an seine eigene Einstellung zu haben; wobei Abweichungen von der herrschenden Meinung auch von den Machtinhabern mit zunehmender Interaktionsdichte eher akzeptiert werden dürften (man kennt sich). In der Regel aber überwiegen bei den Mitarbeitern die Konditionierungseffekte, z.B.: Der eine Mitarbeiter beobachtet, wie sein Nebenbuhler vom Chef für bestimmte Aussagen verstärkt wird und verwendet daraufhin selbst Aussagen dieser Art, um sich als treuer Anhänger zu erkennen zu geben und dem Konkurrenten den Rang abzulaufen. Die Anfälligkeit für solche Konditionierungen wiederum hängt davon ab, wie fundiert die eigenen Einstellungen sind und ob der Vorgesetzte Anpassung fördert oder kritisches Mitdenken.

Die Sozialpsychologie hat festgestellt, dass für die Herausbildung sozialer Wirklichkeiten Generalisierungen zentral sind, die dem Aufbau von Abwertungsmechanismen dienen. Razran und Riess konnten zeigen, dass eine in Bezug auf ein bestimmtes Objekt entstandene Einstellung nicht auf dieses Objekt beschränkt bleibt, sondern auf andere, ähnliche Objekte übertragen wird. Bei Erwachsenen beziehen sich Generalisierungen weniger auf physische, sondern eher auf sozio-kommunikative Ähnlichkeiten. Generalisierungen werden insbesondere wichtig bei der Herausbildung sozialer Kollektive und deren gemeinsame Wahrnehmung, die unbewusst bis teilbewusst den eigenen Zusammenhalt unterminierende Semantiken bzw. Wirklichkeiten ausblenden oder verzerren, also ablehnen. Solche selektiven Wahrnehmungen werden gefördert durch die aktive Suche nach bestätigenden Wirklichkeiten und die aktive Vermeidung nichtbestätigender Selbstbeschreibungen bzw. Semantiken. Einfach gesagt: Man bleibt gern unter sich.

Ausnahmen gibt es: Sind einzelne dissonante, d.h. der gegenwärtigen Wirklichkeit nicht entsprechende Selbstbeschreibungen nützlich, um beispielsweise in der Hierarchie des eigenen Kollektivs vorwärts zu kommen, dann können sie bevorzugt werden. Eine weitere Ausnahme: Ist man der Meinung, dass man dissonante Selbstbeschreibungen, mit denen man nicht zurechtkommt, widerlegen kann, werden sie aktiv aufgesucht. Die grundlegenden Wahrnehmungsmuster werden dabei nicht in Frage gestellt. D.h. etwa: Als Neuling in eine andere Abteilung versetzt und mit einem anderen Sozialkontext und einer anderen Arbeitsweise konfrontiert, wird man im Zuge der Anpassung die neuen Kollegen und das neue Arbeitsumfeld zunächst positiv umwerten, auch wenn man bisher nur Schlechtes gehört hat über die »faulen Hunde von nebenan«. Schließlich will man ja das positive Bild, das man von sich hat, etwa ein Leistungsträger zu sein, auch in der neuen Abteilung nicht beschädigen. Gegenüber den ehemaligen Kollegen in der alten Abteilung gerät man dadurch in ein Dilemma: Während man vorher vielleicht selbst mitgestrickt hat an dem negativen Bild von den Kollegen in der Nachbarabteilung, muss man nun seine eigene Anwesenheit dort gegenüber den alten Kollegen rechtfertigen. Eine Möglichkeit: Man wertet sich gegenüber den alten Kollegen selbst als der einsame Recke auf, der den Laden dort zusammenhält, in dem man umgeben ist von Nichtskönnern, stellt also die grundlegenden Wahrnehmungsmuster nicht in Frage, differenziert aber vielleicht, was einige der Kollegen in der neuen Abteilung betrifft, und wertet auch diese auf, ohne insgesamt sein negatives Gesamtbild von der Abteilung aufzugeben.

Für das Klima und den Kommunikationsstil in der neuen Abteilung kann das verheerend sein, vor allem wenn man nicht als Mitarbeiter, sondern als Abteilungsleiter dorthin versetzt wird. Manager, die eine negativ wahrgenommene Abteilung übernehmen und das Gefühl haben, »aufräumen« zu müssen, übersehen nur allzu leicht das Potenzial, das entweder in einzelnen Mitarbeitern steckt oder in der ganzen Abteilung. Wird aus einem negativen Blickwinkel heraus kommuniziert, dann kommt die ablehnende Haltung auch unterschwellig bei den Mitarbeitern der neuen Abteilung an. Das beeinflusst deren Leistungsfähigkeit, deren Motivation und deren Sicherheitsgefühl: Sie machen Fehler, weil sie verunsichert sind und weil der neue Abteilungsleiter nach jedem Fehler aktiv sucht, um sein grundlegendes, negatives Wahrnehmungsmuster zu bestätigen. Es entsteht eine *Negativspirale*, die die ganze Abteilung auch objektiv gesehen nach unten ziehen kann, zumal der neue Chef von sich ein positives Selbstbild hat und nun jeden Fehler, den er macht, seinen negativ belegten Mitarbeitern anlasten wird. Was wiederum außerhalb der Abteilung keiner auf seinen Wahrheitsgehalt hin überprüft, denn die Abteilung wurde ja zuvor schon negativ bewertet. Unter Umständen kommen so unfähige Abteilungsleiter oder Geschäftsführer über lange Zeit ungeschoren davon.

Das positive Beispiel ist der neue Chef, der in die Abteilung wechselt und irgendwann feststellt, dass er seine bisherige negative Wahrnehmung dieser Abteilung so einfach nicht mehr aufrechterhalten kann. Dazu muss er sich auf den Kommunikationsstil seiner neuen Mitarbeiter einlassen, ihnen zuhören, ihr Tun genau beobachten und herausfiltern, wer die wertvollen Kollegen sind. Paradoxerweise kann eine veränderte Wahrnehmung auch daraus resultieren, dass der neue Chef versucht, der übernommenen Abteilung einen anderen Arbeitsstil zu verordnen und merkt: Es funktioniert nicht, weil bestimmte Arbeitsabläufe eine hohe individuelle Freiheit erfordern, oder tägliche Morgenkonferenzen einfach nicht möglich sind, weil die Mitarbeiter vor Ort sein müssen etc. In Auseinandersetzung mit den Positionen und in der Absicht, das Bisherige zu verändern, können sich dabei auch die eigenen Positionen verändern und mit den tatsächlichen Erfordernissen eine Symbiose eingehen, sodass beide Seiten – die Abteilung und der neue Leiter – etwas davon haben. Denn gerade in der Absicht, die Selbstbeschreibungen der anderen zu widerlegen, liegt der Keim, sich von anderen sozialen Wirklichkeiten überzeugen zu lassen; das hängt davon ab, wie tief man in die fremde Welt eintaucht und welche Einstellung man hat, ob man also ein offener Geist ist, oder ob man zu sehr mit sich und seinem persönlichen Fortkommen beschäftigt ist.

Häufig lassen sich ungewollte Verschiebungen im eigenen sozio-kommunikativen Wahrnehmen und Handeln im politischen Bereich beobachten, wo die Widerlegung des politischen Gegners das Studium von dessen Positionen verlangt; das kann zu Annäherungen an die fremden Positionen führen, wenn etwa ursprünglich nur von den Grünen dezidiert vertretene und vom Wähler honorierte Umweltthemen plötzlich auch Eingang finden in die Programme sämtlicher Parteien. Hier wirken äußerer Erfolgsdruck (gewählt werden) und Widerlegungsbestrebungen zusammen. Ähnliches gilt für Koalitionsverhandlungen, wo sich jede Seite ein wenig von der Position des Anderen zu eigen macht, dabei aber weiterhin emotionsgeladene, aber nicht umsetzungsrelevante Schlüsselbegriffe wie »Solidarität« oder »Gerechtigkeit« für sich reklamiert.

Einen interessanten Ansatz für eine neue Kommunikationsphilosophie im Unternehmen bieten hier übrigens wissenschaftliche Kontexte, wo viele Arbeiten ihre eigene Kritik enthalten. Damit wird die eigene Differenzierungsleistung herausgestellt und die Akzeptanz der Thesen für die Kollegen erhöht – es entsteht eine Dissonanz-Mischform aus Beharrung und Unsicherheit. Wenn man einen solchen Ansatz, also Differenzierung durch Selbstkritik, als Kommunikationsstil im eigenen Unternehmen pflegt, kann man sich damit ein Stück weit unangreifbar machen, weil man dadurch in der Lage ist, der gegnerischen Kritik jederzeit ein Stück weit »den Wind aus den Segeln zu nehmen«.

2.4. Die Kommunikationsrelevanz der Einstellung

Neben zahlreichen Forschungen, die sich mit der Glaubwürdigkeit von Sendern und ihre Wirkung auf die Einstellungen von Empfängern beschäftigen, hat die Sozialpsychologie auch einige Bedingungen für Einstellungsänderungen bei Empfängern ausgemacht. So werden Mitteilungen vom Empfänger systematisch verzerrt: Man versteht dem eigenen Standpunkt ähnliche Argumente häufig so, als seien sie mit dem eigenen Standpunkt identisch (»Assimilierungseffekt«). Ähnliche Meinungen können aber auch, wenn das eigene Rollenverständnis in Gefahr ist, als entfernter vom eigenen Standpunkt empfunden werden, als sie tatsächlich sind (»Kontrasteffekt«).

Petty, Cacioppo und Schumann haben zudem darauf aufmerksam gemacht, dass Konditionierungseffekte und einfache Urteilsheuristiken vor allem immer dann angewendet werden, wenn der Empfänger entweder nicht über ausreichende intellektuelle oder epistemische Kapazitäten verfügt, oder wenn seine Motivation hinsichtlich des Themas gering ist. Durch intensives Nachdenken erzeugte Urteilsheuristiken dagegen führen zu änderungsresistenten Einstellungen, die eng mit sozialem Handeln korreliert sind, die jedoch nicht unbedingt die Herausbildung von Sozialsemantiken unterstützen, weil es oft nur Einzelne sind, die gründlich über sich und ihre Wirklichkeit nachdenken. Kumulieren wird immer nur, was möglichst viele anspricht und betrifft, keine differenzierten und begründeten, individuellen Einstellungen.

Für die interne Kommunikation in Unternehmen haben die Ergebnisse der Einstellungsforschung verschiedene Implikationen. Wer will, dass seine Mitarbeiter ihn so verstehen, wie er verstanden werden möchte, der muss sich ein Stück weit in sie hineinversetzen. Für den einzelnen Arbeitnehmer ist das Schielen auf den Aktienkurs, der Globalisierungsdruck, der Markt, ein positiver oder negativer Artikel über den Chef im »Managermagazin« oder die schlechte oder gute Publicity im Fernsehen gar nicht das Entscheidende. Über diese Dinge verständigen sich die Führungszirkel, die Gleichgesinnten und Gleichwertigen, es ist Teil ihrer Selbstbeschreibung und entspricht nicht der Selbstbeschreibung der gesamten Belegschaft. Viel entscheidender ist für die Sekretärin, dass der Chef freundlich »Guten Morgen« sagt; viel entscheidender für den Mann in der Produktion ist, dass ihm der Krawattenträger die Hand schüttelt, vielleicht seinen Namen kennt und ein paar freundliche Worte mit ihm wechselt; viel entscheidender ist für den Ingenieur, dass er seine fachliche Meinung – die sich oft an Qualitätskriterien und weniger an kaufmännischen oder betriebswirtschaftlichen Erwägungen orientiert – ernst genommen weiß, unabhängig davon, was später von seinen fachlichen Erwägungen tatsächlich in den Umsetzungsprozess einfließen kann.

Will man die vielen verschiedenen Gruppen, die es innerhalb eines Unternehmens geben kann, motivieren, dann muss man sich auf ein abgestuftes soziokommunikatives Handeln einstellen. Arbeiter erwarten eher eine direkte Ansprache, in denen man ihnen konkret erklärt, was zu tun ist, was sie abliefern müssen, damit es der Firma gut geht. Die Aufgabe, die sich hier stellt, ist: Die komplexen Heuristiken des Marktes auf die Erfordernisse des beruflichen Alltags herunterzubrechen. Mit einem Vortrag über die Implikationen der New Economy für die Rekrutierungsmechanismen der künftigen Funktionselite kommt man nicht weiter. Wissensgetriebene Abteilungen erwarten Kompetenz. Man sollte nicht versuchen, mit der fachlichen Kompetenz dieser Spezialisten zu konkurrieren, meist blamiert man sich dann nur. Man kann aber mit der eigenen Kompetenz in kaufmännischen Entscheidungen punkten, wenn man etwa vorrechnet, warum nicht alles Wünschenswerte bezahlbar ist, aber trotzdem am Ende ein vernünftiges Produkt herauskommen kann, das hohe Qualitätsansprüche erfüllt, wenn auch nicht maximale Qualitätsansprüche. Entscheidend für die Kommunikation in diesen Bereichen ist die Differenzierung und eine offene, diskursive Einstellung, die sich kritischen Einwendungen stellt und diese zulässt und fördert. Da Einstellungen von Spezialisten auf intensiver Denkarbeit basieren, auf stark gebundenen Entscheidungsheuristiken also, ist die Kommunikation in diesem Bereich grundsätzlich aufwendiger.

Auf keinen Fall darf man das Rollenverständnis der unterschiedlichen Gruppen im Unternehmen bedrohen. Man muss den Ingenieur in seinem Rang als Sachverständigen kommunikativ bestätigen, genauso wie den Arbeiter als »das Rückgrat« der Firma, genauso wie die Sekretärin als die »gute Seele vom Geschäft«. Nur dann gewinnt man die Menschen für sich und das Unternehmen bzw. schafft Motivation. Denn für die meisten Mitarbeiter ist der jeweilige Vorgesetzte die Firma, nicht das abstrakte, unter Umständen weit verzweigte Konglomerat, das unter einem bestimmten Namen firmiert, das einen abstrakten Marktwert hat und das letztlich meist nur das höhere Management wirklich überblickt. Es gilt also sozialpsychologisch gesprochen, den Assimilierungseffekt bei jedem einzelnen zu verstärken und die eigenen Argumente und Motivationsstrategien im jeweiligen Sozialkontext zu den Argumenten und Motivationsgründen der Mitarbeiter zu machen. Und es gilt, den Kontrasteffekt zu minimieren, auch wenn das bei bestimmten Gruppen im Unternehmen, die stark wissens- oder fachlich oder erfahrungsgebunden sind, nur um den Preis einer diskursiven Praxis zu haben ist.

2.5. Die Fallstricke des Grundvertrauens

Chaiken hat in diesem Zusammenhang auf das Grundvertrauen hingewiesen, das man beispielsweise als Nicht-Fachmann sogenannten Experten entgegenbringt. Wer als Vorgesetzter akzeptiert werden will, muss also dafür sorgen, dass seine Kommunikation ihn als Fachmann für Führungsaufgaben identifiziert. Das setzt beispielsweise ein sicheres Auftreten voraus (»der Mann hat Charisma«), das es versteht, die Tätigkeit und Fähigkeit des einzelnen Mitarbeiters in ein größeres Ganzes einzuordnen (»der Mann schätzt mich«). Chaiken hat zudem ein anderes wichtiges sozialpsychologisches Ergebnis geliefert, das ein weiterer guter Kommunikations-Ratgeber ist: Das größte Vertrauen bringt man den Sendern entgegen, deren Argumente sich als nützlich und zielführend herausgestellt haben, sodass man geneigter ist, auch in Zukunft Sendern mit einem ähnlichen Auftreten zu vertrauen – ohne letztlich eine Gewähr dafür zu haben, dass der neue Sender die gleichen Qualitäten hat, ließe sich ergänzen.

Das hat evolutionspsychologische Gründe: Wir vertrauen denen am meisten, deren Einschätzung sich als richtig für die ganze Gruppe herausgestellt und ihren Erfolg bzw. ihr Überleben gesichert hat. Dass wir also deswegen dazu neigen, auch denen zu vertrauen, die ein ähnliches Auftreten haben wie derjenige, der sich in unser Gedächtnis als vertrauenswürdig eingebrannt hat, hinter diesem Mechanismus verbirgt sich zugleich eine Warnung: Ein gutes Auftreten, eine gelungene soziale Kommunikation bedeuten nicht automatisch, dass dahinter auch die gleiche Kompetenz steckt wie beim Vorgänger, wenn es um geschäftliche Belange geht. Wirtschaftlich erfolgreich zu sein, hängt von vielen Unwägbarkeiten ab: Instinkt, Glück, die Entwicklung von Märkten, die sich als ein unvorhersehbares Geflecht aus sozio-kommunikativen Feedbacks beschreiben lässt, denen am ehesten die Chaos-Theorien gerecht werden. Insofern gilt: »Trau Keinem, bloß weil er dich an einen anderen erinnert«.

Auch das Gefühl der Verbundenheit gegenüber einem alten Chef oder Kollegen kann mitunter trügen. Gerade wenn man an den eigenen Berufseinstieg zurückdenkt, dann wird einem klar, dass man aufgrund mangelnder Standards sehr oft Kollegen oder Vorgesetzten Vertrauen entgegengebracht hat, die in der Rückschau – nachdem man selbst seine Erfahrungen gemacht und die eigenen Standards und Kompetenzen entwickelt hat – gar nicht so glücklich agiert haben. Man sollte also besser jeden neuen Vorgesetzten oder Mitarbeiter in seiner Individualität erfassen und sich vor ungerechtfertigten emotionalen Vertrauens-vorschuss-Schubladen hüten, die auf bloßen Ähnlichkeiten gründen. Das gilt natürlich genauso umgekehrt, wenn man negative Erfahrungen mit einem bestimmten »Typ Mensch« gemacht hat: Bloß weil der neue Kollege oder Vorgesetzte ähnlich redet, gestikuliert oder argumentiert, heißt das nicht automatisch, dass ähnlich schlechte Erfahrungen zu erwarten sind. Unvoreingenommenheit ist das Gebot. Und sie kostet mitunter sehr, sehr viel (kommunikative) Energie. Zu den von Chaiken identifizierten gefährlichen Glaubwürdigkeits-Heuristiken, die zu oberflächlicher kognitiver Verarbeitung führen, gehören übrigens auch die Schreckensmerkmale einer jeden überflüssigen Konferenz: »Mehr Argumente sind bessere Argumente«, ist die eine und »lebendige und auffällige Darstellungsformen (Tonband, Video) wirken nachhaltiger als etwa ein langweiliger Vortrag« die andere. Letzteres wird inzwischen mit computergestützten Präsentationen ad absurdum geführt, die meist überfrachtet und völlig substanzlos sind. Oft heucheln solche Präsentationen eine Kompetenz, wo gar keine ist. Das Interessante an Chaikens Ergebnissen, die noch aus einer Zeit vor der inflationären Verbreitung von Power-Point-Folien stammen, ist der Hinweis auf die Oberflächlichkeit der kognitiven Verarbeitung von bildgestützten Präsentationen. Zwar bleiben gerade Bilder im Kopf haften, was unserer evolutionären Prägung als »Augentier« geschuldet ist, weshalb das Fernsehen eine derart große Wirkung entfalten kann. Aber Bilder schaffen und perpetuieren auch Scheinwissen. Die schöne Grafik ersetzt das Nachdenken bzw. die schönen Diagramme überdecken, wie dünn die statistische Datenlage eigentlich ist. Das gilt vor allem in Bereichen, die statistisch gar nicht zuverlässig zu erfassen sind, etwa im Bereich der Trendforschung. Chaikens Ergebnisse werfen außerdem ein nicht gerade günstiges Licht auf den TV-Journalismus: Komplexe Sachverhalte lassen sich mit seiner Hilfe nicht darstellen; hier sind die Printmedien besser geeignet. Dazu unten mehr.

2.6. Kommunikation und Situation

Man kann solche Heuristiken, die Wahrnehmung von Personen betreffend, auch als »Skripte« modellieren – in unserer Terminologie: Semantiken. In diesem Sinn hat vor allem Langer darauf aufmerksam gemacht, dass bei der Aktivierung einer bestimmten Semantik die Identifizierung weniger Situationsaspekte genügt, um sie zu aktivieren. Das führt dazu, dass weitere relevante Informationen, die in der Situation vorhanden sind, ausgeblendet werden. Nehmen wir einen Unternehmer, der seiner Belegschaft und deren Gewerkschaftsvertreter gegenübertritt. Wie er die vorgebrachten Argumente beurteilt, wird vor allem davon abhängen, welche Erfahrungen er mit vorangegangenen Lohnforderungen oder Anliegen gemacht hat. Gewerkschaftsfahne plus Sprechchor plus Trillerpfeife – und es macht beim Chef »die Rollläden runter«. Weil er gar nicht mehr erwartet, dass differenzierte Argumente ausgetauscht werden oder aufs Tapet kommen, beginnt er überhaupt nicht zu argumentieren. Vor ihm steht der

»Feind« und ihm gilt es mit aller Macht entgegenzutreten. Auf der Arbeitnehmerseite sieht es ähnlich aus: Vor einem steht der »Kapitalist« und »Ausbeuter«, der einem das vorenthalten will, was einem zusteht.

Abgesehen von solchen Extremsituationen und abgesehen davon, dass gut geführte Gewerkschaften heute auf Dialog setzen und nicht auf Konfrontation, werden Skripte vor allem immer dann aktiviert, wenn man einer größeren Gruppe gegenübertritt. Der Chef nimmt seine Mitarbeiter als Mitarbeiterkollektiv wahr, über deren Köpfe hinweg er im Zweifelsfall entscheidet. Individuelle Unterschiede zwischen den einzelnen Mitarbeitern, dass der eine flexibler, geschickter, intellektueller, differenzierter, kreativer etc. als der andere ist, verwischen dann. Je größer die soziale Gruppe, mit der der Chef kommuniziert, desto größer die Wahrscheinlichkeit, dass er mithilfe bestimmter aktivierter Skripte kommuniziert und »den Chef raushängt«. Auf Seiten der Mitarbeiter sieht die Sache ein wenig anders aus: Da sich die Vielen nur auf eine Person, den Chef, einzustellen brauchen, nehmen sie ihn in seiner Individualität wahr; hier werden Skripte eher durchbrochen (siehe unten).

Bei der Begegnung mit dem Chef kann es freilich auch zur Aktivierung von Skripten kommen, vor allem dann, wenn man öfter miteinander zu tun hat: Bestätigendes Nicken zum Beispiel, wenn man glaubt, der Chef erwartet das, und bestätigende Äußerungen. Demonstrativ gute Laune und Optimismus, weil man glaubt, dass der Chef das als Motivation auslegt. Hat man sich ein »Bild vom Chef gemacht«, dann kann man »seine Ohren auch auf Durchzug stellen«, wenn er laut wird; oder es bestätigt sich bei dem Gespräch mal wieder, dass er nie zuhört, einen nicht ernst nimmt oder sowieso alles besser weiß. Löst ein Vorgesetzter bei seinen Mitarbeitern die Aktivierung solcher Skripte aus, dann ist das gefährlich, weil viel Potenzial vergeudet wird. Differenzierte Diskussionen, Problemlösungsstrategien, das Entwickeln neuer Ideen, Ergebnisorientierung, gemeinsames Anpacken, das alles wird extrem erschwert.

Skripte beziehen sich aber nicht nur auf das verbale Kommunizieren, sondern auch auf nonverbales Kommunizieren, wie es eine bestimmte Kleiderornung darstellt: Wer dazugehören und weiterkommen will, der muss sich eben auch in Anzug und Krawatte oder in ein nettes Kostüm zwängen. Er oder sie muss außerdem mit einer bestimmten Terminologie um sich werfen, bestimmte Wirtschaftszeitschriften oder Magazine gelesen haben, bestimmte Statistiken und Zahlen auf Abruf bereit haben etc. Je öfter man in seinem Unternehmen in eine bestimmte soziale Rolle schlüpft, desto zugänglicher sind die entsprechenden Skripte, die abgespult werden, was wiederum die von den Kommunikationspartnern unterstellte Kompetenz erhöht und damit Karrierechancen erst eröffnet. Im Arbeiter- und Handwerkermilieu ist ein solches Skript: das Konzept vom »Stift«, des Lehrlings also, von dem man Unterordnung erwartet; er soll ohne zu Murren Aufgaben erledigen, die sonst keiner erledigen will etc. Man könnte also sagen: Die aktivierten Skripte beim Sender und beim Empfänger sind komplementär. Wir legen unsere Rollen im beruflichen (und natürlich privaten) Umfeld fest und werden gleichzeitig vom Umfeld festgelegt. Der Chef wird als Chef wahrgenommen und als solcher behandelt und wird dadurch erst zum Chef; der Mitarbeiter wird als Mitarbeiter wahrgenommen und als solcher behandelt und wird dadurch erst zum Mitarbeiter. Probleme treten immer dann auf, wenn Einzelne versuchen, aus ihrer sozialen Rolle auszubrechen.

Skripte werden vor allem dann durchbrochen, wenn man mit Stimuluspersonen zu tun hat, bei denen es besonders wichtig ist, dass man ihr Handeln kontrollieren und vorhersagen kann. Das ist dann der Fall, wenn etwa Ergebnisabhängigkeit besteht, d.h. wenn das Erreichen eigener Ziele vom Handeln anderer Personen abhängt, weil diese anderen Personen mit Sanktionsmöglichkeiten ausgestattet sind. Solche Personen werden im Sinne einer wunschhaften Verzerrung als sympathischer beurteilt. Eine sympathischere Bewertung erfahren außerdem Personen, mit denen zukünftig Interaktionen erwartet werden sowie Personen, zu denen eine (wahrgenommene) Ähnlichkeit besteht. Bei Vertragsverhandlungen, Einstellungsgesprächen oder Zielvereinbarungen etc. können also Skripte durchbrochen werden, in der Regel aber dann von der Person, die auf ein für sie positives Ergebnis angewiesen ist. Was allerdings im Falle einer Vertragsverhandlung oder einer Zielvereinbarung oder einer Beurteilung des Vorgesetzten durch den Mitarbeiter auf beide Seiten zutreffen kann.

Aronson und Mills konnten darüber hinaus zeigen, dass eine Gruppe umso mehr Wertschätzung erfährt, je schwieriger es war, als Mitglied aufgenommen zu werden. Das erklärt das unbedingte Festhalten vieler an ihrem beruflichen Status auch im privaten Umfeld und über die aktive Berufslaufbahn hinaus. Vorraussetzung ist, dass die Anstrengung freiwillig unternommen und nicht ausreichend belohnt wurde. Letzteres, die nicht ausreichende Belohnung, ist geradezu ein Topos in deutschen Unternehmen: Die meisten Arbeitnehmer fühlen sich unterbezahlt angesichts dessen, was sie leisten.

2.7. Kommunikation und Selbstwahrnehmung

Ergänzt wird dieser Ansatz in der Sozialpsychologie um die Selbstwahrnehmungstheorie, die davon ausgeht, dass das jeweilige aktuelle Selbstbild des Menschen sich wandelt je nach dem sozialen Kontext, in dem er sich bewegt (Freundeskreis, Familie, berufliches Umfeld etc.). Dabei beachten wir vor allem das, was unser jeweiliges Selbstbild bestätigt (selektive Aufmerksamkeit), interpretieren unser Handeln so, dass es zum Selbstbild passt (selektive Codierung), erinnern uns selektiv und bevorzugen Situationen und Personen, von denen wir eine Selbstbildbestätigung erwarten. Unsere Persönlichkeit ist also in der Regel im Fluss und selektiert dabei unbewusst das bevorzugte soziale Umfeld. Das macht soziale Muster des Handelns und vor allem Semantiken so stabil und bringt außerdem bestimmte Denkweisen bzw. Entscheidungsheuristiken (Rationalitäten) in Unternehmen hervor, die über längere Zeiträume dominieren und nicht unbedingt hinterfragt werden.

Solche Gewissheiten sind gefährlich, weil sie von den wahren Erfordernissen ablenken können, etwa zu investieren oder sich für die Zukunft anders aufzustellen. So manchem Druckmaschinenhersteller ist das in den vergangenen Jahren zum Verhängnis geworden (siehe unten). Als noch Zeit war und genug Geld vorhanden, um sich neue Geschäftsfelder zu eröffnen, hat diese Betriebsblindheit im Sinne einer wunschhaften Verzerrung dafür gesorgt, dass die Weichen falsch gestellt wurden: Die Mehrheit des Managements bestätigte sich gegenseitig in seinem Weltbild und filterte die Informationen – unbewusstgezielt – so, dass man sich die eigene Selbstwahrnehmung gegenseitig bestätigte und Fremdwahrnehmungen systematisch ausblendete, nämlich der seit längerem kränkelnde Pressesektor.

Die Gefahr übergroßer Selbstreferenzialität besteht immer, wenn Unternehmen zu lange in einem Marktsegment erfolgreich sind und nicht durch äußere Umstände, wie etwa dem absehbaren Versiegen einer Rohstoffquelle, von vornherein gezwungen werden, neu zu denken. Mit diesem Problem, den langsam zur Neige gehenden Ölreserven, sind im übrigen nicht nur die Autobauer konfrontiert, sondern vor allem auch die chemische Industrie, die ihre Abhängigkeit vom Öl beispielsweise durch das Erschließen neuer Herstellungsverfahren und Rohstoffe (Stichwort: Biotechnologie) oder neuer Geschäftsfelder (Stichwort: Gentechnik) zu reduzieren versucht. Hier zwingen Feedbacks aus der Natur die Konzerne zum Umdenken, Feedbacks, von denen offenbar eine stärkere Anreizwirkung ausgeht als von Veränderungen in sozial basierten Marktsegmenten wie dem Druckereigeschäft, weil physikalische Feedbacks grundsätzlich stärker objektivierbar sind.

Natürlich gibt es in Unternehmen nicht nur Mitläufer, sondern auch wache Köpfe, die sich nicht anstecken lassen vom herrschenden Korpsgeist. Sie freilich tun sich in der Regel schwerer hochzukommen. Ihre Karriere hängt letztlich davon ab, ob der Vorgesetzte ebenfalls ein kritischer Kopf ist, oder ob er Schmeichler und Erfüllungsgehilfen bevorzugt. Sozialpsychologisch gesehen, hängt der Anpassungs- bzw. Unterordnungsgrad des Einzelnen unter eine betriebliche Kommunikations- und Sozialsemantik ab von dem Grad der Selbstaufmerksamkeit, also davon, ob man versucht, immer gemäß seiner inneren Standards zu handeln (Ziele, Einstellungen, Überzeugungen, Gefühle etc.: *pri-*

vate Selbstaufmerksamkeit), oder ob man auf äußere, von anderen Menschen beobachtbare Selbstaspekte mehr Wert legt (Aussehen, soziale Verhaltensnormen, erwartete Äußerungen etc.: *öffentliche Selbstaufmerksamkeit*).

Tesser hat darauf hingewiesen, dass jeder Mensch bestrebt ist, Selbstwertminderung zu vermeiden. Seine Theorie der Selbstwerterhaltung geht davon aus, dass man eher bereit ist, die überlegene Leistung eines psychologisch nahe stehenden Menschen zu akzeptieren, wenn sie in einem Bereich stattfindet, der das eigene Selbstbild nicht bedroht. Für die sozio-kommunikativen Muster des Handelns in einem Unternehmen ergibt sich daraus eine komplementär wirkende Gruppendynamik: Stabile Zustände resultieren aus unterschiedlichen Zuständigkeiten bzw. unterschiedlichen Rollenverteilungen, die nicht nur der Organisation des Unternehmens geschuldet sind, sondern sich auch innerhalb einzelner, zusammengehörender Abteilungen un- bis halbbewusst herausbilden. Man lässt dem Kollegen sein Spezialistentum in seinem Bereich und erwartet von ihm, dass er sich in die eigenen Belange nicht einmischt. Das bedeutet nicht automatisch, dass das Selbstbild des Kollegen oder das eigene Selbstbild stimmen und der andere oder man selbst wirklich der Beste und Fähigste auf seinem Gebiet ist. Man bestätigt sich das Ganze nur gegenseitig, indem man so kommuniziert, dass das eigene Selbstbild nicht bedroht wird und man dafür auch das Selbstbild der anderen nicht bedroht. Für ein Unternehmen bedeutet das, dass das Optimum nur herauszuholen ist, wenn Selbstbild und tatsächliche Fähigkeiten auch objektiv übereinstimmen.

In der Praxis ist das schwer umzusetzen, vor allem in unseren auf Effizienz getrimmten Zeiten, in denen man die Arbeitnehmer wegen der ausgedünnten Belegschaften gerne multipel einsetzt. Hinzu kommt, dass das Management ab einer bestimmten Hierarchieebene sich selbst zutraut, alles zu können. Der Schuss kann freilich nach hinten losgehen: In wissensbasierten Bereichen wie der Forschung oder der Verfahrenstechnik, im Maschinenbau etc. geht es ohne fundierte Hintergrundkenntnisse kaum. Kommunikation in solchen Abteilungen findet über Fachwissen statt und man muss Teile dieser Kommunikation beherrschen, sonst läuft man Gefahr, nicht ernst genommen zu werden. Der Manager, der eine solche Abteilung führen soll, bedroht dann zwar nicht das Selbstbild der Mitarbeiter, denn die fühlen sich fachlich überlegen. Aber sein Selbstbild ist bedroht, weil die Mitarbeiter seine Fachkompetenz und damit seine Führungsqualitäten anzweifeln. Die Kommunikation in der Abteilung steht dann unter Umständen von vornherein unter einem ungünstigen Stern, sodass hier bei der Personalauswahl größte Sorgfalt walten muss.

Natürlich treffen in jedem Unternehmen immer wieder Interaktionspartner aufeinander, deren Selbstbilder kollidieren. Die Gazetten sind voll von Vorstandsquerelen, Intrigenspielen und Machtkämpfen innerhalb von Unternehmen.

Betroffen davon ist vor allem deshalb in erster Linie das Management, weil es hier keine klare fachliche Abgrenzung gibt, wie das beim Arbeiter in der Produktion oder beim Forscher im Labor der Fall ist. Das Berufsbild des Managers ist eher weich definiert, auf Basiskompetenzen wie Kommunikationsstärke, meist ein anderes Wort für Selbstdarstellung, oder Charisma oder Motivationsfähigkeit abgestellt. Weil Karrieren von solchen schwer zu fassenden Kompetenzen (»soft skills«) abhängen, muss jeder Manager sie besitzen, sie ausbilden, sie pflegen. Die Wahrscheinlichkeit, einem Kollegen zu begegnen, der sich für besser hält und das vielleicht von außen gesehen tatsächlich ist, ist von daher sehr hoch, sodass in Managementriegen permanent bedrohte Selbstbilder gegen bedrohte Selbstbilder stehen.

Das erhöht die Bereitschaft, die Ellenbogen einzusetzen, enorm. Teamgeist, wie er von den unteren Ebenen gerne gefordert wird, gibt es hier nur auf dem Papier, in der Kommunikation nach draußen. Letztlich steht Alpha-Tier gegen Alpha-Tier, was Seilschaften, also das System der Gefälligkeiten auf Gegenseitigkeit, geradezu erzwingt: Bei einer permanenten Bedrohung des Selbstbildes durch das Umfeld entwickelt man nur Vertrauen zu denen, die das eigene Selbstbild nicht bedrohen. Ihnen gegenüber zeigt man sich zuvorkommend und kann das Gleiche von ihnen erwarten, weil man selbst ja auch ihr Selbstbild nicht bedroht. Das – und vielleicht die gleiche oder ähnliche Extremsituation, in der man sich befindet und die von Unsicherheit und dem Angewiesensein auf Unterstützung geprägt ist, etwa als Berufseinsteiger oder Neuling, als notfallmäßig installierter Aushilfs-Abteilungsleiter etc. – schweißt zusammen. Die Frage der tatsächlichen Kompetenz tritt dabei nur allzu oft in den Hintergrund.

2.8. Kommunikation und Selbstüberwachung

Wie wir gesehen hatten, erhöhen oder reduzieren menschliche Interaktionen in Zweiergruppen (Dyaden) oder größeren Gruppen die Wahrscheinlichkeit für das Auftreten eines bestimmten Handelns in einer konkreten sozialen Situation und legen die Handelnden zugleich kommunikativ fest. D.h. wir schreiben uns gegenseitig bestimmte Fähigkeiten, Wertigkeiten und ein bestimmte Rolle zu und perpetuieren diese zugeschriebenen Eigenschaften auch dann, wenn die Handelnden persönlich gar nicht anwesend sind (wir »kennen« jemanden dann vom »Hörensagen«). Personen werden also nicht nur in ihrer konkreten sozialen Rolle persönlich wahrgenommen und gedeutet, sie werden auch in den Erzählungen über sie wahrgenommen und gedeutet. Und das hat Rückwirkungen auf die Wahrnehmung dieser Personen und unser eigenes Handeln, wenn wir ihnen (wieder) persönlich begegnen. Hier hat die Forschung wichtige Grundmuster und Bedingungen zusammengetragen, die Rückschlüsse darauf erlauben, warum wir kommunizieren, wie wir kommunizieren und warum unsere Kommunikation anders wahrgenommen wird, als wir glauben.

Soziales Handeln weist bei Interaktionen in Dyaden vier Grundmuster auf. Jones und Gerard unterscheiden: 1. *Pseudokontingenz*: Die Verhaltensschritte beider Partner werden durch eigene Pläne bestimmt. Das bedeutet etwa, zwei Interaktionspartner sind nicht willens oder können nicht aufeinander eingehen und reden (bewusst) aneinander vorbei. Kommunikatives Handeln steht gegen kommunikatives Handeln. Solche Verhaltensmuster sind oft in Konkurrenzsituationen zu beobachten, wenn es um den Aufstieg im Unternehmen geht, aber auch bei so manchen Tarifkonflikten und in geschäftlichen Verhandlungen.

2. *Asymmetrische Kontingenz*: Der eine Interaktionspartner richtet sich nach eigenen Plänen und wird kaum durch die Reaktionen oder das Handeln des anderen beeinflusst. Eine solche situative Semantik entsteht, wenn einer der Interaktionspartner keine bestimmten Pläne hat, die Situation für ihn unbekannt und schwer vorhersagbar ist, oder der andere über mehr Macht verfügt. Typische Konstellationen sind das Verhältnis Vorgesetzter – Mitarbeiter, Professor – Prüfling oder Fachmann – Laie. Asymmetrische Kontingenz ist entscheidend bei der Herausbildung von sozialen Semantiken in Unternehmen, wenn die Mitarbeiterschaft bestimmten Eliten folgt, wobei es sich bei den Eliten nicht nur um unternehmerische Eliten handeln muss, sondern es sich auch um gewerkschaftliche Eliten wie den Betriebsrat handeln kann.

3. *Reaktive Kontingenz*: Die beiden Interaktionspartner reagieren aufeinander und verfolgen keine eigenen Pläne. Es ergeben sich nette Unterhaltungen im Plauderton oder Diskussionen zweier Gleichwertiger in angenehmer Atmosphäre. Man mag sich und man steht in keinem hierarchischen Abhängigkeitsverhältnis zueinander; man trifft sich privat.

4. *Wechselseitige Kontingenz*: Interaktionspartner agieren zwar nach eigenen Plänen, zugleich aber auch situationsangepasst. Es ergeben sich Gespräche, bei denen jeder den anderen zwar von etwas überzeugen will, bei denen aber keiner seine Ziele blind oder programmiert verfolgt, sondern seine Reaktionen auf den Interaktionspartner abstimmt. Vor allem kommunikatives Handeln, bei dem die Interaktionspartner über keinerlei wechselseitige Sanktionsmöglichkeiten verfügen, eine ähnlich hohe soziale Position in ihrem jeweiligen Bereich innehaben und die Kooperation ihres Gegenübers gewinnen wollen, vollzieht sich nach solchen Schemata. Die guten Psychologen unter den Chefs verstehen es, solche Situationen zu simulieren, etwa in einer Teambesprechung, indem sie die Mitarbeiter, ihre Anliegen, Erfahrungen, Kenntnisse und Vorschläge ernst nehmen und nach einer Lösung suchen, die jedem etwas gibt und jedem etwas nimmt. Vor allem aber verstehen es gute Führungskräfte, Situationen zu simu-

lieren, in denen die Selbstbilder der Mitarbeiter unangetastet bleiben. Diese Kommunikationssituationen sind die produktivsten Augenblicke und haben das größte Motivationspotenzial.

Sozio-kommunikatives Handeln charakterisiert, dass ihm meistens eine Motivation zugrunde liegt (man will etwas erreichen), dass die Interaktionspartner sich aufgrund ihrer Wahrnehmung wechselseitig einschätzen (man muss wissen, welches Handeln dem anderen besonders wichtig ist) und dass bestimmte Übersetzungsprozesse stattfinden. So müssen beispielsweise die eigenen Pläne, Interessen und Erwartungserwartungen in ein konkretes sozio-kommunikatives Handeln übersetzt werden. Besonders schwierig ist das mit den Erwartungserwartungen, also wie man glaubt, dass der Interaktionspartner reagiert bzw. wie man glaubt, was der Interaktionspartner erwartet, dass man reagieren bzw. handeln sollte. Sozio-kommunikatives Handeln in Unternehmen ist außerdem geprägt davon, ob das geplante konkrete Handeln in der jeweiligen beruflichen Situation tatsächlich verfügbar ist und davon, dass Rückmeldungen und Korrekturen erfolgen, wenn das Gespräch nicht zielführend ist. Dann muss nachjustiert werden können, das Handeln muss sich ändern, etwa indem man verfolgte Teilziele ändert oder verständlicher argumentiert.

Soziales Handeln und Semantiken sind höchst kontextabhängig und müssen vom Einzelnen um so stärker variiert werden, je weiter er sich aus der eigenen Schicht bzw. aus dem eigenen Kulturkreis und – noch stärker auf Unternehmen bezogen – von seinem eigentlichen Fachbereich bzw. von seinem bisherigen Karriereweg entfernt und damit sein Kollegenumfeld hinter sich lässt. Das Heraustreten aus dem gewohnten Umfeld markiert zunächst immer das Verlassen einer bestimmten eingeübten Sozialsemantik; wer sich in einem neuen Kontext bewegt, erlebt Übergangsphasen, die verunsichern. Man kann auf die neue Sozialsemantik mit einem angepassten sozialen Handeln reagieren, wenn man den Bereich oder die Abteilung wechselt. Erst wenn die im neuen Kontext geltenden Konventionen weitgehend internalisiert bzw. automatisiert sind, agiert man selbst entsprechend der neuen Sozialsemantik. Diese Zusammenhänge berücksichtigt die Sozialpsychologie nicht unbedingt. Sie sind aber wichtig, weil die Anfälligkeit für kommunikative Missverständnisse auf beiden Seiten – also auf Seiten des Neulings wie auf Seiten der Alteingesessenen – in dieser Phase groß ist. Die Problematik kann sich zudem in global agierenden Konzernen mit einer multinationalen Mitarbeiterschaft verschärft stellen.

Wichtig im täglichen, beruflichen Umgang miteinander ist darüber hinaus: Soziale Fertigkeiten weisen immer Mängel auf: Die Wahrnehmung des Kollegen kann durch zu geringe Aufmerksamkeit, durch Beachten irrelevanter Reize (z.B. wenn der Gesprächspartner für den eigenen Geschmack zu wild gestikuliert) oder durch die falsche Interpretation des eigenen oder des (auch kulturell)

fremden kommunikativen Handelns bzw. der fremden Sozialsemantik beein-
trächtigt sein. Nicht alle Menschen haben gelernt, flüssig zu sprechen und do-
minant aufzutreten; oder aber es kommt aus Angst zu Hemmungen. Wer nicht in
der Lage ist, selbstsicher (bzw. – wo es erwartet wird – bescheiden) aufzutreten,
klar zu argumentieren bzw. einer Semantik der persönlichen Beziehungsherstel-
lung zu folgen und gut zu formulieren, dessen Handeln wird in der Regel weniger Erfolg haben als das Handeln eines rhetorisch begabten Menschen – auch
wenn der rhetorisch Begabte der fachlich weniger kompetente ist.

An dieser Stelle setzen bestimmte Dienstleister an, die Kommunikations-
kompetenzen vermitteln oder Mitarbeiter vor längeren Auslandsaufenthalten mit
bestimmten Kommunikationsstilen vertraut machen und wichtige Verhaltensregeln einüben, ohne die man in dem fremden Kulturkreis nicht zurechtkommt. So
gilt in China oder Russland das zielführende, auf schnelle Ergebnisse drängende
Gespräch westlicher Prägung als unhöflich. Hier geht es zunächst darum, Vertrauen aufzubauen. Selbst der Umgang mit westlichen Kulturen wie der Ameri-
kanischen erfordert mitunter ein spezielles Kommunikationstraining.[26]

Wie viel man bei Interaktionen in Dyaden erreicht, hängt davon ab, ob man
ein starker oder schwacher Selbstüberwacher ist. Nach Snyder fragen sich Personen mit starker Selbstüberwachungstendenz in jeder Situation: »Was verlangt
diese Situation von mir?« Um den möglichst günstigsten Eindruck zu hinterlassen, stellen sie sich eine Person vor, die möglichst gut zur gegebenen Situation
passt, und imitieren sie. Mit Snyder kann man davon ausgehen, dass das soziale
Handeln von starken Selbstüberwachern nicht konsistent ist und häufig den
eigenen Einstellungen widerspricht: Man passt sich der jeweiligen sozialen
Semantik an, von der man glaubt, dass sie in der konkreten Situation die richtige
ist. Das kann in fremden Kulturen von großem Vorteil sein.

Schwache Selbstüberwacher dagegen orientieren sich nicht an prototypi-
schen Personen, sondern an ihrem Selbstbild. Sie stellen sich in einer neuen
Situation die Frage, welche ihrer Eigenschaften in der gegebenen Situation relevant ist und handeln mit hoher Wahrscheinlichkeit in Übereinstimmung mit
dieser Eigenschaft. D.h. sie folgen einer sozialen Semantik, auf die sie entweder
geprägt sind (»ich bin wie ich bin«), oder die sie im Einklang mit ihren Überzeugungen bewusst oder halbbewusst durchbrechen (»egal, was ich jetzt sagen
müsste, um ihm/ihr zu gefallen, ich kann ihn/sie nicht leiden, es wäre gelogen
und deshalb tue ich es nicht«). Treffen diese unterschiedlichen, von der Sozialpsychologie ausgemachten Idealtypen in einem Unternehmen aufeinander, dann
bedeutet das: Schwache Selbstüberwacher, die Macht ausüben, werden in der
Regel schwache Selbstüberwacher, d.h. Personen mit eigenem Willen, eigenen

---

[26] vgl. etwa Beneke 2007.

Ideen, einem eigenen Standpunkt, bevorzugen (gefördert wird der Beeindruckendste). Mächtige starke Selbstüberwacher werden vor allem Personen fördern, die ihnen schmeicheln (man duldet keine Götter neben sich). Snyder postuliert auch situationsbedingte starke oder schwache Selbstüberwachung. So können Situationen, die neu und unvertraut sind und in denen man mit wichtigen Personen interagiert, ein selbstüberwachendes Handeln auslösen (etwa bei einem Vorstellungsgespräch).

Sozio-kommunikative Situationen mit erhöhter und deutlicher persönlicher Verantwortlichkeit für die Folgen des eigenen Handelns verstärken allerdings die Tendenz zur Selbstüberwachung, etwa wenn es sich um geschäftliche Belange handelt. D.h. man agiert vorsichtiger und konsistenter, wenn man für Fehler gerade stehen muss. Wer einmal Juristen erlebt hat, wie sie sich um eine klare Auskunft drücken, der weiß, was gemeint ist. Zugleich kann das soziale Handeln durch erhöhte Verantwortlichkeit auch unvorsichtiger werden und die Selbstüberwachung verringern, weil man in einer leitenden Position häufiger bestätigt wird und sich dadurch das eigene sozialsemantische Fluktuationspotenzial reduziert (man muss nicht mehr so viel Rücksicht nehmen). So prägen mächtige Sender in Unternehmen häufig ihr unmittelbares Umfeld: Steigt die Entscheidungskompetenz eines Senders aufgrund eines Karrieresprungs, dann bindet er automatisch mehr Verantwortung für sein Tun sowie das Tun seiner Mitarbeiter an sich. Die Tendenz zur Selbstüberwachung gegenüber seinen Mitarbeitern nimmt mit zunehmender Entscheidungskompetenz ab, während die Selbstüberwachung der Mitarbeiter aufgrund der wachsenden Macht des Senders zunimmt; d.h. die Mitarbeiter werden dem beförderten Kollegen, den sie vorher als »Kumpel« gesehen haben, vorsichtiger begegnen und ihre Wirklichkeitskonstrukte zumindest in der persönlichen Begegnung den seinen annähern. Macht macht bekanntlich einsam.

Für den mächtiger gewordenen Sender bedeutet das in der Regel: Er muss sich neue Bezugsgruppen suchen, weil seine alte Bezugsgruppe ihn nicht mehr an allem teilhaben lässt bzw. die Interaktionsdichte mit ihr abnimmt; die zunehmende Interaktion mit anderen Bezugsgruppen etwa im Führungsmanagement verändert in der Regel auch sein soziales Handeln, unterliegt einer neuen Sozialsemantik, nämlich der der Entscheider, inklusive Golfen, große Dienstwagen fahren und Netzwerken in Sozialclubs etc. Das bringt eine andere Form der Kommunikation hervor. Zumindest kurz nach Eintritt in die neuen Interaktionsmuster wird eine starke Tendenz zur Selbstüberwachung vorherrschen, die mit zunehmender Sicherheit in der neuen Bezugsgruppe abnimmt. Natürlich gibt es Ausnahmen: Extrem schwache Selbstüberwacher werden immer »sich selbst treu bleiben«.

Die Wahrscheinlichkeit für das Fluktuieren des sozialen Handelns in Abhängigkeit von der jeweiligen sozialen Situation ist bei starken und schwachen Selbstüberwachern vor allem deshalb unterschiedlich ausgeprägt, weil für starke Selbstüberwacher Einstellungen eine soziale Anpassungsfunktion haben (sie wollen zeigen, dass sie die »richtige« Einstellung haben und dadurch Anerkennung erlangen). Die Wahrscheinlichkeit ist hoch, dass ihr Handeln entsprechend der sozialen Gruppe, in der sie sich bewegen, variiert und sich der jeweiligen Sozialsemantik anpasst. Für schwache Selbstüberwacher haben Einstellungen dagegen eine (moralische) Werteausdrucksfunktion, was durch konsistentes Handeln dokumentiert wird; Einstellungen werden in der Regel nicht gruppenspezifisch angepasst; die soziale Semantik, der man folgt, fluktuiert in verschiedenen Soziokontexten kaum.

Das kann positiv wie negativ sein: Leadership ist nichts für starke Selbstüberwacher. Wenn sie an die Spitze eines Unternehmens oder einer Abteilung gelangen, ist die Gefahr groß, dass sie zu kommunikationsfreudigen Zauderern werden, die unzählige vermeintliche Expertenmeinungen einholen, um dann genau das Falsche zu tun. Ihnen fehlt oft der geschäftliche Instinkt, weil sie ihn nicht zulassen. Weil sie in ihrer Unsicherheit jedem das Gefühl geben, dass sie auf seine Meinung ganz besonderen Wert legen, entsteht viel Enttäuschung, wenn sie der Empfehlung dann doch nicht folgen. Hier fahren schwache Selbstüberwacher besser, weil sie einen Standpunkt haben, den sie diskursiv vertreten. Sie neigen jedoch zu einem autoritären Kommunikationsstil, der nichts außer ihrer Meinung gelten lässt. Ein solches Verhalten kann für die Mitarbeiter extrem demotivierend sein, wenn es ungezügelt ausgelebt wird. Das kommunikative Optimum ist also ein schwacher Selbstüberwacher, der sich gezielt echte Kompetenz ins Unternehmen holt und mit einigen wenigen Experten die Möglichkeiten durchdiskutiert, ohne den Eindruck zu erwecken, jedem Ratschlag folgen zu wollen. Die Gesprächspartner wissen, woran sie sind. Erst wenn alle Optionen gemeinsam durchdiskutiert sind, trifft er seine Entscheidung und kommuniziert die Gründe dafür.

DeBono und Harnish konnten zeigen, dass starke Selbstüberwacher vor allem an Mitteilungen interessiert sind, die von sympathischen und bekannten Sendern stammen (die z.B. ein öffentliches Amt bekleiden oder hohes Sozialprestige genießen oder eine wichtige Position im Unternehmen haben). Schwache Selbstüberwacher sind dagegen eher an Mitteilungen von Fachleuten interessiert, die nicht unbedingt Sozialprestige haben müssen: Was zählt, ist die Qualität der Äußerungen. Außerdem spielt für starke Selbstüberwacher in erster Linie die Argumentqualität von sympathischen Sendern eine Rolle, während schwache Selbstüberwacher vor allem die Argumentqualität von Experten beachten. Es gibt auch Unterschiede, welche Mitteilungen wirksamer sind: Starke

Selbstüberwacher lassen sich eher von Argumenten beeinflussen, die die soziale Anpassungsfunktion der Einstellung betonen (darunter fallen etwa Vorstandsparolen wie »Wir alle müssen jetzt Opfer bringen und wenn wir zusammenstehen, dann stehen wir diese Krise durch«). Schwache Selbstüberwacher sind eher durch Mitteilungen zu überzeugen, die sich auf Werte oder Überzeugungen, auf Wissen und andere innere Standards beziehen (darunter fallen beispielsweise Wirtschaftstheorien, Statistiken, scheinbar gesichertes ökonomisches Wissen etc.). Oft lassen schwache Selbstüberwacher sich durch sachliche und als korrekt empfundene Argumente in ihren Einstellungen und damit in ihrem Handeln beeinflussen.

2.9. Die Kunst der multiplen Ansprache

Für die Kommunikation im Unternehmen ergibt sich also auch vom sozialpsychologischen Modell der Selbstüberwachung her eine Strategie der multiplen Ansprache. Wer möglichst viele seiner Mitarbeiter mitnehmen will, der sollte bedenken, dass er es mit schwachen und starken Selbstüberwachern zu tun hat und er beiden idealtypischen Gruppen etwas bieten muss. Es gilt, sowohl den Kopf als auch das Herz anzusprechen. Je nach Disposition suchen sich die Empfänger die jeweiligen, für sie wichtigen Passagen heraus. Zu bedenken ist auch, dass man schwache Selbstüberwacher überzeugen muss und dass man starken Selbstüberwachern am besten einen Kontext mit klaren Verhaltensregeln anbietet, an den sie sich anpassen können. Mit ständig wechselnden Zuständigkeiten, zu viel Flexibilität, fehlenden Verantwortlichkeiten oder allzu egalitären Strukturen haben sie ihre Probleme. Man muss ihnen sagen, was sie tun sollen, bis sie es können. Und dann brauchen sie ein wenig Wertschätzung dafür, dass sie machen, was man von ihnen erwartet.

Gleichzeitig ist Toleranz wichtig gegenüber den schwachen Selbstüberwachern, die Autorität nicht automatisch qua Funktion anerkennen, sondern Fachkompetenz des Führungspersonals erwarten. Dafür sind sie flexibel und bereit, ungewöhnliche Wege zu gehen und Verantwortung zu übernehmen. Für den Erfolg eines Unternehmens ist es wichtig, dass die schwachen Selbstüberwacher gewonnen werden. Das erfordert einen viel größeren kommunikativen Aufwand als bei den starken Selbstüberwachern, die man in die gewachsenen, innerbetrieblichen Kommunikations- und Sozialstrukturen hineingleiten lassen kann. Die Basis jeder Kommunikationsarbeit mit schwachen Selbstüberwachern ist die argumentativ erzeugte Einstellung, in der immer auch der Keim liegt für das Durchbrechen der geltenden Wirklichkeitskonstrukte im Unternehmen, weil findige Köpfe ständig auf der Suche sind nach guten Gegenargumenten. Unternehmen kann das die Innovationsschübe geben, die sie immer wieder brauchen. Hat man die schwachen Selbstüberwacher auf seiner Seite und kumuliert ihre Sicht der Dinge zu einer Neuausrichtung des Unternehmens, dann kann es auch zu einer radikalen Abkehr kommen von den alten Strategien, die dennoch hinreichend stabil ist, weil sie nicht auf Anpassung beruht, sondern auf der (fachlichen) Überzeugung der Mitarbeiter. Und genau das brauchen Unternehmen dann, wenn sie ökonomisch mit dem Rücken zur Wand stehen und wenn es gilt, Durststrecken zu überwinden.

Die starken Selbstüberwacher spielen eher die Rolle der Mitläufer, die sich der neuen Semantik und Kommunikation anpassen. Sie verlassen sich darauf, dass »schon alles richtig sein wird« und »die da oben wissen, was sie tun« – sie leisten aber dadurch einen wichtigen Beitrag zur Stabilität eines Unternehmens. Ich hatte mehrfach von Idealtypen gesprochen: Einschränkend sei deshalb ergänzt, dass extrem starke und extrem schwache Selbstüberwacher Ausnahmeerscheinungen darstellen und die meisten Interaktionspartner sowohl situationsunabhängig als auch situationsabhängig handeln und kommunizieren. Über ein gesamtes Unternehmen gemittelt, dürfte sich daher ein vergleichsweise einheitliches Wirklichkeitskonstrukt ergeben, eine gemeinsame Semantik, die zumindest bei routinemäßig ablaufenden, oberflächlichen Interaktionen nicht in Frage gestellt wird. Und Routinen sind gleichermaßen wichtig, wenn Menschen interagieren: Ein einmal erreichtes Optimum zu stabilisieren, bedeutet höchste Effizienz und Produktivität bei einer geringen Fehlerrate. Entscheidend bei Routinen ist nur: Man muss rechtzeitig erkennen, wann sie das Optimum überschreiten und andere Strategien erforderlich sind. Und das zu erkennen und zu initiieren, ist die Domäne der schwachen Selbstüberwacher.

2.10. Das Geheimnis der Motivation

Interaktionen sind in erster Linie von den antizipierten und bereits erlebten Konsequenzen der eigenen Kommunikation geprägt (Erwartungserwartungen und Erfahrungserwartungen). Das hat Konsequenzen für die Wahrnehmung des sozialen Handelns in Interaktionen. Kelley und Thibauts Theorie der Tauschprozesse fasst Interaktionsprozesse als Austausch von positiven und negativen Reizen. Die Theorie geht davon aus, dass aus den erlebten positiven und negativen Reizen eine Art Mittelwert gebildet wird, wobei die jüngste Vergangenheit besondere Berücksichtigung findet. Dieser Mittelwert ist das Vergleichsniveau, an dem gemessen wird, wie gut oder schlecht die momentanen Erfahrungen sind. Wie angenehm oder unangenehm die konkrete Interaktion ist, hängt also davon ab, wie groß die Häufigkeit positiver bzw. negativer Erlebnisse war.

Hatte das Agieren einer Person viele negative Konsequenzen zur Folge, etwa weil ihr sozio-kommunikatives Handeln nicht ernst genommen wurde, dann werden bereits mäßig positive Reize als extrem wertvoll erlebt. Nehmen wir an, A hat wenige Erfolgserlebnisse. B ist ein Kollege, der einfach nur mal zerstreut zuhört und etwas von »interessant« murmelt. Das kann dazu führen, dass A dem Kollegen B eine starke positive Grundstimmung entgegenbringt; das Handeln von B kann für A »Gesetz« werden, weil A davon ausgeht, dass B seine Schwierigkeiten kennt, vielleicht ähnliche Schwierigkeiten hat, und dass sein Handeln für B einen ähnlichen Stellenwert einnimmt wie Bs Handeln für ihn selbst. Allerdings kann B einfach A nur einen Gefallen getan haben (Mitgefühl etc.) und trotzdem nichts von A halten. Eine solche Asymmetrie in den Wirklichkeitskonstruktionen, die auf Machtverhältnissen aufgrund verschobener sozialer Wahrnehmungen beruht, möchte ich *Kleiner-Bruder-Syndrom* nennen.

Man kann als erfolgreicher Interaktionspartner erfolglos Kommunizierende mit entsprechenden Wirklichkeitskonstrukten gezielt an sich binden, indem man ihnen kleine, psychologische Erfolgserlebnisse verschafft, die von außen betrachtet gar keine Erfolge sind. Auf diese Weise wird eine besondere Form von Meinungsführerschaft (Meister – Jünger) ausgeübt, die spezifische soziale Muster des kollektiven Handelns erzeugt, die in eine stark gruppenzentrierte Sozialsemantik münden können. In der Politik mag das mitunter gefährlich sein – man denke an charismatische Führungspersönlichkeiten, die ganze Nationen in den Untergang geführt haben. In Unternehmen ist diese Form der Kommunikation – wohl dosiert eingesetzt – ein gutes Motivationsinstrument, um ein Team mitzunehmen. Nur sollte man es nicht übertreiben und jedem Freiräume zugestehen bzw. jeden auffordern, eigenverantwortlich bestimmte Bereiche zu übernehmen, sonst gerät man schnell in eine Kontrollspirale: Weil das direkte berufliche Umfeld erwartet, dass »der Papa schon alles richtet«, findet kein selbstständiges Problemlösen mehr statt. Das ist kontraproduktiv und entspricht nicht den Erfordernissen moderner Unternehmensführung. Trotzdem gibt die gelegentliche Aufmerksamkeit gegenüber »Selbstverständlichkeiten«, ein kleines Lob für geleistete Arbeit, vor allem auch außerhalb der erwartbaren Rückblicks- und Betriebsfeiersemantik, dem Team Auftrieb.

Dabei muss es allerdings »gerecht« zugehen: Permanente Lobhudelei aus unternehmenspolitischen Interessen heraus – etwa weil man gerade jemanden befördert hat und nun auf Biegen und Brechen den Karrieresprung des Zöglings gegenüber den anderen rechtfertigen muss, obwohl der Beförderte auf seiner neuen Position nur mittelmäßige Arbeit abliefert –, so etwas lässt die Motivation der wirklich Guten im Team in den Keller sinken. Denn jedes Lob ihnen gegenüber wird dadurch entwertet. Sie können das Ganze nicht mehr ernst nehmen.

Wie jeder Effekt zeigen auch Motivationseffekte gewisse Abnutzungserschei-
nungen, wenn man sie über Gebühr einsetzt und sie in keine konkreten Verbes-
serungen münden wie Aufstiegsmöglichkeiten oder Gehaltsverbesserungen.
Entscheidend für die dauerhafte Wirksamkeit des Lobens ist, dass der Sender,
also der Lobende, selbst ein vom Team anerkannter Könner ist und seinen Leuten das Gefühl gibt, in verfahrenen Situationen immer eine Lösung zu finden
(»von dem kann man noch was lernen«); dass er Lob spärlich einsetzt, dass der
Gelobte also weiß, wenn der Chef lobt, dann weil er meine Leistung wirklich
anerkennt und nicht inflationär Wertschätzung an jeden austeilt; und dass der
Sender Fehlleistungen auch kritisiert, und zwar nicht persönlich, sondern an der
Sache orientiert (»bei dem weiß man, woran man ist«).

2.11. Der altruistische Eigennutz und die Wahrnehmungsfallen

Entscheidend für den Erfolg des Kommunizierens sind außerdem die Persönlichkeitsmerkmale der Menschen, mit denen man zu tun hat, und die soziale
Rolle, innerhalb der sie agieren. Zahlreiche Experimente haben gezeigt, dass in
der Regel der stärkere Partner weniger kooperativ ist als der schwächere; außerdem ist die Kooperationshäufigkeit bei asymmetrischen Machtverhältnissen
niedriger als bei symmetrischen Machtverhältnissen. So fand Deutsch heraus,
dass nicht nur das tatsächliche, sondern auch das erwartete Verhalten des Kom-
munikationspartners die Kooperationsneigung beeinflusst: Erwartet eine Person
ein negatives Verhalten des anderen, ist sie selbst ebenfalls nicht kooperativ.
Außerdem stellte Deutsch fest, dass konkurrenzorientierte Menschen ihre
Kommunikationspartner als nichtkooperativ einschätzen, während kooperativ
motivierte Personen auch ihre Gegenüber für kooperativ halten. Mitbestimmt
wird Kooperation zudem von der Größe des zu erwartenden Gewinns und Ver-
lusts: Je mehr eine Person davon profitiert, dass sie selbst egoistisch und der
Partner kooperativ handelt bzw. je größer die Gefahr eines Gesichtsverlustes ist,
wenn man selbst kooperativ und der Partner egoistisch handelt, desto seltener ist
kooperatives Verhalten. Zudem spielen Gefühle bei der Kooperation eine Rolle:
Verärgerte und traurige Personen handeln weniger kooperativ als Personen mit
neutralen oder positiven Gefühlen. Diese Ergebnisse von Deutsch aus den
1960er Jahren werden übrigens derzeit in den Wirtschaftswissenschaften als
große, neue Forschungsresultate ausgegeben.
    Für die Kommunikation und die daraus entstehenden Wirklichkeitskon-
strukte und Entscheidungsheuristiken bedeuten Deutschs Ansätze: Das Handeln
des Einzelnen auch im Unternehmen ändert sich je nachdem, ob die konkrete
Sozialsituation ein kooperatives Interagieren nahelegt oder nicht. In diesen Fäl-

len bewegt sich die Sozialsemantik nahe an der Verhaltensmatrix sozialer Tierpopulationen: »Kooperiere mit den Mächtigen – Kooperiere mit Gleichgestellten – Lass Dich nicht von Untergebenen zur Kooperation zwingen«. Die meisten klassischen Entwürfe in den Wirtschaftswissenschaften haben ausschließlich diese Matrix im Blick, wenn sie den »Homo rationalis« oder »Homo oeconomicus« unterstellen. Wie die bisherigen Ausführungen gezeigt haben, ist das aber nicht der ganze Mensch und beschreibt auch nicht vollständig das Agieren des Menschen im beruflichen Kontext. Der gute Chef beispielsweise wird immer zuerst versuchen zu kooperieren – und letztlich das tun, was dem Team nützt, weil auch er selbst damit am weitesten kommt. Man könnte das als *altruistischen Eigennutz* bezeichnen.

Hinzu kommt, dass für das Interagieren mit dem mächtigen oder weniger mächtigen Umfeld immer die eigenen Erfahrungserwartungen und Erwartungserwartungen eine große Rolle spielen und damit letztlich das, was man über jemanden gehört hat, mit dem man noch gar nichts persönlich zu tun hatte. Bei solchen Fremdbildern spielen zum Beispiel dann, wenn es sich um öffentliche Personen handelt, die Medien eine große Rolle. Als Medienschaffender möchte ich an dieser Stelle eindringlich warnen: Es sind ausnahmslos Erfahrungen aus zweiter Hand, die man in den Medien macht, und man sollte sie nicht überbewerten oder glauben, jemanden zu »kennen«, bloß weil man über ihn gelesen hat. Wichtig ist: Die Erfahrungs- und Erwartungserwartungen, die man bei anderen Interaktionspartnern erzeugt, indem man über die eigenen Erfahrungen erzählt, die man mit jemandem gemacht hat, wie auch die Erfahrungs- und Erwartungserwartungen, die man selbst hat, weil man jemanden nur vom Hörensagen kennt, legen die Wahrnehmung einer Person fest und können auch das Agieren dieser Person beeinflussen, wenn man sie dann tatsächlich trifft.

Wer im Unternehmen als »harter Hund« verschrien ist, der gefällt sich vielleicht auch in dieser Rolle und tritt entsprechend auf. Gegenüber einem völlig »Unbeleckten« von außerhalb, der von dieser Rollenfestlegung und Rollenerfüllung nichts weiß, verhält er sich vielleicht völlig anders. Mit jemandem dagegen, über den man »viel Gutes gehört« hat, wird schon von vornherein anders umgegangen. Das heißt aber nicht, dass jeder Interaktionspartner das »Gute, das man gehört hat« nach einer Begegnung auch bestätigt. Das hängt davon ab, auf was sich das Gute bezieht: Trifft Fachmann auf Fachmann und das »Gute« bezieht sich auf die fachliche Kompetenz, dürfte der gute Eindruck bestätigt werden; trifft aber ein ausgesprochener Netzwerker und Kommunikator auf den gleichen Fachmann, der vielleicht mürrisch wirkt und linkisch in seinen Umgangsformen ist, dann kann das Urteil hinterher ganz anders ausfallen, was wiederum die Erfahrungserwartungen der künftigen Interaktionspartner unseres Fachmanns verschiebt.

Worauf ich hinaus will, ist die Dynamik, die unsere Personenwahrnehmung unterworfen ist: Je nach dem konkreten sozialen Kontext, in dem ich jemandem begegne, je nach meinen eigenen intellektuellen oder sozialen Standards, je nach meinen eigenen Zielen oder Absichten oder Funktionen, nehme ich Personen unterschiedlich wahr. Und es gibt keine Garantie dafür, dass ich die gleiche Person beim nächsten Mal wieder genauso wahrnehme. Trotzdem reicht es manchmal, eine prägende Begegnung zu haben, um das Bild von einer Person für immer festzulegen. Um dieser *Wahrnehmungsfalle* zu entgehen, die für die Offenheit und Kreativität in einem Unternehmen tödlich sein kann, weil große Organisationen nun einmal dazu tendieren, dass jeder »seinen Stempel hat« und das dazu führt, dass Stellen nicht immer mit den Geeignetsten besetzt werden, sondern mit denen, die man zufällig »gerade auf dem Radar hat« oder die einem »empfohlen« wurden, hilft nur eins: Als Entscheider die eigene Interaktionsdichte zu allen anderen erhöhen.

Es ist sicher zudem von Vorteil für ein Unternehmen, die Interaktionsdichte insgesamt, also aller mit allen, zu erhöhen, da nur so eine differenzierte Personenwahrnehmung entsteht und sich dadurch echte Optionen etwa für Personalentscheidungen eröffnen. Das bedeutet freilich nicht, dass sich damit jeder automatisch mit jedem gut stellt. In den meisten Fällen wird die persönliche Bekanntschaft Motivation und Teamgeist stärken; man kann an solchen implementierten Interaktionsprozessen aber genauso ablesen, wer auf gar keinen Fall in eine bestimmte Abteilung oder Position passt. Eine solche Personalauswahl nach dem Ausschlussverfahren fördert die passgenaue Teamzusammensetzung. Am einfachsten tut man sich dabei mit Einsteigern, die man möglichst viele, vor allem »fachfremde« Bereiche in einem Unternehmen durchlaufen lassen sollte; in gut geführten Familienunternehmen ist es eine bewährte Tradition, dass der Juniorchef »von der Pike auf« mitbekommt, wie der Betrieb funktioniert und auch einmal in der Produktion am Fließband oder am Abfüllkessel steht oder in der Werkstatt lernt.

Hier liegt die Kraft verborgen, die erfolgreiche Unternehmensgründungen antreibt: Der Chef hat selber klein angefangen und war sich für nichts zu schade; er kennt alle Tätigkeitsbereiche, weil er sie selber schon einmal ausgeübt oder selbst ihre Notwendigkeit erfahren hat; er kennt seine Angestellten und Arbeiter. Konzerne haben hier ein grundsätzliches Rekrutierungsproblem, weil immer schon Fachleute eingekauft werden bzw. weil man gezielt in Richtung der Erfordernisse ausbildet und der Mann an der Spitze zwar möglicherweise viele Tätigkeiten durchläuft, aber die immer nur im Managementbereich. Alles andere bleibt Erfahrung aus zweiter Hand. Auch die Personalauswahl, sofern es um externe Einstellungen geht, erfolgt über spezialisierte Einheiten, die nach ihren ganz eigenen Kriterien entscheiden, die nicht unbedingt im Interesse des

Unternehmens liegen müssen. Man könnte es auch so formulieren: Je größer und damit unübersichtlicher das Unternehmen, desto mehr leidet es unter der Last der Erfahrungserwartungen und Erwartungserwartungen seiner Mitarbeiter und leitenden Angestellten.

Erwartungs- und Erfahrungserwartungen können sich verdichten zu einer *selbsterfüllenden Prophezeiung*, nämlich dann, wenn der Interaktionspartner, den man nur vom Hörensagen kennt, sich bei der ersten Begegnung genauso verhält, wie man es auf Grund des Bildes, das von ihm vermittelt wurde, erwartet hat. Tritt dieser Fall ein, dann liegt das nicht nur am Interaktionspartner. Es ist vielmehr genauso der Personalentscheider, der je nach seinen Erwartungen unbewusst eine kooperative oder unkooperative Kommunikationssituation herbeiführen kann und damit die erwarteten Ergebnisse erhält. Das nutzen natürlich manche Bewerber strategisch, indem sie sich so zu verhalten und zu kleiden versuchen, wie sie glauben, dass man das von ihnen erwartet. Die Schlauen unter ihnen erkundigen sich vorher bei Bekannten oder Verwandten, die bereits im Unternehmen arbeiten, auf was es in der jeweiligen Situation bei der jeweiligen Person ankommt. Und schnell erscheint jemand als optimaler Kandidat, obwohl er das nur oberflächlich gesehen ist, weil er als der erscheint, den man erwartet. Die Feldvorteile, die das Angehörigen oder Bekannten von Betriebsangehörigen verschafft, können ein Segen für das Unternehmen sein, wenn es um die Loyalität geht. Das Ganze kann sich auch zum Fluch auswachsen, weil Unternehmen auf Querdenker oder Quereinsteiger angewiesen sind, wollen sie nicht im eigenen Saft braten.

Das alles schließt freilich nicht aus, dass es Entscheider gibt, die es vorziehen, unvoreingenommen zu bleiben und sich ihr eigenes Bild von der Person zu machen, die sie vom »Hörensagen« kennen. Doch das Korrektiv des tieferen persönlichen Kontakts entfällt inzwischen zusehends in unserer Gesellschaft. Und das hat weit reichende Konsequenzen für das Entstehen spezifischer sozialer Muster des Handelns und ihrer jeweiligen Wirklichkeitskonstrukte nicht nur in Unternehmen, sondern gerade auch in der modernen Massenkommunikationsgesellschaft, die ständig Bilder von Personen oder Kulturen vermittelt, die man im Regelfall nicht persönlich beurteilen kann. Da die Interaktionsdichte mit den entsprechenden Personen oder Kulturkreisen gegen null geht, gleichzeitig aber die Medien Authentizität und Nähe suggerieren, verfestigen sich Feindbilder oder Mythen, die das eigene soziale Handeln und die eigenen Wahrnehmungen bestimmen können. Politisch wird das virulent z.B. bei den Zerrbildern von der westlichen Kultur, die unter anderem von den Medien in arabischen Ländern vermittelt werden – und umgekehrt. In der Konsequenz handeln dann beide Seiten so, wie die jeweils andere Seite es von ihr erwartet. Das Ganze hat aber nicht nur politische Implikationen: Entscheidungen in Unternehmen richten sich unter Umständen an der Wirklichkeit aus, die von den Medien erzeugt wird. Und daraus können falsche Strategien resultieren. Ich werde auf das Weltbild der Medien und wie es entsteht noch zu sprechen kommen. Verzerrte Wahrnehmungen des Handelns von Personen können auch resultieren aus mentalen Standards, auf die Lerner im Rahmen der *Gerechtigkeitstheorie* aufmerksam gemacht hat: So tritt einseitige Kooperationsbereitschaft bei Menschen auf, die stark an eine gerechte Welt glauben. Lerner geht davon aus, dass jeder Mensch unterschiedlich stark motiviert ist, an eine gerechte Welt zu glauben und deshalb in der Lage ist, sich an den in der Kindheit erlernten »persönlichen Kontrakt« zu halten, der vorschreibt, Wünsche nicht immer sofort zu befriedigen, sondern auf aufgeschobene Belohnungen zu warten, also kooperativ zu sein, ohne sofort Gegenleistung zu erwarten. Das führt unter anderem dazu, dass viele Menschen bereit sind, Personen, die ohnehin schon soziale Vorteile haben (z.B. Spitzeneinkommen oder die herausgehobene Position von Lehrstuhlinhabern an Universitäten), hervorragende Eigenschaften zuzuschreiben und deren Handeln und Meinungen entsprechend positiv zu bewerten. Dion und Dion konnten das experimentell bestätigen. Die dabei generierten Kommunikationsmuster sind analog zu den bereits beschriebenen Semantiken der Meister-Jünger-Beziehung oder der selbsterfüllenden Prophezeiung oder der Erwartungserwartungsrelation oder der asymmetrischen Machtbeziehung und ihrer Kooperationsfluktuationen.

2.12. Kommunikation, Gruppenautomatismen und Führung

Die von der Sozialpsychologie herausgearbeiteten Muster des sozio-kommunikativen Handelns werden auf allen Ebenen der Gesellschaft virulent, nicht nur in Unternehmen. Da aber die meisten Menschen beruflich miteinander verflochten sind, dürfte die Kommunikation in den Unternehmen und mit den Akteuren in anderen Unternehmen einen wesentlichen Bestandteil ihrer sozialen Kommunikation ausmachen. Das zeigt sich oft sogar im privaten Umfeld: Wo Menschen sich nicht so gut kennen, kommt die Sprache zunächst sehr schnell auf den Beruf, zumindest in Akademiker- und Selbstständigenkreisen, in denen die berufliche Selbstbeschreibung oft einen Großteil der persönlichen Selbstbeschreibung ausmacht.

Das gleiche und ähnliche Handeln der Individuen erzeugt entsprechend der oben beschriebenen *Maximen* wie von selbst Muster des sozialen Handelns, die sich zu Semantiken verfestigen können und sich diachronisch ablösen, aber auch synchron miteinander konkurrieren können, wie das Beispiel des Sozialdarwinismus gezeigt hat. Individuen müssen beruflich interagieren, sie schließen sich zu Gruppen zusammen und agieren mit ähnlichen Wirklichkeitskonstrukten, auch ohne voneinander zu wissen, beispielsweise in Form von Pseudo-Gruppen, denen sie sich zugehörig fühlen (als »Leistungselite«, als »Intellektuelle«, als »Künstler«, als »Bildungsbeflissene«, als »politische Menschen«, als »Konservative« etc.). Die dabei wirkenden Gruppendynamiken, die oft unbewusst bzw. nur teilbewusst sind, beschreibt die Sozialpsychologie ebenfalls. Gemeinsames kommunikatives Handeln, das in größeren Gruppen kumuliert, unterscheidet sich dabei von der Kommunikation in Dyaden vor allem dadurch, dass die unterschiedlichen Machtpositionen in Gruppen zu Koalitionen führen können, zu denen sich zwei oder mehr Mitglieder zusammenschließen, um Ergebnisse zu erzielen, die sie allein nicht erreichen könnten.

So hat die Sozialpsychologie gezeigt, dass beim Handeln in Gruppen sympathische Personen den meisten Einfluss haben. Das lässt sich etwa aus Brandstätters Untersuchungen ableiten, die belegen, dass sympathische Personen bei Gruppenentscheidungen im Vorteil sind: Es gelingt ihnen oft, die Meinungen anderer Personen in ihrem Sinn zu beeinflussen. Beliebt sind Personen, die zahlreiche positive Reize (z.B. Belohnungen, Hilfeleistungen etc.) bieten und die von den Interaktionspartnern als ihnen selbst ähnlich wahrgenommen werden. Im Rahmen der *Führertheorien* konnten Bales und Slater bestätigen, dass der aufgabenorientierte Führer weit weniger beliebt ist. Allerdings werden Führungspositionen innerhalb einer Gruppe gerade auch denjenigen überlassen, die sich engagieren, d.h. durch ihr Handeln zu verstehen geben, dass sie sich für die Belange der Gruppe besonders interessieren (neue Ideen einbringen, großen Zeitaufwand für die Gruppe betreiben etc.).

Interessant ist, dass es gerade das für die Gruppe angenehme nonkonforme Handeln ist, das in den frühen Stadien der Interaktion in einer Gruppe zur Voraussetzung für das Erreichen von Einfluss und einer bevorzugten Statusposition wird. Bei Personen, die einen hohen Status erreicht haben, wird ein von der Gruppennorm bzw. Gruppensemantik abweichendes Handeln eher toleriert als bei Personen mit niedrigem Gruppenstatus. D.h. sozial höherrangige Chargen haben größere »Narrenfreiheit«; für sie sind Muster des sozialen Handelns nicht immer bindend, was ihnen die Möglichkeit eröffnet, Sozialsemantiken zunächst individuell zu durchbrechen und sie über die Kumulationseffekte im Kollektiv weiterzuentwickeln. Allerdings hängt das von den Toleranzgrenzen ab, die eine Gruppensemantik zulässt. So tun sich etwa Religionsgemeinschaften deutlich schwerer damit, wenn ihre Sozialsemantiken von einzelnen Mitgliedern in Frage gestellt werden als Wirtschaftsbosse, die von außerhalb kommen und eine neue Unternehmenskultur begründen. Von Einsteigern oder niedrigeren Chargen wird dagegen in erster Linie konformes bzw. der jeweiligen Sozialsemantik entsprechendes Handeln erwartet. Das ist insbesondere in institutionalisierten Gruppen der Fall, in denen soziales Handeln existenziell ist, also beispielsweise in beruflichen Kontexten mit hierarchischen Strukturen. Hier herrscht eine Bereitschaft zur Unterordnung vor, die das kumulative und stabile Element eines jeden sozialen Musters und einer jeden Sozialsemantik bildet. Freilich ist das wiederum abhängig von der herrschenden Sozialsemantik. Lässt die Unternehmenskultur beispielsweise eines erfolgreichen Start-ups in der IT-Branche eine unkonventionelle Kommunikation zu, etwa dahingehend, dass jeder jederzeit Zugang hat zum Chef, dessen Tür weit offen steht, und ist es akzeptiert, dass man sich auch einmal unangenehme Wahrheiten an den Kopf wirft oder emotional diskutiert, dann ergeben sich ganz andere Toleranzgrenzen als in einem familiengeführten Traditionsbetrieb, in dem »der Alte« noch nie Widerspruch geduldet hat; der außerdem herrscht wie ein absolutistischer Souverän in seinem Duodezfürstentum, den es »mit Samthandschuhen anzufassen« gilt. Erstaunlicherweise ist dieser Typus der Kommunikation weit verbreitet in Medienunternehmen, die zumeist in der Hand einer oder mehrerer Verlegerfamilien sind. Kommunikation mit der Entscheiderebene bedeutet hier in der Regel: Einen günstigen Zeitpunkt erwischen, wann man mit bestimmten Forderungen an den »hohen Herrn« herantreten kann, und sich seinen Launen aussetzen. Die Managementriege unterhalb des »Throns« wird in der Regel besetzt von starken Selbstüberwachern, die lieber »von den Lippen lesen«, was der Chef wollen könnte, statt sich in eine Diskussion zu stürzen, die an den wirtschaftlichen oder innerbetrieblichen Erfordernissen orientiert und ergebnisgetrieben ist. Überspitzt könnte man sagen, dass die »vierte Gewalt«, die Hüterin der Demokratie, intern höchst autokratisch organisiert ist. Dazu unten mehr.

Solche Tendenzen zur Systemstabilisierung, die Unternehmen nur dann gut tun und sie sehr schlagkräftig machen können, wenn der Mann an der Spitze ein fähiger Manager und kein unsicherer Zauderer oder Besitzstandswahrer ist, haben Bavelas et al. nachgewiesen: Sie stellten fest, dass eine Person, die einmal eine soziometrische Spitzenposition erreicht hat, von den übrigen Gruppenmitgliedern oft durch Zustimmung verstärkt wird, um ihre hohe Sprechfrequenz und damit ihre Position innerhalb der Gruppe beizubehalten. Umgekehrt erwartet man vom Meinungsführer, dass er häufig in positiver Weise in das Interaktionsgeschehen der Gruppe eingreift. Die Ergebnisse von Bavelas et al. erklären, wie die Wirklichkeitskonstrukte und der Kommunikationsstil eines Einzelnen durch die Gruppenmitglieder im höheren Managementbereich verstärkt werden können und in einem Unternehmen zu einer Sozialsemantik, der Wahrnehmung und Handeln unterliegen, und damit zu bestimmten Entscheidungsheuristiken (Rationalitäten) kumulieren können.

Neuere Untersuchungen kommen zu dem Ergebnis, dass die *Menge der Diskussionsbeiträge* innerhalb von Gruppen weitaus wichtiger ist als deren

Qualität. Intelligente Beiträge zu liefern, kann sogar Nachteile haben, das bedeutet: Grundsätzlich reduzieren Gruppen die kommunizierbaren Inhalte, sie driften auf eine gemeinsame Sozialsemantik zu, in der man bestimmte Themen »besser nicht anspricht«. Sorrentino und Boutillier liefern dafür einen indirekten Beleg. Ihre Forschungen zeigen, dass Personen, die zwar wenig sprachen, aber meistens zielführende Beiträge leisteten, hinsichtlich ihrer Führereignung am schlechtesten beurteilt wurden. Die besten Beurteilungen erhielten Personen, bei denen Quantität und Qualität der Beiträge hoch waren. Allerdings wurden Personen mit hoher Beitragsquantität und geringer Beitragsqualität nur unwesentlich schlechter beurteilt. Das erklärt die unnötige Länge so vieler Konferenzen.

Pragmatisch gesehen, sollte der gute Leiter einer Konferenz deshalb durchaus eingreifen, wenn er merkt, dass die Beiträge nicht zur Lösung eines Problems beitragen, sondern nur dazu dienen, die Person des Sprechenden in den Vordergrund zu spielen, der »sich selber gerne reden hört«. Im öffentlichen Raum, etwa in parlamentarischen Demokratien, gibt es begrenzte Redezeiten, um den Inszenierungen von Politik Einhalt zu gebieten. Das ist in Unternehmen nicht gerade zielführend, zumal das Parlament die eigentliche Arbeit in seinen Ausschüssen erledigt, sodass die politische Selbstdarstellung einfach Teil des allgemein akzeptierten Rituals ist, sich der Öffentlichkeit zu präsentieren, und von daher Redezeit ohne große Konsequenzen für die Sacharbeit beschnitten werden kann. Trotzdem gilt auch im Betrieb oder in der Abteilung: Wer Problemlöser in Diskussionsrunden fördert und Selbstdarsteller in die Schranken weist, der kommt weiter und motiviert mitdenkende Mitarbeiter, sich einzubringen. Sitzungen dagegen, die von Phrasendreschern beherrscht werden, stoßen lösungsorientierte Köpfe ab. Sie werden sich heraushalten. Wichtiges Kreativpotenzial geht verloren. Natürlich gibt es auch hier ein Strategie, um die Sacharbeit nach vorne zu bringen: Die Mitarbeiter, die nichts sagen, deren Kompetenz man aber kennt, gezielt auffordern, ihre Sicht der Dinge darzulegen. Was zudem manchmal Wunder wirkt: Regeln festlegen, zum Beispiel, dass jeder das, was er zu sagen hat, in nicht mehr als fünf Sätzen vortragen darf. Wenn man bei jedem Satz laut vorzählt, zwingt das die Dampfplauderer schnell, sich auf den Kern ihrer Aussagen zu konzentrieren.

2.13. Kommunikation und der soziale Vergleich

Wenn Menschen kommunizieren, dann finden immer soziale Vergleichsprozesse statt. Festinger postuliert ein Bedürfnis des Menschen, seine Meinungen durch soziale Vergleichsprozesse zu überprüfen, weil Meinungen solange ungewiss sind, wie sie nicht wenigstens subjektiv bewiesen sind, d.h. vom unmittelbaren sozialen Umfeld bestätigt werden. Und das betrifft den privaten Bereich genauso wie den beruflichen Kontext. Aus dieser Disposition zur Meinungsunsicherheit entsteht Unsicherheit beim Handeln: Man weiß nicht, wonach man sich richten soll bzw. worauf es ankommt. Weshalb man sich auf Vorbilder verlässt bzw. sie schafft oder Entscheidungen von Vorgesetzten einfordert. Festinger ordnet Meinungen auf einem hypothetischen Kontinuum an: Am einen Ende stehen Meinungen über die physische Wirklichkeit. Am anderen Ende stehen Meinungen aus dem Bereich der sozialen Wirklichkeit; letztere ist empirisch überprüfbar nur durch den Vergleich mit anderen Personen; es entstehen – in unserer Terminologie – Selbstbeschreibungen. Für die sozialen Vergleiche werden nicht beliebige Personen herangezogen, sondern geeignete Bezugspersonen oder Bezugsgruppen. Das sind Personen, die hinsichtlich dominierender Merkmale (soziale Herkunft, Einstellungen, Fähigkeiten, evtl. auch Alter) wichtig sind, deren Handeln in der eigenen Wahrnehmung als vorbildlich erscheint.

Allerdings müssen solche Bezugspersonen nicht immer ähnlich sein: Goethals und Nelson konnten zeigen, dass zwar bei wertbezogenen Meinungen die Übereinstimmung mit ähnlichen Personen das Vertrauen in die Richtigkeit der eigenen Einstellung vergrößert, nicht aber bei nicht wertbezogenen Einstellungen, also wenn es beispielsweise um ein sachliches Problem geht. Wahrscheinlich werden die Meinungen unähnlicher Personen dann als objektiver angesehen; sie sind glaubwürdiger und (subjektiv) beweiskräftiger als die Meinungen ähnlicher Personen, sofern sie nicht die eigenen Einstellungen in Frage stellen. Berufliche Kontexte kennen beides: Bezugspersonen, die aufgrund wertbezogener Einstellungen zu Vorbildern erklärt oder als Vorbilder empfunden werden; und Bezugspersonen, denen man wegen ihres Sachverstandes Vertrauen schenkt und dafür über persönliche Marotten hinwegsieht.

Ein erfahrener Meister in einem Handwerksbetrieb oder ein differenzierter, verlässlicher Kollege, der schon 30 Dienstjahre auf dem Buckel hat und jeden Tag aufs Neue seinen Mann steht – solche Vertrauenssemantiken werden vor allem im Bereich der Produktion aufgebaut. Gewerkschaften beispielsweise bedienen sich bei der Rekrutierung von Kollegen für den Betriebsrat solcher Mechanismen. Sie sind angewiesen auf Kandidaten, denen viele Beschäftigte vertrauen aufgrund ihrer Integrität. Hier geht es in erster Linie um wertbezogene Einstellungen (Stichwort: Solidarität). Die Funktionärsebene der Gewerkschaften dagegen, etwa die Sekretäre, sind professionelle Lobbyisten oder Verbandsmanager, die für die strategische Arbeit zuständig sind und zwar gern auf ihre Wurzeln in der Arbeiterschaft verweisen, aber oft bis auf wenige Jahre in einem Betrieb oder diverse Praktika und Ferienjobs nicht viel vorweisen können. Hier werden die wertbezogenen Einstellungen nur benutzt, während man die eigentliche Gewerkschaftsarbeit unter Managementkriterien und mit Managementstrategien erledigt, also nicht unbedingt wertbezogen.

Insofern ist das Expertentum, das von der konkreten Person, ihren Einstellungen und Werten abstrahiert, eher eine ideologisch-künstlich aufrechterhaltene, rationalisierende Semantik des Managementbereichs, die nur in der Welt der Informationssysteme, der Bilanzen und Statistiken, der eingekauften Berater etc. eine Rolle spielt. Wohingegen die untere Angestelltenebene sich wieder eher von wertbezogenen Vorbildern motivieren lässt: »Das ist ein Mensch«. Dennoch sind auch die Führungsetagen von Unternehmen nicht frei von Werten: Sie werden zum einen schlicht instrumentalisiert und als verkaufsförderndes Argument gegenüber den Kunden benutzt, vor allem in der Werbung. So »leistet« die Deutsche Bank wieder »aus Leidenschaft«. Zum anderen geben sich die Vorstandsvorsitzenden großer Unternehmen gerne als wertbezogene Entscheider, die sich nicht nur für ihr Unternehmen, sondern zum Beispiel auch für die Region stark machen, indem sie Bildungsprogramme unterstützen, eigene Kindergärten für ihre Belegschaft einrichten oder Kulturveranstaltungen finanzieren lassen. Dahinter steckt allerdings nicht notwendigerweise eine wertbezogene Einstellung, sondern ein Kalkül, um die Leistungsbereitschaft und die Motivation hoch zu halten, die Mitarbeiter zu binden bzw. um die Akzeptanz eines Industriestandorts in der Bevölkerung zu erhalten.

Dennoch gibt es immer wieder auch Unternehmer, die wertbezogene Einstellungen leben und von ihren engsten Mitarbeitern einfordern. Unternehmen beispielsweise wie die Drogeriekette DM haben einen Gründer, nämlich Götz W. Werner, der anthroposophische Gedanken zur Grundlage seines Geschäfts und seiner Beschäftigungspolitik gemacht hat, selbst wenn das bedeutet, auf einen Teil der Rendite zu verzichten. Für die Medien übrigens ist das ein gefundenes Fressen: Hier wird ihnen ein Mythos praktisch »frei Haus« geliefert.

2.14. Kommunikation und die Unternehmensfraktionen

Soziale Vergleichsprozesse wirken vor allem stabilisierend bei der Herausbildung und Perpetuierung von Mustern des kommunikativen Handelns und der Wirklichkeitswahrnehmung in ganzen Gesellschaften – und damit genauso in Unternehmen, wobei in sie immer wieder konkurrierende Wirklichkeitsentwürfe aus der Gesellschaft hineinwirken, sei es über die einzelnen Mitarbeiter, sei es über die Politik. Das kann beispielsweise zu sozialen Schizophrenien dahingehend führen, dass die Familien hochrangiger Gentechnik-Manager ausschließlich Bio-Lebensmittel essen. Berufliche Überzeugungswelten und private Verhaltensweisen müssen nicht übereinstimmen. Vergleichsprozesse haben aller-

dings nicht nur horizontale Wirkungen, wenn sich gleichwertige Interaktionspartner auf Grund von wertbezogenen oder fachlichen Erfordernissen zusammenfinden. Sie spielen eine entscheidende Rolle besonders bei der Ausprägung
einer hierarchischen Gruppenstruktur. So verfügen Gruppenmitglieder über
unterschiedliche *Fähigkeiten:* mehr oder weniger Wissen, Differenzierungsvermögen, rhetorisches Geschick, Durchsetzungsvermögen, strategisches Denken
etc. Da die meisten Personen besser als der Durchschnitt sein wollen, würden
Vergleiche mit Personen, die über größere Fähigkeiten verfügen, einen ständigen Wettbewerb innerhalb von Gruppen bewirken. Und diese Vergleiche würden, wenn sie negativ für die eigene Person ausfallen, den Selbstwert bedrohen.
Deshalb gibt es bei Fähigkeiten eine Vorliebe für Vergleiche nach unten
(»downward comparison«). Man kann sein eigenes Handeln und Denken entweder mit dem Handeln und Denken von Personen vergleichen, die geringere
Fähigkeiten und/oder eine geringere soziale Position haben als man selbst (pas-
siver Vergleich nach unten); oder man wertet andere Personen öffentlich ab bzw.
bzw. behindert sie durch eine entsprechende Kommunikation und dadurch, dass
man sie bei einer Beförderung übergeht, sodass eine objektive Verschlechterung
eintritt, die wieder kommunikativ gerechtfertigt werden kann (»ich habe ja
schon immer gesagt: das reicht nicht, was der Kollege kann«).

Innerhalb von Gruppen finden ständig solche persönlichen Auf- und Abwertungsprozesse statt, die bestimmte Subgruppen hervorbringen: Eliten bzw.
eine »Basis«, Unzufriedene und nur oberflächlich Angepasste, Opportunisten
und Oppositionelle etc. Das Handeln von Gruppen und ihre Wirklichkeitskonstrukte sind somit nur scheinbar konsistent. In Wirklichkeit befinden sich Gesellschaften wie auch Unternehmen in einem dynamischen Gleichgewicht, um
das herum das Handeln, Kommunizieren, Wahrnehmen und Entscheiden der
unterschiedlichen Subgruppen oszilliert. Werden die Abweichungen des Handelns von den kommunizierten oder in der Gruppe dominierenden Wirklichkeitskonstrukten zu groß, dann spalten sich Gruppen und bilden unter Umständen eine Subgruppe oder konkurrierende Gruppe mit einer eigenen Sozialsemantik und mit eigenen Wirklichkeitskonstrukten und Rationalitäten aus. Innerhalb von Unternehmen gibt es dann Fraktionen, die sich um den einen oder
anderen Vorstand scharen, die den jungen gegen den alten Chef unterstützen,
den Vorstandsvorsitzenden gegen den Aufsichtsratschef usw. An der Oberfläche
wird dabei oft die gleiche Rhetorik beibehalten: Jede Seite reklamiert für sich,
dass sie weiß, »was für das Unternehmen das Beste ist«. Unter der Oberfläche
geht es um unterschiedliche Inhalte und den Versuch einer jeden Seite, die Deutungshoheit im Unternehmen zu erringen. Ich möchte diese beständige Disposition von Subgruppen, die Deutungshoheit erringen zu wollen, der eine aus Auf-
und Abwertungsprozesse gespeiste Dynamik in den kommunizierten Wirklich-

keitskonstrukten und Entscheidungsheuristiken bzw. -optionen zu Grunde liegt, als *Heuristikpool* innerhalb eines Unternehmens bezeichnen.

Ob eine Gruppe stabil bleibt und sich an einer gemeinsamen Sozialsemantik orientiert bzw. nach außen geschlossen handelt (entscheidet), oder ob eine Gruppe auseinander bricht und ein konkurrierendes Handeln bzw. eine andere Sozialsemantik und neue Entscheidungsheuristiken im System etabliert, hängt von einigen Variablen ab, die Sampson und Insko beschrieben haben. Sie bestätigen die balancetheoretische Hypothese Heiders, dass nur Personen, die einander positiv bewerten, Konformität erreichen bzw. bereits erreichte Konformität beibehalten; Personen, die einander negativ bewerten, erzielen keine Konformität bzw. tendieren dazu, bereits erreichte Konformität zu reduzieren. Voraussetzung für die Spaltung einer Gruppe können sein zum einen unterschiedliche Grade des Interesses am gemeinsamen Handeln: Die Auffassung vom Job als notwendigem Übel steht der Auffassung vom Job als Lebensinhalt gegenüber. Hier treffen unterschiedliche Muster des sozialen Handelns und unterschiedliche Weltbilder aufeinander, ein privat-eskapistisches und ein professionell-existenzielles Muster. Zum anderen Konkurrenzdenken (siehe oben).

Nun ist das innerhalb von Unternehmen mit dem Auseinanderbrechen von Gruppen nicht so einfach: Jeder Job hat seinen existenziellen Hintergrund – man arbeitet in der Regel, um zu leben bzw. in den westlichen Nationen, um einen bestimmten Lebensstandard oder Sozialprestige zu erreichen und zu halten. In vielen Bereichen ist es inzwischen schwierig geworden, zu kündigen und eine neue Stelle zu finden bzw. sich eine andere Existenz aufzubauen. Insofern muss der weitaus größte Teil der abhängig Beschäftigten mit den Kollegen zurecht kommen, mit denen er nun einmal zu tun hat. Das stellt große Herausforderungen vor allem an das Management, denn unter Umständen ist man unfreiwillig der Kommunikator in der permanenten Stimmungskrise, umgeben von einem Team, das vor sich hin arbeitet und bestrebt ist, gering belastende Routinen beizubehalten, um nach der Arbeit in das »eigentliche Leben« zu schlüpfen. Oder man ist unfreiwillig der kommunikative Kitt für die unterschwelligen Konflikte im Team, die auf persönlichen Animositäten und Überzeugungen beruhen, die mehr oder weniger offen ausgetragen werden. In der Regel wird es so sein, dass der Teamleiter diejenigen um sich schart, die wie er selbst ihre Motivation aus der eigenen beruflichen Tätigkeit ziehen, also nach dem gleichen professionell-existenziellen Muster agieren. Das drängt den Teil der Kollegen ins berufliche Abseits, die eher eskapistisch orientiert sind und auf Routinen beharren bzw. passiven Widerstand leisten, wenn neue Anforderungen an sie herangetragen werden.

Manchmal lohnt es sich dann für das ganze Team, die abseits stehenden Mitarbeiter in ganz persönlichen Einzelgesprächen sehr gezielt auf ihre Defizite anzusprechen und die Gründe für ihre Demotivation zu erfragen. Eins muss dabei klar sein: Ein Arbeitsplatz ist keine psychosoziale Betreuungsstelle; persönliche, private Probleme können nicht im Job gelöst werden; dafür gibt es Spezialisten. Wichtig bei einem solchen Gespräch ist, die ungenügende Arbeitsleistung erst einmal auszuklammern und dem Mitarbeiter das Gefühl zu vermitteln, dass man sich für ihn als Person interessiert und ihm gerne eine Chance gibt. Oft hilft es, sein Selbstwertgefühl zu steigern, indem man eigene Schwächen eingesteht und ihm klar macht, dass auch er Teil des Ganzen ist und man auf sein Engagement angewiesen ist, dass man seine Arbeitsleistung braucht, um alle gemeinsam zum Erfolg zu führen. Manchmal ist hilfreich, auf Solidarisierungseffekte zu setzen, etwa indem man ihm klar macht, dass die Aufgaben, die er nicht übernimmt oder die Arbeitsaufträge, die er unerledigt liegen lässt oder die er unzureichend erledigt, von anderen mit übernommen werden müssen, dass dann dadurch deren Arbeitsbelastung steigt, sodass von einer gerechten Verteilung der Belastung keine Rede mehr sein kann. Erst in einem weiteren Schritt sollte man innerbetriebliche Konsequenzen durchblicken lassen, ohne damit zu drohen. Manchmal wirkt diese weiche Taktik Wunder. Sie ist dann zwecklos, wenn die Kapazitäten des Mitarbeiters einfach nicht reichen, um an ihn gestellte Anforderungen zu erfüllen. Dann heißt es, etwas adäquates für ihn an anderer Stelle im Unternehmen finden oder – sofern das erforderlich ist – sich von ihm trennen.

Zwei Semantiken bzw. Strategien, die in diesen Fällen gerne in Kollegenkreisen zum Tragen kommen, verschlimmern die Situation für alle Beteiligten nur und schlagen letztlich negativ auf das Unternehmen zurück: das beliebte *Mobbing* und das beliebte »Weg- oder Hochloben«. Beim Mobbing gehen irgendwann sämtliche professionellen Bewertungskriterien, einen Mitarbeiter betreffend, verloren. Und wo nur Emotionen regieren, wo sich das Instrumentarium der Beurteilung irgendwann auf »leiden« oder »nicht leiden können« reduziert, da werden Optionen übersehen, die vielleicht beiden Seiten eine Chance lassen, das Gesicht zu wahren. 15 Prozent der Mitarbeiter und Angestellten wurden einer Umfrage des Meinungsforschungsinstituts Emnid zufolge schon einmal gemobbt. Ein Auslöser: Der Vorgesetzte fühlt sich unsicher und inkompetent. Und damit steige seine Aggressionsbereitschaft gegenüber den Mitarbeitern drastisch an, hat eine Studie der University of Southern California herausgefunden. Von 90 Angestellten verschiedener Berufsgruppen gestanden viele, dass sie sich andauernd den Kopf darüber zerbrechen, was andere von ihnen halten oder über sie denken. Je höher ihre Position, umso aggressiver und dünnhäutiger beschrieben sich die Befragten. Die Untergebenen besänftigten ihre

Chefs vor allem durch Schmeicheln, fanden die Forscher heraus.[27] Das mag den sozialen Frieden retten, bringt aber das Unternehmen nicht weiter und zeigt, worin offensichtlich die Kommunikationskultur in Unternehmen weitgehend besteht: im Mitläufertum. Ein positives Gegenbeispiel scheint hier die Firma Gore-Tex zu sein, die eine anstrengende, aber die Potenziale der Mitarbeiter nutzende Diskussions- und Mitbestimmungskultur etabliert hat. Das geht soweit, dass formale Qualifikationen keine Rolle spielen, wenn jemand sich auf einer fachfremden Stelle bewährt, und dass bei Entscheidungen das ganze Team gleichberechtigt mitredet, von der Sekretärin bis zum Teamleiter.[28]

Mobbing ist allerdings nicht nur ein Zeichen dafür, dass der Vorgesetzte unsicher ist. Mit ihrer Tätigkeit objektiv überforderte Mitarbeiter nehmen auch an sie herangetragene Aufgabenstellungen als Mobbing wahr, denen sie nicht gewachsen sind, die sie aber erfüllen können müssten. Manchmal hilft es in diesen Situationen, das Anforderungsprofil für eine Stelle zu ändern, um jemanden umzusetzen, der professionelle Defizite hat, und jemanden neu ins Team zu holen, der hinein passt und die Anforderungen erfüllen, vielleicht sogar übertreffen kann; zumindest lässt sich die Trennung dann dem Mitarbeiter gegenüber objektivierend rechtfertigen.

Das *Weg- und Hochloben* ist dagegen ein Kampfinstrument, das gerne von konkurrierenden Abteilungen eingesetzt wird: Sollen sich doch die anderen mit der »faulen Gurke herumplagen«, wir haben sie los; das wird außerdem deren Leistungsbilanz verschlechtern und wir stehen ganz oben umso besser da. Aus Gesamtunternehmenssicht sind solche Heuristiken fatal, weil der Weg des geringsten Widerstands für alle Beteiligten gegangen wird und der Betrieb dadurch Mittelmäßigkeit perpetuiert, ja sogar mit Karriere belohnt. Trotzdem ist das gängige Praxis vor allem dann, wenn Beschäftigte eine gewisse Position in der Hierarchie erreicht haben und Teil der Kommunikationsprozesse der oberen Ebenen sind. Manchmal ist es gar nicht die Hierarchie, sondern diese »Unantastbaren« verfügen einfach über eine große Kommunikationsmacht, etwa weil sie enge Verbindungen zu Gewerkschaftsvertretern oder in den Vorstand pflegen, selbst im Betriebsrat engagiert sind oder einen direkten Zugang zur Öffentlichkeit haben. Das ist zum Beispiel in Behörden recht häufig der Fall: Unantastbar wird man hier, indem man in eine Partei eintritt und für sie bei Wahlen kandidiert. Zum Beamtenstatus kommt eine öffentliche Funktion. Die objektive Qualifikation spielt dann nur noch eine untergeordnete Rolle. Stellenbesetzungen entwickeln sich zum Politikum, zur Proporzangelegenheit, nach dem Motto: »Gibst du mir einen Abteilungsleiter, bekommst du von mir einen Abteilungs-

---

[27] vgl. Fast/Chen 2009.
[28] vgl. Die Rheinpfalz am Sonntag vom 14. März 2010: Der Talentschuppen, Seite 19.

leiter«. Ganz öffentlich werden solche politisierten Personalentscheidungen ausgetragen bei der Besetzung von Führungspositionen im öffentlich-rechtlichen Rundfunk (siehe unten).

Große Konzerne und Mittelständler bemühen sich schon aus gesundem Eigeninteresse um objektivierte Verfahren, damit die entsprechenden Schlüsselpositionen von den Fähigsten besetzt werden, die allerdings nicht immer die besten Kommunikatoren sind. Im Unterschied zu wirtschaftsfernen Bereichen wie Behörden, Verwaltungen oder Bildungseinrichtungen inklusive der Hochschulen wirken aber in Unternehmen die Konjunktur und das Marktgeschehen als Korrektiv: Bei Misserfolgen rollen manchmal auch die Köpfe der Unantastbaren – auch wenn die dann in eine luxuriös ausgestattete Kiste hineinfallen, wie der Fall Thomas Middelhoff zeigt und dessen vergeblicher Versuch, den Handelsriesen Arcandor zu retten: Middelhoff nehme, berichtete »Spiegel online«, zum Abschied neben seinem Grundgehalt von 1,2 Millionen Euro noch 2,2 Millionen Euro mit, als „Bonus, Tantieme und Sondervergütung" deklariert – und das, obwohl der Konzern 2008 einen Verlust von 746 Millionen Euro verzeichnen habe müssen.[29]

So lange die Interaktionspartner in einem Unternehmen einander positiv bewerten, wird es kaum gravierende Probleme geben, sondern eher die üblichen hierarchisierten Strukturen von den »Leithammeln« und der »Herde« hervorbringen; und wenn das Ganze gut geführt ist ein motiviertes Team, in dem jedem Entscheidungsspielräume zugestanden werden und jeder so selbstständig wie möglich agiert und der Teamleiter als eine Art Moderator in schwierigen Situationen agiert. Ein solches Optimum ist jedoch selten zu erreichen, insbesondere in den Führungsebenen knapp unterhalb der Chefetage und in der Chefetage selbst, und vor allem dann nicht, wenn es sich um den Vorstand einer Aktiengesellschaft handelt, wenn also ein Kollegium aus Duodezfürsten ein Unternehmen lenkt, in das noch der Aufsichtsrat dreinredet. Hier gibt es oft unüberbrückbare persönliche Animositäten zwischen einzelnen Vertretern der Führungselite, die um die Meinungsführerschaft konkurrieren. Ein zumindest unterschwelliges Konfliktpotenzial ist hier an der Tagesordnung; die Fraktionenbildung – wer diesem oder jenem Vorstand näher steht und unterstützt – kann sich durch ein ganzes Unternehmen ziehen. Der Daimler-Konzern war deswegen immer wieder in den Schlagzeilen.

Aus sozialpsychologischer Sicht ist davon auszugehen, dass Gruppen, in denen die Arbeitswelt essenziellen Charakter hat, eher dazu tendieren, einen vergleichsweise hohen Output an unterschiedlichen Deutungsmustern zu produ-

---

[29] vgl. Spiegel online vom 22. Juli 2009: Deutsche Manager. Narzisst in der Kommandozentrale; im Internet: http://www.spiegel.de/wirtschaft/0,1518,636610-2,00.html.

zieren: Im Management, das sich selbst zur engagierten Elite zählt, weiß jeder am besten, wo man das Unternehmen hinsteuern muss. In Gruppen dagegen, deren Wohl und Wehe in erster Linie von den Entscheidungen der anderen abhängt, weil man »machen muss, was die da oben wollen«, dürften eher Solidarisierungseffekte und eskapistische Kommunikationsmuster die Regel sein.

2.15. Kommunikation, Konformität, Tut-mir-leid-Effekt

Trotzdem sind offene Konflikte in Unternehmen eher selten. Da ist zum einen die existenzielle Situation, die das Berufsleben charakterisiert. Und zum anderen gibt es psychologische Konstanten, die offenen Auseinandersetzungen entgegenwirken. Asch hat den Konformitätsdruck in Gruppen untersucht und herausgefunden, dass es ganz grundsätzlich sehr unangenehm ist, wenn das eigene sozio-kommunikative Handeln nicht mit dem Standpunkt anderer Gruppenmitglieder übereinstimmt, vor allem dann, wenn mehrere positiv bewertete Gruppenmitglieder übereinstimmend ein Handeln demonstrieren und einfordern, das vom eigenen Handeln und Denken verschieden ist. In Gruppen herrscht ein gewisser Konformitätsdruck, der allerdings von Aschs eigenen Experimenten relativiert wird, die große interindividuelle Unterschiede zutage förderten.

Ob ein Interaktionspartner dem Konformitätsdruck der Gruppe standhält, oder ob er das eigene Handeln den Wirklichkeitskonstrukten und Entscheidungsheuristiken (Rationalitäten) der Gruppe anpasst, hängt nämlich von verschiedenen individuellen Standards und der konkreten sozio-kommunikativen Situation ab. Herkner vermutet, dass Konformität und Nichtkonformität auf einem Konflikt verschiedener Lernerfahrungen beruhen: Man wird sowohl für Handeln gemäß den eigenen Einstellungen verstärkt (möglichst ehrlich sein) als auch für das Akzeptieren des Handelns anderer. Diese Zusammenhänge sind übrigens keine Entdeckung des 20. Jahrhunderts. In dem indischen Staatslehrbuch „Arthashastra" aus dem 3. Jahrhundert vor Christus wird für die Auswahl von Geheimagenten empfohlen, ihren Charakter zu prüfen: Der König gibt vor, gegen eine religiöse Verpflichtung verstoßen zu haben, was angeblich allen gefällt. Nur der wertvolle Agent werde der Mehrheitsmeinung widersprechen, so das „Arthashastra".[30] Ein gutes Rollenspiel, über das auch Personalentscheider bei Bewerbungsgesprächen nachdenken sollten, wenn sie auf der Suche nach Mitarbeitern mit Rückgrat sind.

Ob man sich in der Gruppe konform oder nicht konform verhält, so die Sozialpsychologie, hat mit Standards wie Selbstverstärkung und Selbstbestrafung

---

[30] vgl. Krieger 2009: 57.

zu tun: Wenn eine Person versucht, möglichst aufrichtig zu sein und das eigene Handeln unter allen Umständen durchzuhalten, dann würde sie vermutlich mit Selbstbestrafung (»Gewissensbissen«) reagieren, wenn sie dem Mehrheitshandeln nachgibt; zumal wenn die Mehrheitsmeinung ein Gebiet berührt, das für den Nonkonformisten essenziell oder existenziell ist. Ein weiterer Einflussfaktor ist die Konsistenz der Meinungen in einer konkreten sozio-kommunikativen Situation: Wenn mehrere Gruppenmitglieder völlig übereinstimmend handeln, ist es schwerer, sich nicht anzupassen. Ohne Bestätigung wird man unsicher.

Eine Reihe von Untersuchungen kommt zu dem Ergebnis, dass der Konformitätsdruck der Majorität an Wirksamkeit verliert, wenn die nonkonforme Person wenigstens von einer Person in der Gruppe in ihrem abweichenden Handeln bestärkt wird. Stabile Muster des sozialen Handelns resultieren nicht nur daraus, dass dem Druck der Mehrheit aus Unsicherheit nachgegeben wird, sondern eine Rolle spielt auch, dass man antizipierte Strafreize wie Gelächter oder Kopfschütteln vermeiden will. Wichtig ist außerdem die Eindeutigkeit der sozio-kommunikativen Situation: Bei einer Aufgabe aus dem Bereich der (unsicheren) sozialen Wirklichkeit, zu der auch unternehmerische Entscheidungen gehören, ist der Einfluss anderer Personen auf das eigene Handeln stärker als bei einer Aufgabe aus dem Bereich der auf Möglich/Nicht-möglich-Relationen basierenden physikalischen Wirklichkeit.

Soziales Handeln, seine Wirklichkeitskonstrukte und Entscheidungsheuristiken, die auf einem Gruppeneinfluss beruhen, sind dann besonders änderungsresistent, wenn es sich um attraktive Gruppen handelt, mit denen man über längere Zeiträume Interaktionen erwartet. Typischerweise ist das in Unternehmen der Fall, wobei der Begriff der Attraktivität sich auch auf eine professionelle Einstellung beziehen kann: Der Job ist dann gut, wenn »die Kohle stimmt«. Die Änderungsresistenz von Einstellungen wie der blinde Glaube an die Macht des Marktes oder die Einzigartigkeit des eigenen Unternehmens oder das Vertrauen in das Management und den Vorstand etc. – mit einem Wort: die berüchtigte »Betriebsblindheit« – beruht in Gruppen, wie sie sich in beruflichen Kontexten gezwungenermaßen zusammenfinden, darauf, dass man Verantwortung aufschieben oder aufteilen kann. Dadurch werde Dissonanz reduziert, glauben bestimmte Richtungen innerhalb der Sozialpsychologie.

Grundsätzlich gilt, dass man bei starken und zentralen Gruppeneinstellungen die Verantwortung für ein Handeln, mit dem man vielleicht sogar nicht einmal einverstanden ist, auf die Gruppe schieben kann und trotzdem das eigene positive Selbstbild erhält: Mein Unternehmen ist gut, oder: ich mache eine guten Job etc. Man abstrahiert sozusagen vom konkreten eigenen kommunikativen Handeln und delegiert die Verantwortung dafür an eine übergeordnete Instanz: die wirtschaftliche Lage, die »schmerzhafte Einschnitte notwendig macht«, oder

den Vorstand, der nun einmal diese oder jene Marschroute vorgegeben hat (obwohl die grobe Vorstandsrichtlinie in der konkreten Situation durchaus auch
anders auslegbar wäre).

Dieser *Tut-mir-leid-Effekt*, wie ich ihn nennen möchte, ist häufig in institutionalisierten Gruppen wie Unternehmen zu beobachten. Er wird eingesetzt aus
Bequemlichkeit und um sich Routinen zu erhalten; oder um neue Anforderungen abzuwehren. Der Tut-mir-leid-Effekt ist aber manchmal auch eine Art
Selbstschutzmechanismus, um sich selbst und sein Tun nicht hinterfragen zu
müssen: Man passt sich beispielsweise der von der Geschäftsführung geforder-
ten aggressiven Verkaufsstrategie an und wirbt entsprechend um Kunden, obwohl man selbst von dem eigenen Produkt nicht überzeugt ist – schuld sind
dann halt die Chefs, die Zeitumstände bzw. die Konkurrenz, die das auch so
macht. Oder man setzt die eigenen Mitarbeiter massiv unter Druck. Man selbst
finde das genauso wenig in Ordnung, komme aber nicht dagegen an, so wird
den Mitarbeitern gegenüber kommuniziert, weil die Geschäftsführung das verlange etc. Das kann so weit gehen, dass man das eigene Unternehmen im engeren Kollegenkreis kritisiert und trotzdem nach außen so agiert, wie es von einem
erwartet wird, eine Art Ventilfunktion, um den Selbstwert zu erhalten. Je größer
und anonymer die Gruppe ist, desto leichter gelingt die Verantwortungsauftei-
lung, d.h. desto leichter kann man die eigenen Einstellungen beibehalten und die
Gruppe für das unerwünschte Handeln, zu dessen Kumulation man mit seinem
eigenen kommunikativen Handeln beiträgt, verantwortlich machen. Und je
weiter man in der Hierarchie oben steht, desto weniger greifbar werden die nach
unten kommunizierten Gründe, die »schuld« sind an einer unangenehmen Entscheidung; beliebt als Argumente sind »die Unternehmensphilosophie« oder
»die Erfordernisse des Marktes« etc. Je weiter man oben in der Hierarchie steht,
desto anonymer wird außerdem das Gros der Mitarbeiter, weil man mit ihm nur
noch spärlich interagiert. Auch das verschafft dem bedrohten Selbstwerterhalt
Entlastung, wenn es beispielsweise um Entlassungen geht; zudem kann man die
unangenehmen Kündigungsgespräche nun nach unten delegieren.

2.16. Mehrheits- und Minderheiten-Kommunikation

Seine Grenzen findet der Konformitätsansatz im sozialen Handeln von Minoritäten, die den Output an abweichenden Wirklichkeitskonstrukten und Entscheidungsheuristiken im System steigern können. Moscovici und Faucheux kritisieren die Konformitätsforschung dahingehend, dass Erneuerungen und Fortschrit-
te in Wissenschaft, Wirtschaft, Kunst oder Politik nur dadurch zustande kommen, dass ein sozio-kommunikatives Handeln, das zunächst nur wenige Perso-

nen vertreten, schließlich zum Mehrheitshandeln kumuliert. Das hängt vor allem davon ab, ob die Minderheit ihren Standpunkt konsequent vertritt; tut sie das, dann wird die Mehrheit unsicher und ist mitunter bereit, der Minorität nachzugeben. Der Minderheiteneinfluss bleibt nach Moscovici nicht auf oberflächliche Anpassungen an die herrschende Sozialsemantik und die herrschenden Entscheidungsheuristiken beschränkt wie bei Majoritätseinflüssen. Minderheiteneinflüsse führen zu echten Einstellungsänderungen.

In der Wirksamkeitsskala ist die bei weitem mächtigste Einflussquelle auf das Handeln des Einzelnen eine einstimmige Majorität. Eine konsistente Minorität übt innerhalb der Gruppe genauso viel Einfluss aus wie eine nicht einstimmige Majorität. Allerdings kann eine konsistente Minorität auch den Eindruck von Rigidität erwecken und abstoßend wirken. Nemeth kommt zu dem Schluss, dass Minoritäten ein divergentes, d.h. originelles und kreatives Handeln veranlassen, während Majoritäten ein konvergentes, d.h. konventionelles Denken und angepasstes Handeln begünstigen. Mullen konnte bestätigen, dass die Bereitschaft zu Konformität und Altruismus um so größer ist, je kleiner die Minorität ist, der man angehört; je größer die Majorität ist, der man angehört, desto größer ist die Neigung zu Faulheit und Aggressivität (»Deindividuierung«).

Bezieht man die von der Sozialpsychologie beschriebenen Muster des sozio-kommunikativen Handelns auf wirtschaftliche Entscheidungsheuristiken, die auf bestimmten Wirklichkeitskonstrukten (Selbstbeschreibungen) aufsetzen, dann lässt sich sagen, dass nicht einmal das Management in Unternehmen dem klassischen rationalen Entscheidertypus entspricht, dem die ökonomische Theorie so lange aufgesessen ist. Zwar können der Markt und ökonomischer Druck bestimmte Entscheidungen erzwingen, die aber müssen nicht unbedingt die richtigen sein, weil Konformitätsmechanismen das Bild von der ökonomischen Wirklichkeit außerhalb des Unternehmens eintrüben und Minoritäten nicht stark genug sind, um sich gegen die Mehrheitsmeinung durchzusetzen. Eins der besten Beispiel dafür ist die Heidelberger Druckmaschinen AG, die viel zu lange an ihrem traditionellen Geschäft festgehalten hat und nun wegen des Einbruchs im Print-Werbemarkt tiefrote Zahlen schreibt, ohne sich rechtzeitig auf die Herausforderung beispielsweise durch das Internet eingestellt zu haben.[31] Zunächst mussten 4000 Stellen abgebaut werden, unlängst standen weitere 850 von nunmehr 16.000 Stellen zur Disposition.[32] Wie aus Unternehmenskreisen zu hören ist, seien viele Manager insbesondere auf der mittleren Ebene „verzweifelt"; es gebe „keine Strategien", um den Konzern aus der Krise zu führen. Allerorten herrsche „Ratlosigkeit", weil die ganze Weltsicht des Unternehmens viel zu sehr

---

[31] vgl. http://www.handelsblatt.com/unternehmen/industrie/druckmaschinen-heidelberger-druck-macht-immer-mehr-verlust;2481279.
[32] vgl. Die Rheinpfalz vom 31. März 2010: Wirtschaftsseite 1.

geprägt sei vom angestammten Geschäftsfeld, das über so viele Jahrzehnte permanentes Wachstum beschert habe.[33]

Verfestigte Weltbilder in Unternehmen können aber auch ins Wanken geraten, im Idealfall vor der Krise und nicht erst durch sie ausgelöst. Die Mechanismen, die dabei eine Rolle spielen, lassen sich mithilfe der Sozialpsychologie modellhaft beschreiben. Und sie lassen sich nutzen, um zu verhindern, dass der Firmentanker weiter auf den Eisberg des drohenden Untergangs zuhält, statt rechtzeitig einen anderen Kurs einzuschlagen. Betrachten wir zunächst den Fall der Herausbildung einer Minorität: Die Voraussetzung dafür, dass sie Einfluss gewinnt, ist, dass sie nach außen konform kommuniziert und in den oberen Führungsetagen angesiedelt ist. Letzteres ist ein wichtiges Kriterium, um Anhänger für sich zu gewinnen, denn die »Abstimmung mit den Füßen«, das Verlassen des Unternehmens also, erzwingt in den stark hierarchisierten beruflichen Kontexten so gut wie nie ein Umdenken. Die alte Majoritäts-Führungsriege lässt motivierte und wertvolle Mitarbeiter lieber ziehen, als dass die »Platzhirsche« in der Chefetage einräumen, dass da jemand Recht haben könnte, der nicht dem inneren Zirkel angehört. Insofern können Minoritäten nur sehr schwer Fuß fassen innerhalb des Unternehmens.

Wächst aber die Minorität im Unternehmen, weil sie mächtige Sender hat, dann wird sie mit der Zeit auch unüberschaubarer. Sie unterliegt zunehmend den gleichen Bedingungen, denen zuvor die Majorität unterlag: Die persönliche Verantwortung, das »Stehen für etwas«, wird durch Gruppenverantwortung ersetzt. Irgendwann bildet die einstige Minorität die Majorität im Unternehmen. Über kurze Zeiträume, wenn das Handeln noch nicht zur Routine geworden ist und frische Ideen transportiert, mögen Handeln und Einstellungen innerhalb der neuen Majorität noch übereinstimmen, wie das oft in Unternehmen der Fall ist, die Pionierleistungen vollbracht haben oder neu gegründet wurden. Aber die Gefahr besteht, dass sich das einstige Minoritätshandeln zum mehrheitlichen Routinehandeln wandelt und sich die Gruppen im Unternehmen, die noch den alten Strukturen und Routinen anhängen, dem neuen Handeln einfach anpassen, weil die neuen Wirklichkeitskonstruktionen samt dem entsprechenden kommunikativen Handeln zum Rekrutierungskriterium für die geworden sind, die Karriere machen wollen.

Jetzt droht Gefahr von zwei Seiten: Einerseits gehen wertvolle Mitarbeitererfahrungen und mitunter auch Kundenstämme verloren, die auf die alte Unternehmenskultur aufgesetzt hatten. Andererseits geht das kreative Potenzial verloren, mit dem die einstige Minorität sich ans Ruder gebracht hat, und bisher gültige Routinen werden einfach nur durch neue ersetzt. Darüber hinaus kann in

---

[33] Anmerkung: Äußerung eines Insiders gegenüber dem Autor.

Übergangsphasen nach außen und innen kommunikative Verwirrung entstehen, etwa wenn die alte Kunden- und Mitarbeiteransprache der neuen entgegensteht. Und natürlich: Dass die neue Ausrichtung des Unternehmens überhaupt wirtschaftlichen Erfolg hat, das steht in den Sternen. Um dieses »hü und hott« zu vermeiden, das irgendwann jedem Unternehmen mit einer neuen Generation von Mitarbeitern droht, und um Kontinuität zu wahren, gleichzeitig aber Kreativität zuzulassen, brauchen Unternehmen eine Diskussionskultur, die alte und neue Eliten versammelt und die eingebrachten Ideen moderiert und die besten umzusetzen versucht. Ein denkbares Verfahren: Man richtet abteilungsübergreifende »Runde Tische« ein, bei der nicht die Abteilungsleiter am Tisch sitzen, sondern bei denen man auf eine Zusammensetzung achtet, die mehrere Mitarbeitergenerationen umfasst. Diese Runden Tische müssen einen personellen Austausch untereinander pflegen, um soziale Mobilität zu erzwingen. Sie sollten außerdem fest implementiert sein, also regelmäßig auf dem Terminplan stehen. Die gesammelten Ideen und Vorschläge müssen gesichtet, kanalisiert und dann eingespeist werden in die Kommunikation der Entscheider. Neutrale Referenten, die von den Runden Tischen benannt werden, sollten die Ergebnisse in den oberen Führungsetagen vortragen, nicht die Abteilungsleiter.

2.17. Der irrationale Kern des Aufstiegs

Dass eine Minorität überhaupt versucht, die Gestaltungsmacht in einem Unternehmen an sich zu reißen, hat wenig mit einer rationalen Entscheidung zu tun, sondern mit den beschriebenen kommunikativen Gruppeneffekten und mit einer Unzufriedenheit, die oft aus einem Mangel an sozialen Profilierungsmöglichkeiten resultiert: Da alle wichtigen Positionen innerhalb der Majorität von Meinungsführern besetzt sind, müssen Defizite im Majoritätshandeln aufgedeckt und diese Nischen mit einem neuen sozialen Handeln besetzt werden. Es gibt ganz grundsätzlich drei Möglichkeiten, sich zu positionieren: Man sucht nach sozialer Anerkennung innerhalb oder außerhalb der Majorität oder man verlässt das Unternehmen. Im ersten Fall (Anerkennung innerhalb der Majorität) »entdeckt« man Nischen des Handelns, die auch innerhalb der Majorität als wichtig angesehen werden und besetzt dieses Segment.

Entdecken bedeutet in diesem Fall oft: Man schafft mit dem eigenen kommunikativen Handeln erst den Bedarf für eine noch nicht existierende Aufgabe, um diese dann zu übernehmen. Als Rechtfertigungsmuster wird man auf das kommunikative Handeln zurückgreifen, von dem man sich den größten Erfolg verspricht, also beispielsweise auf die wirtschaftliche Notwendigkeit verweisen und die Vorteile, die eine neue Abteilung dem Unternehmen verspricht. Wird das Segment neu eingerichtet und personell besetzt, dann betont die Kommunikation nach außen die Rationalität der Entscheidung und die Personalauswahl wird entsprechend gerechtfertigt mit der Qualifikation der neuen Stelleninhaber; das schon allein deshalb, weil der Entscheider keine Zweifel an seiner Kompetenz, in diesem Fall Personal auszuwählen, aufkommen lassen möchte (siehe oben). Die Interessen, die hinter der Einrichtung einer neuen sozialen Nische und hinter einer Personalentscheidung stehen, können jedoch höchst subjektiv sein. Unter anderem der Satz von der »Verwaltung, die zuallererst immer für sich selber sorgt«, kommt hier zum Tragen. Im zweiten Fall (man sucht nach Anerkennung außerhalb der Majorität) setzt man der Majorität ein eigenes soziales Handeln mit neuen Wirklichkeitskonstrukten und neuen Entscheidungsheuristiken entgegen, die genauso rational daherkommen wie die bislang im Unternehmen praktizierten. Unter den genannten Bedingungen (geschlossenes Auftreten) können nun die Wirklichkeitskonstrukte der Minorität den Zyklus anheizen und innerhalb des Unternehmens zu einer neuen Majoritätswirklichkeit avancieren bzw. die Minorität kehrt dem Unternehmen den Rücken.

Solche Zyklusphänomene, bei denen das kommunikative Handeln einer Minorität übernommen wird und dann zum kommunikativen Handeln der neu entstehenden Majorität wird, ist oft verbunden mit dem Auswechseln des Führungspersonals und der Schaffung von Karrieremöglichkeiten für die Mitstreiter aus der Minoritätszeit. Dass bei diesem »Belohnungssystem« nicht immer die fachliche Seite die ausschlaggebende ist bei einer Stellenbesetzung, liegt auf der Hand. Hier geht es eher um strategische Überlegungen: Welche Bereiche stehen loyal zu mir und wen muss ich wohin setzen, damit ich Durchgriff habe? Um es noch einmal zu betonen: Das ändert nichts daran, dass sämtliche Entscheidungen nach außen und ins Unternehmen hinein rational gerechtfertigt werden: »Wir haben den Besten in diese Position gesetzt«.

2.18. Kommunikation und Glaubwürdigkeit

Dass das kommunikative Majoritätshandeln ins Rutschen kommt und ersetzt wird durch die von der bisherigen Minorität übernommenen Muster des kommunikativen Handelns, dass also eine neue Unternehmenskultur Einzug hält, dass ein neues Betriebsklima und andere Betriebsblindheiten um sich greifen, dass anders kommuniziert wird nach innen und außen, hat oft mit einem Generationenwechsel zu tun, wenn die alten Eliten das soziale Handeln und die Wirklichkeitsdefinitionen nicht mehr prägen können, weil sie beispielsweise aus der Firma ausscheiden oder von Jüngeren verdrängt werden. Das muss nicht notwendigerweise sofort in eine neue Sozialsemantik münden: Man kann auch unbewusst gleiche oder in ihrer Wirkung äquivalente kommunikative Verhaltensweisen an den Tag legen, die ja ein Rekrutierungskriterium für das eigene Emporkommen unter den alten Eliten dargestellt haben. Also tritt man weiterhin als der väterliche Patron auf, obwohl man die Belegschaft unmerklich ausdünnt und immer mehr Aufgaben auf den Einzelnen überträgt, indem man ausscheidende Mitarbeiter nicht mehr ersetzt. Die offizielle Rhetorik steht dann dem immer höher geschraubten Erwartungsdruck auf den Einzelnen entgegen, und die Mitarbeiter haben das Gefühl, dass die »Menschlichkeit« abhanden kommt, ohne das näher definieren und erklären zu können. Das kommunikative Handeln und die entsprechenden Wirklichkeitskonstrukte ändern sich unterschwellig und verschieben sich dabei kaum merklich.

Sozialsemantiken und Entscheidungsheuristiken ändern sich in unserer schnelllebigen Zeiten allerdings oft in viel kürzeren Zeiträumen als ein Generationenwechsel dauert. Das hat nicht nur mit der hohen Personalfluktuation insbesondere im Management zu tun oder mit den zahlreichen Unternehmensübernahmen, die eine neue Kultur in die Firma bringen, sondern vor allem mit der Globalisierung: Im weltweiten Konkurrenzkampf bleiben die Effekte, die ein verändertes kommunikatives Handeln auslöst, nie auf ein Unternehmen beschränkt. Agiert etwa der Mitbewerber am Markt unter einer neuen Führung aggressiver und sichert ihm das wirtschaftliche Vorteile, muss man sich der anders auftretenden Konkurrenz stellen und den neuen Gegebenheiten am Markt anpassen. Die anderen Unternehmen, die im gleichen Segment tätig sind, werden ebenfalls reagieren müssen, wollen sie weiter Geschäfte machen. Auf diese Weise sind innerhalb weniger Jahre bislang gültige Semantiken (»Geschäftsgepflogenheiten«) über den Haufen geworfen.

Wie problematisch es für die Glaubwürdigkeit innerhalb wie außerhalb des Unternehmens sein kann, offiziell alte Semantiken aufrechtzuerhalten, aber tatsächlich völlig anders zu agieren, zeigt das Beispiel des Chemiekonzerns BASF. Der Preisdruck auf den internationalen Märkten und die Zwänge der Börse haben dazu geführt, dass die langjährigen Verträge des Ludwigshafener Chemieriesen mit sachkundigen und verlässlichen Gastronomiebetrieben oder mit Wartungs- und Montageunternehmen vor Ort ersetzt wurden durch regelmäßig stattfindende Online-Auktionen, bei denen der günstigste Anbieter den Zuschlag erhält. Insider beklagen einen ruinösen Preiskampf, unter dem die Qualität der eingekauften Dienstleistungen leide, was der Korruption Tür und Tor öffne, weil die für die Sicherheit zuständigen BASF-Mitarbeiter ein starkes Interesse daran hätten, weiter mit den erfahrenen Spezialisten zusammenzuarbeiten und nicht mit billigen, aber unerfahrenen Dumping-Unternehmen. In seiner Selbstdarstellung nach außen versucht die BASF das Bild des ethisch agierenden, seiner Region verbundenen Unternehmens aufrechtzuerhalten. Der

Konzern simuliert durch sein kommunikatives Handeln nach außen und innen eine Sozialsemantik, die sich überlebt hat und unterminiert so ein Stück weit seine Glaubwürdigkeit. Man verweist etwa auf „Einzelfälle, in denen Einkäufer übers Ziel hinausgeschossen seien", trennt also das Handeln Einzelner, die intern unter Druck stehen, möglichst viel Geld zu sparen, vom moralisch sauberen Handeln des Konzerns ab. Wie man sieht, funktioniert der Tut-mir-leid-Effekt auch von oben nach unten. Und man verweist auf den Kodex für die Beschaffung von Gütern und Leistungen, der kaufmännische und technische Leistungen klar trenne, und man verweist darauf, dass man Gründungsmitglied der UN-Initiative Global Compact sei, die sich gegen Korruption richtet. Aber, wie ein Kritiker anmerkt: „Allein die Feuerwehr von Togo hat ein höheres Budget als die Weltfeuerwehr UN."[34]

Verhindern lassen sich solche Imageschäden mit teils verheerenden Auswirkungen auf die Bindung und die Motivation der eigenen Mitarbeiter, auf Geschäftspartner und Kunden nur, wenn man tatsächlich so handelt, wie es nach draußen kommuniziert wird. Ganz generell gilt: Je höher die Ansprüche, die man an sich selbst stellt und entsprechend nach draußen kommuniziert, desto höher die Anforderungen, denen man gerecht werden muss. Deshalb ist es manchmal ratsam, vorsichtiger zu kommunizieren. Natürlich darf, wer Ansprüche an sich und das Unternehmen stellt, ruhig ein wenig über dem Soll liegen mit seinen Vorgaben, um die Mitarbeiter anzuspornen; das Unternehmen zu überfordern aber ist mit Sicherheit der falsche Weg, weil das irgendwann zurückschlägt auf die eigene Reputation. Es empfiehlt sich also, intern erst einmal abzuklären, was unter den gegenwärtigen personellen Voraussetzungen, strukturellen Bedingungen und dem verbliebenen finanziellen Rahmen überhaupt leistbar ist. Um dann das nach draußen und drinnen zu kommunizieren, was sich tatsächlich bewältigen lässt. Kommunikationstechnischen Suizid begeht, wer sich Firmenethik an die Eingangstür nagelt und dahinter seine Mitarbeiter zu Geschäftspraktiken zwingt, die das ad absurdum führen.

Exemplarisch hat das unlängst wieder die Discounter-Kette Lidl vor Augen geführt, die von der Verbraucherzentrale Hamburg wegen irreführender Angaben zu den Herstellungsbedingungen seiner Textilien verklagt wurde. Der Vorwurf: Lidl werbe zu Unrecht mit fairen Arbeitsbedingungen bei den Lieferanten in Bangladesch; die Näherinnen seien „unmenschlichen Arbeitsbedingungen" ausgesetzt. Lidl äußerte sich dazu nicht und verwies lediglich auf seinen Internetauftritt zum Thema Verantwortung. Dort wirbt das Unternehmen unter anderem mit seiner Mitgliedschaft in der „Business Social Compliance Intitiative".

---

[34] Die Rheinpfalz von 15. Januar 2010: Der BASF-Preisdruck und die Korruption, Wirtschaftsseite 1.

In dem Verband haben sich Einzelhandelsunternehmen zusammengeschlossen und sich auf einen freiwilligen Verhaltenskodex gegenüber Lieferanten geeinigt, der unter anderem Regelungen zu Arbeitszeit und Löhnen enthält.[35] Ob nun die Vorwürfe gegen Lidl der Wahrheit entsprechen oder nicht: Die Zugeknöpftheit, die der Discounter bei der Kommunikation zum Thema Ausbeutermethoden an den Tag legt, lässt ihn schuldig erscheinen. Auch die Krisenkommunikation muss den eigenen ethischen Ansprüchen gerecht werden und zumindest eine rasche Prüfung der Angelegenheit zusagen, um zu unterstreichen, wie wichtig man ethische Selbstverpflichtungen nimmt, mit denen man schließlich wirbt. Lediglich auf ein Internetangebot zu verweisen, das provoziert geradezu, dass man aus den Negativschlagzeilen nicht mehr herauskommt und die Glaubwürdigkeit leidet. Ich werde das im nächsten Kapitel an anderen Beispielen noch ausführlich erörtern.

Am Rande sei erwähnt, dass die Werbebranche das Glaubwürdigkeitsargument längst gezielt nutzt, um Unternehmen optimal in der Öffentlichkeit zu präsentieren. Wenn es um die gewerbliche Außenkommunikation geht, sind sich Firmen der Notwendigkeit von Glaubwürdigkeit offenbar bewusster als in der Kommunikation nach innen. Wie eine kürzlich veröffentlichte Studie der Universität Hohenheim zur Fußball-Weltmeisterschaft 2010 zeigt, muss der Werbeträger zu dem Produkt passen, für das er wirbt, sonst gibt es eine negative Rückkoppelung. Diese Passung funktioniert auf zweierlei Weisen: Entweder der Prominente und das Produkt ergänzen sich und stehen für ähnliche Werte, oder sie stehen für völlig gegensätzliche Werte, sodass das Positivimage des Werbeträgers auf das Produkt abfärbt und so die Imagewerte des Produkts hebt. So sei der Fußballspieler Philipp Lahm, dem Verlässlichkeit zugeschrieben werde, sehr gut geeignet, das Image der nicht gerade als seriös bekannten »Bild«-Zeitung zu verbessern, gerade weil »Bild« und Lahm als gegensätzlich wahrgenommen würden. Auch die Übereinstimmung zwischen einem Produkt und dem Werbeträger mache glaubwürdig, wie die Umfrage der Forscher ergab. So passe Arne Friedrich hervorragend als Botschafter für Nutella, weil die Zuschauer dem Brotaufstrich und dem Fußballprofi ähnliche Vertrauenswerte entgegenbrächten. Ungeeignet sei dagegen Michael Ballacks Auftritt im Werbespot des Reiseveranstalters »ab-in-den-urlaub.de«: „Der Spieler passt weder besonders gut zum Produkt, noch unterscheiden sich ihre Werte grundsätzlich." Die Erfolgsaussichten solcher Werbespots seien schlecht. „Der Spieler hat als Testimonial keinen Effekt und ist demnach eher ungeeignet."[36]

---

[35] vgl. Meldung der Presseagentur afp vom 8. April 2010; Beleg beim Autor.
[36] Pressemitteilung der Universität Hohenheim vom 28. Mai 2010, im Internet: http://idw-online.de/pages/de/news371489.

2.19. Kommunikation und Gruppendynamik

Die bisherigen Ergebnisse unserer kleinen Untersuchung zeigen: Das von der Sozialpsychologie beschriebene kommunikative Handeln in Unternehmen (und nicht nur dort) generiert bestimmte Wirklichkeitskonstrukte, nach denen dann Entscheidungen getroffen werden, die man im Rahmen einer bestimmten Logik rechtfertigt, obwohl die eigentlichen Entscheidungsmuster dahinter weder notwendigerweise bewusst sein noch notwendigerweise einem ökonomischen Paradigma folgen müssen. Sie können das natürlich. Aber selbst in den entwickelten Nationen, in denen es keinen Mangel gibt an Bewerbern, die einen formalen akademischen Bildungsabschluss oder Berufserfahrung vorweisen können, in denen eher ein Zuviel an Information herrscht als ein Mangel daran, ist es oft eben nicht die klassische, ökonomische Homo-rationalis-Entscheidung, die sachlich-fachliche Abwägung, der man begegnet, sondern hinter Entscheidungen stecken vor allem systemimmanente Rationalitäten. Und hinter diesen verbergen sich wieder un- bis teilbewusste Muster des kommunikativen Handelns, Sozialsemantiken, die mit Emotionen, Taktik, Machtzuwachs, Machterhalt, Karriereplänen, Anpassung, sozialen Nischen, Minoritäts- oder Majoritätszugehörigkeiten usw. zu tun haben.

Man kann das Ganze auf der Systemebene vorläufig so beschreiben: In Unternehmen generiert die Gesamtheit der Gruppen oder Fraktionen bestimmte *Zyklen des Handelns*, in denen sich der Output an sozio-kommunikativen Mustern des Handelns, an Wirklichkeiten und an Entscheidungsheuristiken, durch Kumulationseffekte erhöht oder reduziert. Outputreduktionen und Outputsteigerungen lösen dabei einander ab: Kumulationseffekte lassen Wirklichkeitskonstrukte entstehen, die von der Majorität getragen werden (»Betriebsklima«; »Unternehmenstraditionen«); der Output an abweichenden sozio-kommunkativen Verhaltensweisen und Entscheidungsoptionen wird reduziert. Eine Minorität kann dem neue Muster des sozio-kommunikativen Handelns und neue Wirklichkeiten entgegensetzen: der Output an abweichenden Verhaltensweisen und Entscheidungsheuristiken steigt, sofern die Outputsteigerungen durch das Minoritätshandeln nicht zu verstärkten Outputreduzierungen bei der Majorität führen etwa weil die Majorität rigide gegen die Minorität vorgeht und sie unterdrückt (Stichwort:»Ketzerfeldzüge« im Unternehmen).

Da das soziale Handeln von Gruppen in Unternehmen und deren Wirklichkeitskonstrukte innerhalb eines Pools von Varianten fluktuieren, ist der Wandel der kommunikativen Muster des Handelns bzw. der Sozialsemantiken und der jeweiligen Wirklichkeitskonstrukte mitsamt ihren Entscheidungsheuristiken oder -optionen jedem Unternehmen inhärent. Anders gesagt: Das System Unternehmen und die von ihm konstruierten sozialen Wirklichkeiten sind notwendigerweise dynamisch. Diese Dynamik resultiert aus den sozialen Strukturen des menschlichen Handelns und seiner Kumulationseffekte. Ein wesentlicher Aspekt sind dabei nicht nur die Kommunikations- und Wirklichkeitsvarianten mitsamt den Entscheidungsheuristiken innerhalb einer Gruppe (Pools), sondern vor allem die Beziehungen zu den anderen Gruppen im Unternehmen und zu anderen Gruppen in anderen Unternehmen, die das eigene Selbstverständnis entweder bedrohen (Konkurrenz) oder tolerieren bis unterstützen (Kooperation).

Auch über diese Gruppenwahrnehmung hat die Sozialpsychologie geforscht. Ganz grundsätzlich gilt: Gruppen können in ihrem sozialen Handeln, in ihren Wahrnehmungen, Wirklichkeitskonstrukten und Entscheidungsheuristiken voneinander negativ oder positiv abhängig sein. Negative Abhängigkeit besteht, wenn die Gruppe ihr Ziel, die Meinungsführerschaft zu erringen, nur auf Kosten der anderen Gruppe erreichen kann (Wettbewerb); positive Abhängigkeit liegt dann vor, wenn die Gruppen ihr Ziel nur gemeinsam erreichen können (Beseitigung einer gemeinsamen Bedrohung, etwa die Abwehr des sozio-kommunikativen Handelns einer dritten Gruppe). Positive Abhängigkeit bewirkt kooperatives Verhalten, negative Abhängigkeit bewirkt abwertende Einstellungen gegenüber anderen Gruppen sowie größeren Zusammenhalt in der eigenen Gruppe. Darüber hinaus sind Interaktionen zwischen Gruppen in der Regel geprägt von Identitätsprozessen. Um positive soziale Identität zu erreichen, wird die eigene Gruppe mit anderen Gruppen verglichen; diese Vergleiche müssen positiv ausfallen, weil sonst das Selbstbild, bestehend aus den Komponenten persönliche Identität und Gruppenzugehörigkeit, abgewertet werden müsste.

In zahlreichen Experimenten wurde nachgewiesen, dass den Mitgliedern einer Gruppe von außen generell eine gewisse Ähnlichkeit (in Meinungen, Einstellungen, Merkmalen, Sozialsemantik und Handeln) zugeschrieben wird. Dieser Effekt ist allerdings weitgehend auf Fremdgruppen beschränkt; die Eigengruppe wird sehr viel differenzierter wahrgenommen. Auch die Unterschiede, die zwischen der Eigen- und Fremdgruppe wahrgenommen werden, sind relativ groß. Begünstigung der eigenen und Benachteiligung der anderen Gruppe treten unter minimalen Bedingungen auf; es ist nicht notwendig, dass ein Konflikt zwischen beiden Gruppen vorliegt. Die Theorie der sozialen Identität erklärt das mit den Elementen »soziale Identität«, »sozialer Vergleich« und »soziale Distinktheit«. Falls der soziale Vergleich kein günstiges Ergebnis für die eigene Gruppe bringt, kann das korrigiert werden durch objektive Verbesserung der eigenen Position (Wettbewerb des sozialen Handelns und der Wirklichkeitskonstrukte), Abwertung der Fremdgruppe durch verzerrte Wahrnehmung, Wahl einer anderen Vergleichsdimension oder einer anderen Vergleichsgruppe, Neuinterpretation der Vergleichsdimension durch Umkehrung der Bewertung (der bisher negativ bewertete Pol gilt jetzt als positiv), Verlassen der Gruppe und Mitgliedschaft in einer neuen.

Beim sozio-kommunikativen Handeln in einem Unternehmen werden die unterschiedlichen Gruppen also nicht notwendigerweise die Qualität der gegnerischen Argumente beachten, sondern das sozio-kommunikative Handeln jedes Einzelnen aus der Fremdgruppe wird als das für die andere Seite »typische« Wirklichkeitskonstrukt oder die für die andere Seite typische Entscheidungsoption bzw. Entscheidungsheuristik eingeordnet. Die Gruppen bzw. Fraktionen unterstellen sich gegenseitig ein bestimmtes sozio-kommunikatives Handeln; es entstehen *Wir-Gefühle* (»wir Manager der jungen Generation wissen besser, wo's lang geht«; »wir hier am Fließband verdienen doch das Geld und schaffen was, die da oben reden nur«) und *Ihr-Gefühle* (»ihr aus der Forschungsabteilung habt doch keine Ahnung«; »die Bürohengste aus der Verwaltung haben doch nichts zu tun und schmeißen das Geld zum Fenster raus«). Die Wahrnehmung der eigenen Gruppe bzw. der Gruppe, der man sich zugehörig fühlt, ist differenzierter (»er hat zwar nicht immer recht, aber er ist einer von uns«) als die Wahrnehmung der Fremdgruppe. Während die Binnenwahrnehmung von Gruppen einen Wirklichkeits- bzw. Heuristikpool wahrnimmt und verschiedene Entscheidungsansätze akzeptiert, unterstellen sich Gruppen gegenseitig ein bestimmtes Handeln, das von Pauschalisierungen geprägt ist und sehr viel engere Toleranzgrenzen aufweist.

Zum Begriff der Gruppe in einem Unternehmen sei noch angemerkt, dass damit nicht notwendigerweise beispielsweise die Abteilung oder funktionelle Einheit gemeint ist, der man angehört. Oft sind die Grenzen über den eigenen Aufgabenbereich und den der Kollegen, mit denen man am engsten zusammenarbeitet, definiert. Und hier werden auch gemeinsame Wahrnehmungen bzw. Wirklichkeitskonstrukte und ein ähnliches sozio-kommunikatives Handeln sowie analoge Entscheidungsoptionen aufgrund der ähnlichen Erfahrungen in einem vergleichbaren beruflichen Umfeld hervorgebracht. Ich möchte das eine *institutionalisierte Gruppe* nennen. Das Gefühl der Gruppenzugehörigkeit kann aber auch völlig unabhängig vom konkreten Aufgabenbereich sein, etwa indem man einem bestimmten Arbeitsethos anhängt und das mit Kollegen aus ganz anderen Bereichen teilt, mit denen man nicht ständig interagiert bzw. die einen ganz anderen beruflichen Alltag haben. Man kann auch bestimmte Auffassungen teilen, die von Führungskräften vertreten werden, die der gleichen Generation angehören wie man selbst. Oder man fühlt sich dem ethischeren Unternehmen zugehörig und wertet Konkurrenzunternehmen entsprechend ab. In allen diesen Fällen möchte ich von *Pseudogruppen* sprechen, denen man sich zugehörig fühlt und die nicht notwendigerweise an persönliche Bekanntschaften gebunden sind, sondern die auch eine Übereinstimmung in allgemeineren Werten und Wirklichkeitskonstrukten verbindet. Die Identifikationen laufen dann in Richtung »wir Jungen« versus »ihr Alten« oder »wir Angestellten« versus »ihr Arbeiter« etc.

Die fremde Gruppe wird in der Regel funktionalisiert, d.h. ihr sozio-kommunikatives Handeln wird in seiner Komplexität reduziert – außer man kooperiert; dann sind größere Differenzierungsleistungen möglich. Daraus entwickeln sich bewusste Gruppenstrategien des sozio-kommunikativen Handelns (Rationalitäten) und/oder unbewusste Semantiken, die einhergehen mit bestimmten Entscheidungsheuristiken, Wirklichkeitskonstrukten und Wahrnehmungen, die Außenwelt (die Welt außerhalb der eigenen Gruppe) betreffend. Ich möchte das die *Wahrnehmungsfunktionalisierung* nennen. Gruppeninterne Kommunikations-, Wirklichkeits- und Entscheidungspools und zwischen Gruppen auftretende Wahrnehmungsfunktionalisierungen erzeugen eine ganz eigene Dynamik, die in Konkurrenzsituationen den Wandel sozio-kommunikativer Muster des Handelns bzw. den Wandel von Wahrnehmungs- und Entscheidungsheuristiken notwendigerweise vorantreibt.

Die beschriebenen *Diskriminierungen von Fremdgruppen* (Funktionalisierungen) unterliegen allerdings Einschränkungen. Herkner kommt zu dem Schluss, dass ein Mensch, der wegen guter Leistungen, öffentlicher Anerkennung durch andere oder Lustgewinn verschiedener Art mit sich zufrieden ist, weniger zur Diskriminierung von Fremdgruppen neigt als ein unzufriedener Mensch mit negativem Selbstwert, dem andere Selbstwertquellen fehlen und der seinen Selbstwert nur über die Gruppe steigern kann. Das bedeutet: Entscheider können durchaus in der Lage sein, ihre unbewussten Gruppenprägungen zu überwinden, sofern sie eine Machtposition gewinnen, in der sie mit vielen anderen Gruppen interagieren bzw. in der sie mit Peer-Groups interagieren, deren Mitglieder ähnlich mächtige Sender sind, wie sie selbst, und deren Wirklichkeitskonstrukte sie annehmen oder anerkennen. Wahrscheinlich hängt das auch von der individuellen Disposition ab: Das Brandmarken des sozialen Handelns von Fremdgruppenmitgliedern als »typisch« (Pauschalisierung) dürfte mit steigendem Selbstwert sinken bzw. mit sinkendem Selbstwert steigen.

2.20. Eine Kommunikationstheorie ökonomischer Entscheidungsprozesse

Fassen wir das Ganze in einem Modell zusammen, das sich als Kommunikationstheorie ökonomischer Entscheidungsprozesse eignen könnte. Die Kumulationsprozesse, die sich mit Hilfe der Sozialpsychologie auf der individuellen und Gruppenebene ableiten lassen und von denen die Muster des sozio-kommunikativen Handelns, die Sozialsemantiken sowie die entsprechenden Wahrnehmungen, Wirklichkeitskonstrukte und Entscheidungsheuristiken generiert bzw. verändert werden, setzen sich aus mindestens zwei Feedbackschleifen zusammen: Die Wahrscheinlichkeit für das Auftreten eines bestimmten soziokommunikativen Handelns hängt *erstens* ab von den individuellen Standards und den Strategien des Handelns (Rationalitäten), deren Ziel es ist, sozial erfolgreich zu sein (Hyperrationalität). Kumulieren kann immer nur, was Individuen als für sich erfolgreich definieren, indem sie die entsprechenden Muster des Handelns, Wahrnehmens, Erkennens und Entscheidens übernehmen bzw. verinnerlichen. Ob ein soziales Handeln und seine spezifischen Wirklichkeitskonstrukte tatsächlich kumulieren können, hängt *zweitens* ab von der jeweiligen Sozialsemantik: Trägt sie – vereinfacht gesagt – eine Kultur des Widerspruchs mit den entsprechenden Mustern des Handelns in sich, oder perpetuiert sie eine Kultur der Unterordnung?

Die Aktivitäten der jeweiligen Eliten, die den Widerspruch kanalisieren, artikulieren und organisieren (oder ihn eben bekämpfen), haben dabei den entscheidenden Anteil an der Herausbildung bzw. Nichtherausbildung einer Widerspruchskultur. Im Fall einer etablierten Widerspruchskultur ist die Kumulation neuer sozio-kommunikativer Muster des Handelns, neuer Wirklichkeitskonstrukte, Wahrnehmungen und Entscheidungsheuristiken sowie Entscheidungsoptionen wahrscheinlicher, auch wenn dabei nicht immer die Sozialsemantik verändert werden muss. Im zweiten Fall, der Unterordnungskultur, ist die Kumulation neuer sozio-kommunikativer Muster und ihrer Wirklichkeitskonstrukte, Entscheidungsheuristiken und Entscheidungsoptionen unwahrscheinlicher, aber dafür sind solche Organisationen stabiler. Die Gesamtheit der sozio-kommunikativen Muster des Handelns in einer Volkswirtschaft und zwischen den einzelnen Volkswirtschaften und die aus den Feedbacks zwischen den einzelnen Akteuren und Volkswirtschaften resultierenden Wirklichkeitskonstrukte, Entscheidungsheuristiken und Entscheidungsoptionen werden von Pseudogruppen und institutionalisierten Gruppen getragen.

Die Rationalität des sozialen Erfolgs, der Individuen mit ihrem sozio-kommunikativen Handeln folgen, hat zwei Ausprägungen: Sie kann (a) auf den Erfolg *in* der Gesellschaft zielen (*gesellschaftlicher Erfolg*; Bezugspunkt ist das soziale Umfeld): Es wird in Kauf genommen, dass die eigenen Einstellungen und das eigene sozio-kommunikative Handeln nicht übereinstimmen bzw. man passt die eigenen Einstellungen dem vorherrschenden Handeln des unmittelbaren beruflichen Umfelds an und übernimmt die entsprechenden Wirklichkeitskonstrukte und Entscheidungsheuristiken. Gerade in ökonomischen Kontexten ist das der Normalfall. Die Rationalität des sozialen Erfolgs kann sich aber auch (b) auf den persönlichen Erfolg beziehen (*individueller Erfolg*: Wahrhaftigkeit, größtmögliche Objektivität, Gründlichkeit; Bezugspunkte sind die eigenen Standards und die vermutete Relevanz der eigenen Wirklichkeitskonstruktionen *für* das Unternehmen). Hier sind die Querdenker zu suchen, die Selfmademen. Hier ist das Kreativlabor für ungewöhnliche Geschäftsmodelle, für die Weiterentwicklung der eigenen Strategien und des Angebots, für die Erschließung neuer Märkte, aber auch das Reservoir der kritisch-loyalen Mitarbeiter. Hier ist freilich das Risiko des ökonomischen Scheiterns am größten. Doch wer nicht wagt, der nicht gewinnt.

Auf der individuellen Ebene fluktuiert das sozio-kommunikative Handeln mitsamt der generierten Entscheidungsheuristiken und -optionen entsprechend der individuellen sozio-kognitiven Dispositionen: Das Fluktuationspotenzial für das sozio-kommunikative Handeln und die entsprechenden Heuristiken sind abhängig von Differenzierungsvermögen, Erfahrung, Fähigkeiten, Wissen oder Persönlichkeitsstandards wie Selbstwert, Selbstaufmerksamkeit, Handlungsüberwachung etc. (siehe oben). Gesteigert wird der Output an individuellem sozio-kommunikativem Handeln bzw. an Wirklichkeitskonstrukten und Entscheidungsheuristiken und -optionen im System, wenn man gemäß eigener, nicht angepasster Standards handelt. Dieses soziale Handeln braucht Mitstreiter, damit es kumulieren kann. Reduziert wird der Output an Handeln, Konstrukten, Heuristiken und Optionen im System, wenn man sich an vorhandene Muster des Handelns, an vorhandene Sozialsemantiken und Wirklichkeitskonstrukte anpasst bzw. diese übernimmt (Kumulation). Bei all diesen Prozessen spielt immer eine Rolle, welches sozio-kommunikative Handeln welcher mächtige Sender bei welcher Person wann zulässt bzw. fördert und welches sozio-kommunikative Handeln er bei welcher Person wann und wie stark objektiv behindert.

Auf der Gruppenebene fluktuieren das sozio-kommunikative Handeln und seine Wirklichkeitskonstrukte sowie die daraus generierten Entscheidungsheuristiken und Entscheidungsoptionen zunächst intern: Innerhalb einer Gruppe handeln nie alle Mitglieder gleich, sondern eine Gruppe verfügt über einen Pool von möglichen sozio-kommunikativen Handlungsweisen, der aus den spezifischen Gruppenbedingungen resultiert (lasse ich »Abweichler« zu? Kultiviere ich kritische Loyalität oder verlange ich Unterordnung?) und der resultiert aus dem individuell voneinander abweichenden sozio-kommunkativen Handeln. Es entsteht ein Heuristikpool aus Entscheidungsoptionen. An solchen Heuristikpools können Gruppen zerbrechen. Heuristikpools sorgen aber auch für eine ganz eigene Dynamik, aus der eine permanente Verschiebung der Gruppenstandards und Wirklichkeitskonstrukte resultiert (Minoritäten etc.) und die genauso in ein neues sozio-kommunikatives Handeln münden kann.

Das sozio-kommunikative Handeln innerhalb von Gruppen fluktuiert außerdem entsprechend der Bedingungen, die bei Beziehungen zwischen Gruppen virulent sind. Werden Fremdwahrnehmungen von anderen Gruppen an die eigene Gruppe herangetragen, die von der eigenen Gruppenwahrnehmung abweichen, dann kommt es zu Funktionalisierungen, d.h. gegen die Fremdwahrnehmungen werden Strategien des sozialen Handelns entwickelt, die beispielsweise die Wirklichkeitskonstrukte und Entscheidungsheuristiken der eigenen Gruppe in einem positiven und die Wirklichkeitskonstrukte und Entscheidungsoptionen der konkurrierenden Gruppe in einem negativen Licht erscheinen lassen; die konkurrierenden Gruppen verfahren genauso. Es entsteht eine Feedbackschleife, die in eine Wahrnehmungsfunktionalisierung mündet, wenn Gruppen nicht bereit sind oder keine Möglichkeit sehen, sich zu verständigen bzw. (zumindest partiell) zu kooperieren.

Sozio-kommunikatives Handeln hat so gesehen immer vier Aspekte: 1. Einen innerhalb einer Gruppe wahrgenommenen Heuristikpool, der innerhalb bestimmter sozialsemantischer und sozio-kommunikativer Toleranzen zugelassen wird. 2. Eine von außerhalb an die Gruppe herangetragene Wahrnehmungsfunktionalisierung (Fremdwahrnehmung), der eine eigene Wahrnehmungsfunktionalisierung (Eigenwahrnehmung) entgegen steht. 3. Ein sozio-kommunikatives Handeln mit den dazu gehörenden Wirklichkeitskonstrukten, Entscheidungsheuristiken und -optionen (»die offizielle Linie«), die gezielt und bewusst nach außen getragen werden, in Konkurrenz oder Kooperation mit Fremdgruppen. 4. Und die Konfrontation mit einer Fremdwahrnehmung und deren Wirklichkeitskonstrukten, Entscheidungsheuristiken und Entscheidungsoptionen, die das sozio-kommunikative Handeln der anderen Gruppen an die eigene Gruppe heranträgt und auf die man in irgendeiner Weise reagiert: ablehnend, sich das Beste aneignend etc. Was wiederum Feedbacks bei den anderen Gruppen auslöst. Das gilt sowohl für das Verhältnis zwischen Gruppen innerhalb des Unternehmens wie auch für das Verhältnis zwischen Gruppen, die verschiedenen Unternehmen angehören. In der Regel ist in der Konkurrenzsituation Firma gegen Firma der wirtschaftliche Konkurrent die gegnerische Gruppe. Aber auch die Politik und der Gesetzgeber können als gegnerische Gruppe wahrgenommen werden, die den eigenen Interessen entgegensteht und Abwehr- oder Verhinderungsstrategien erforderlich macht. Die riesigen Verbandsapparate in Deutschland und die Lobbyarbeit der großen Konzerne organisieren und kommunizieren diese Interessen auf vielfältige Weise.

Innerhalb von Gruppen herrscht ein differenzierte Wahrnehmung: Kontroversen werden im Rahmen bestimmter Sozialsemantiken (Diskurs, Grundkonsens etc.) zugelassen. Dieser Eigenwahrnehmung steht die Fremdwahrnehmung durch die andere Gruppe gegenüber: Die fremde Gruppe nimmt diesen Heuristikpool nicht unbedingt wahr, sondern unterstellt ganz bestimmte Semantiken, sozio-kommunikative Muster, Wirklichkeitskonstrukte und Entscheidungsheuristiken (»die sind doch alle gleich und sehen das so und so«); dem setzt man selbst Eigendefinitionen entgegen und die eigene Wahrnehmung der anderen. Gruppen stehen also unter dem Druck, sich mit der Fremdwahrnehmung auseinandersetzen (»so sind wir doch gar nicht«; »die wollen uns in eine Ecke drängen, das lassen wir uns nicht gefallen« usw.) und eventuell gegen die Fremdwahrnehmung Stellung beziehen zu müssen, d.h. Wirklichkeitskonstrukte zu formulieren und Entscheidungen zu treffen und nach außen hin zu vertreten, die allerdings nur eine Annäherung an den gruppeninternen Heuristikpool darstellen. So weisen sich Gruppen im sozio-kommunikativen System permanent gegenseitig Wirklichkeitskonstrukte und Entscheidungsheuristiken zu, die sie sich wechselseitig zu widerlegen versuchen. Das gilt selbst dann – allerdings abgeschwächt – wenn sie wie in einem Unternehmen darauf angewiesen sind zu kooperieren. Auf der Ebene des globalen wirtschaftlichen Gesamtsystems kumulieren auf diese Weise bestimmte sozio-kommunikative Muster des Handelns, Sozialsemantiken, Wirklichkeitskonstrukte, Entscheidungsheuristiken und Entscheidungsoptionen, denen die Akteure für einige Zeit mehr oder weniger unbewusst folgen. Bis neue Akteure mit abweichenden Standards, die sich als wirtschaftlich erfolgreich erweisen, oder politische Vorhaben und Vorgaben, in den Unternehmen zunächst meist als »Störgrößen« wahrgenommen, ein Umdenken und ein anderes Agieren erzwingen.

Die in einer Volkswirtschaft und in der globalen Ökonomie kumulierenden Wirklichkeitskonstrukte und Entscheidungsheuristiken, aus denen ein bestimmtes sozio-kommunikatives Handeln folgt, das weitere sozio-kommunikative Muster des Handelns provoziert, sind ein dynamisches System, das aus den Rückkoppelungen der Eigen- und Fremdwahrnehmungen entsteht. Wie relevant diese Wirklichkeitskonstrukte und Entscheidungsheuristiken für das ökonomische System werden, hängt von der Stärke der Kumulationseffekte ab, also davon, wie viele Individuen sich unter den von der Sozialpsychologie beschriebenen Bedingungen einem bestimmten sozio-kommunikativen Handeln anschließen und die entsprechenden Wirklichkeitskonstrukte und Entscheidungsheuristiken anderen gegenüber vertreten. Sozio-kommunikative Muster des Handelns, Sozialsemantiken, und Wirklichkeitskonstrukte mit den dazugehörigen Entscheidungsheuristiken und -optionen sind also *funktionale Koinzidenzen* aus Eigen- und Fremdwahrnehmungen, die im ökonomischen System um Einfluss konkurrieren und über bestimmte Zeiträume stabil bleiben, d.h. beide Seiten erfüllen die Funktion, die sie sich gegenseitig zuweisen und wehren sich zugleich dagegen.

Sozio-kommunikative Muster des Handelns können Wirklichkeitskonstrukte und Entscheidungsheuristiken hervorbringen, die von mehreren Gruppen ähnlich oder gleich vertreten werden; auf diese Weise kooperieren Gruppen durchaus auch ungewollt bzw. unbewusst und grenzen sich gleichzeitig gegen Fremdgruppen ab, die mit ihrem sozio-kommunikativen Handeln und ihren Entscheidungsheuristiken für andere Wirklichkeitskonstrukte stehen. Aus den beschriebenen Feedbacks resultiert eine Dynamik, die Wirklichkeitskonstrukte, Entscheidungsheuristiken, Entscheidungsoptionen und das sozio-kommunikative Handeln im ökonomischen Gesamtsystem fluktuieren lässt. Steigerungen des Outputs an abweichenden Wirklichkeitskonstrukten und Entscheidungsheuristiken im System sind dann wahrscheinlicher, wenn eine Gruppe mit anderen um die Besetzung einer ökonomischen Position konkurriert.

Die Wirklichkeitskonstrukte und deren Entscheidungsheuristiken bzw. Optionen entstehen durch das sozio-kommunikative Handeln in institutionalisierten Gruppen und in Pseudogruppen. Der von mir verwendete Begriff der Gruppe meint alle durch ein gleiches oder ähnliches soziales Handeln verbundene Individuen, die bestimmte Wirklichkeitskonstrukte in einer Gesellschaft vertreten und nach äquivalenten Entscheidungsheuristiken (Rationalitäten) handeln. Solche Kumulationseffekte reduzieren die Möglichkeiten des Outputs an Wirklichkeitskonstrukten und Heuristiken im System zwar grundsätzlich, generieren aber dann neue Wirklichkeitskonstrukte und Heuristiken, wenn das kumulierende sozio-kommunikative Handeln Standards folgt, die bislang in der Sozialsemantik und im sozio-kommunikativen Handeln des ökonomischen Systems noch nicht existiert haben. Eine solche Steigerung des Outputs an sozio-kommunikativem Handeln im System entspricht dem Fluktuieren der Wirklichkeitskonstrukte und Entscheidungsheuristiken auf der systematischen Ebene.

Sozio-ökonomische Subsysteme und deren Wirklichkeitskonstrukte und Heuristiken bleiben nur so lange stabil, wie es keine neuen Outputs an Wirklichkeitskonstrukten und Heuristiken gibt, die das System nachhaltig stören. Diese Stabilität ist fragil, sie ist – wie wir im Zusammenhang mit dem Heuristikpool gesehen haben – eher als dynamisches Gleichgewicht zu denken, in dem sich konkurrierende Wirklichkeitskonstrukte und Heuristiken die Waage halten können. Die nachhaltige Störung eines Subsystems bedeutet, dass ein sozio-kommunikatives Handeln (mitsamt seinen Wirklichkeitskonstrukten und Heuristiken) mit, in Relation zum bestehenden System, innovativen Standards kumuliert und ein neues Gleichgewicht nötig macht. Die Gesamtheit der Wirklichkeitskonstrukte und Entscheidungsheuristiken markieren die verschiedenen Weisen des sozio-kommunikativen Handelns sowie die unterschiedlichen Sozialsemantiken auf der Zeitachse; sie sind das ökonomisch-gesellschaftliche Gesamtsystem. Aus der Konkurrenz von sozio-kommunikativen Handlungsweisen und Sozialsemantiken kumuliert ein ständiger Output an neuen Wirklichkeitskonstrukten und Entscheidungsheuristiken, aus dem wiederum der Wandel des ökonomisch-gesellschaftlichen Systems notwendigerweise resultiert.

Es lassen sich in diesem System – modellhaft vereinfacht – drei Pseudogruppen ausmachen, die am Entstehen der ökonomischen Wirklichkeitskonstrukte und Entscheidungsheuristiken im Gesamtsystem entscheidenden Anteil haben: die *Experten* (die Entscheider in den Unternehmen, aber auch Vorgesetzte oder Vorbilder, Politiker, Verbandsführer, Wirtschaftsbosse, Wissenschaftler, Journalisten etc.), die *Vermittler* (Medienvertreter, PR-Abteilungen, Beamtenapparate, mittleres Management etc.) und das *Publikum* (die schweigende Mehrheit, die Wähler, die Mitarbeiter etc.).

Diese drei Pseudogruppen sind empirisch nicht immer sauber voneinander zu trennen: Experten können auch als Vermittler auftreten; Experten müssen nicht unbedingt (nur) Fachexperten sein, sondern können auch Experten darin sein, als geschickte Geschäftsleute die Bedürfnisse des Marktes zu wecken und/oder zu bedienen und ihr Unternehmen (oder, als Politiker, ihre politische Partei) durch ihre Selbstdarstellung in der Öffentlichkeit zu positionieren (Kommunikatoren). In jedem Fall werden sie dabei als Experten auftreten und meist ein sozio-kommunikatives Handeln an den Tag legen, das sie als fachliche Experten erscheinen lässt. Sie werden darauf pochen, dass ihr Unternehmen prosperiert, oder ihren Ehrendoktor oder ihre Honorarprofessur auf die Visitenkarte drucken und in jeder Pressemitteilung verbreiten lassen; sie werden ihr soziales Engagement in einem Service-Club oder für die Mitarbeiter und die Gesellschaft betonen oder auf ihre Berufung in eine staatliche Wirtschaftsdelegation verweisen etc.

Mit den unterschiedlichen Personengruppen, die den drei Pseudogruppen angehören, sind außerdem die unterschiedlichen sozialen Rollen beschrieben, die jeder abhängig vom sozialen Kontext spielt, in dem er sich bewegt, und für die er von dem jeweiligen Umfeld, in dem er sich gerade bewegt (privat/öffentlich etc.), situativ verstärkt wird. So kann der Abteilungsleiter in der eigenen Abteilung zum Meinungsführer avancieren. Im Vergleich zu dem in der Hierarchie über ihm stehenden Bereichsleiter ist er aber lediglich der Vermittler von dessen Positionen nach unten bzw. gehört aus der Sicht der oberen Führungskräfte und entsprechend seines tatsächlichen Einflusses auf die Generierung der bestimmenden Wirklichkeitskonstrukte und Entscheidungsheuristiken lediglich zum Publikum, das Richtlinien umzusetzen hat. Außerdem kann jemand im Berufsleben eine untergeordnete Stelle besetzen, während er sich privat in seiner Funktion als Vereinsvorsitzender oder Bundesdelegierter für seinen Verband zum Gesprächspartner für Minister mausert.

Das wird auch virulent, z.B. wenn sich ein Schulungsabteilungsleiter in einem Großkonzern privat in einer politischen Partei engagiert und in den Stadtrat gewählt wird, der die Expansionspläne des Konzerns vor Ort behindern könnte. Außerhalb des Unternehmens avanciert der Mitarbeiter so plötzlich zum Verhandlungspartner für den Konzern- oder Standortchef, mit dem er beruflich so gut wie keinen Kontakt hat und der in der Hierarchie meilenweit über ihm steht. Das kann Karrieren im Unternehmen durchaus beeinflussen, zumindest wenn im Stadtrat eine dem Unternehmen genehme Entscheidung herbeigeführt wird. Solche sozialen Zwitterrollen sind außerdem bei nicht freigestellten Betriebsräten in kleineren Unternehmen zu beobachten, die einerseits der Sozialsemantik des Arbeitnehmers folgen, aber andererseits in die Rolle des gewerkschaftlichen Interessenvertreters (Funktionärs) schlüpfen. Auch Pseudogruppen sind also ein Stück weit dynamisiert; die Verteilung der sozialen Rollen ist nie ganz eindeutig festgelegt bzw. wechselt.

Was Experten und Vermittler vom Publikum unterscheidet, ist ihr essenzieller Ansatz, der einem eskapistischen Hintergrund gegenübersteht: Experten und Vermittler betreiben die Generierung von Wirklichkeitskonstrukten und Entscheidungsheuristiken bzw. -optionen als Profession, d.h. sie beschäftigen sich den ganzen Tag mit nichts anderem, und ihr sozio-kommunikatives Handeln steht sogar in den meisten privaten Kontexten immer unter dem Vorbehalt der Beobachtung beispielsweise durch die Öffentlichkeit. Das sozio-kommunikative Handeln des Publikums steht nicht unter der gleichen öffentlichen Beobachtung, auch nicht am Arbeitsplatz. Die berufliche Rolle kann hier sogar einen ausgesprochen eskapistischen Charakter annehmen, d.h. sie ist dann keine Passion und auch nicht emotional stark aufgeladen, sondern »bloß ein Job«, den man leidenschaftslos aus ökonomischer Abhängigkeit heraus erledigt. Das »eigentliche Leben« beginnt dann nach Feierabend. Trotzdem erwartet das Publikum Wahrhaftigkeit von »denen da oben«, also die Passion und den Einsatz für das Unternehmen, den man selbst nicht aufzubringen bereit ist.

Das führt immer wieder zu einem Auseinanderklaffen von Anspruch und Wirklichkeit in der Kommunikation: Das Publikum hält die Experten und Vermittler aufgrund ihrer Spezialisierung und Professionalität oft für besonders glaubwürdig und kompetent (*Glaubwürdigkeitsvermutung*). Experten und Vermittler gelten als übergeordnete Instanzen mit Vorbildcharakter (*Wahrhaftigkeitsvermutung*), obwohl ihr professionelles Konstruieren von Wirklichkeit und von Entscheidungsheuristiken eben nicht ein sozio-kommunikatives Handeln ausschließlich nach solchen unterstellten essenziellen Standards darstellt, sondern genauso vom eigenen, persönlichen Fortkommen geprägt ist, also von einer psychologischen Kategorie wie etwa der späteren, eigenen Machtausübung. Und das bedeutet manchmal eben auch: sich heute der Meinung des derzeit Ranghöheren anzupassen, damit man ihn morgen als Teil einer anderen, karriereträchtigeren Allianz überflügeln kann.

Glaubwürdigkeits- und Wahrhaftigkeitsvermutung führen dazu, dass das Publikum sich oft und wenigstens für eine bestimmte Zeit den von den Experten und Vermittlern generierten Wirklichkeitskonstrukten und Entscheidungsheuristiken anschließt. Auf diese Weise kumuliert sozio-kommunikatives Handeln im Unternehmen und in der Gesellschaft. Die institutionellen, strukturellen und marktgenerierten Notwendigkeiten, aber auch die psychologischen Abhängigkeiten beispielsweise von der eigenen Peer-Group, denen Experten und Vermittler unterliegen, sind nicht unbedingt bekannt, weil Experten und Vermittler dem Publikum diese Abhängigkeiten normalerweise nicht mitteilen: Ihre Glaubwürdigkeit könnte darunter leiden.

Außerdem müssen sich Experten und Vermittler ihrer Abhängigkeiten nicht notwendigerweise bewusst sein. Selbstrechtfertigungen (»das ist meine Entscheidung und sie ist gut«), aber auch der Anpassungsdruck aus der Peer-Group (»die Löhne in Deutschland sind zu hoch«; »Leistung muss sich wieder lohnen«), können ein sozio-kommunikatives Handeln nach objektiv-rationalen Standards simulieren, das nach außen so gerechtfertigt wird, indem man gezielt oder unbewusst die entsprechenden Informationen sammelt bzw. sammeln lässt und diese als seine »objektive« Entscheidungsgrundlage kommuniziert. Dass dahinter auch subjektive Anteile stecken, könnte der Glaubwürdigkeits- und Wahrhaftigkeitsvermutung schaden und bleibt deshalb – selbst wenn man sich dessen bewusst sein sollte – verborgen.

Auf der Ebene der generierten Wirklichkeitskonstrukte und Entscheidungsheuristiken führen solche nichtöffentlichen Eigendynamiken mitunter zu Fluktuationen im sozio-kommunikativen Handeln des ganzen Unternehmens, zu einem ständigen Wechsel der Ausrichtung und der Strategien beispielsweise, was auf Kosten des Kundenvertrauens geht. Ein Beispiel ist das Hin und Her des Walldorfer Softwarekonzerns SAP bei den Leistungspaketen für seine Kunden, also der Streit darum, welcher Serviceumfang in welchen Lizenzgebühren enthalten ist. Inzwischen hat das Unternehmen nach massivem Druck klein beigegeben und ist seinen Lizenznehmern entgegengekommen. „Viel Porzellan wurde da zerschlagen", so ein Insider.[37] Sogar der Vorstandssprecher des Unternehmens, Léo Apotheker, musste seinen Hut nehmen – allerdings nicht nur wegen der sich verschlechternden Kundenbeziehungen. Hierzu gibt es eine bemerkenswerte Aussage des SAP-Aufsichtsratsvorsitzenden Hasso Plattner, der die Absetzung von Apotheker maßgeblich betrieb: SAP solle wieder zu einem „glücklichen Unternehmen" werden. Der Betriebsratsvorsitzende Stefan Kohl definiert das SAP-Glück so: „Die unterschiedlichen Interessen der Mitarbeiter, Kunden und Anteilseigner befinden sich in einer vernünftigen Balance zum gegenseitigen Vorteil."[38]

---

[37] Äußerung gegenüber dem Autor.
[38] Die Rheinpfalz vom 20. Februar 2009: Wirtschaftsseite 2.

2.21. Das Chaos im System

Die bisher herausgearbeiteten Kommunikationsprozesse der ökonomischen (und gesellschaftlichen) Entscheidungsfindung, die Komplexität des sozio-kommunikativen Handelns und seiner Feedback-Strukturen und -Kaskaden, lassen sich theoretisch als chaotisches System modellieren.[39] Das will ich zum Abschluss auf der Basis der bisherigen Ergebnisse noch einmal detaillierter tun. Die Vorteile des Chaos-Paradigmas sind, dass es die notwendigerweise dynamische Struktur gesellschaftlicher Vorgänge berücksichtigt und sich die dahinter stehenden Kommunikationssituationen insbesondere zweiter und dritter Ordnung (siehe oben) nahtlos einpassen lassen, weil das Chaos-Modell das individuelle Einzelhandeln und die nichtintendierten Folgen dieses sozio-kommunikativen Handelns im System verzahnt. Anders gesagt: Weil es die Mikroebenen und die Makroebene nicht nur abbildet, sondern kausal zusammenbindet. Ein weiterer Vorteil ist, dass chaotischen Systemen der Wandel notwendigerweise eingeschrieben ist. Und genau das charakterisiert ja gesellschaftlich-soziale Hervorbringungen wie die Ökonomie.

Eng mit dem Chaos-Modell verbunden ist das Unvorhersehbarkeits-Paradigma. Die dahinter stehende Mathematik besteht aus Algorithmen, die die Entwicklung eines Systems in der Zeit beschreiben. In Abhängigkeit von den Ausgangsbedingungen ergeben sich Gabelungspunkte (»Bifurkationen«), an denen ein System sich in die eine oder andere Richtung entwickeln kann. Bei hoch komplexen Vorgängen können sich die möglichen Wege und damit die Bifurkationspunkte so dicht überlagern, dass unvorhersehbar wird, welchen Entwicklungsweg das System einschlagen wird. Man kann sich das vorstellen wie ein Gewirr aus Eisenbahnschienen, die sich durch die Zeit hindurch aufspannen und voneinander abzweigen. Die auf dem Bahnhof, dem Startpunkt des Systems, herrschenden Anfangsbedingungen legen fest, welche Abzweigungen die losfahrende Diesellokomotive nimmt und wo sie schließlich ankommt. Und da es viele Zivilisationen gegeben hat mit vielen verschiedenen ökonomischen Systemen, müssen wir in der Geschichte der Menschheit auch von vielen Bahnhöfen und Diesellokomotiven ausgehen, die sich ab und an begegnet sind und deren Schienenwege sich inzwischen, im Zeitalter der Globalisierung, immer enger miteinander verflechten.

Wenn wir die Diesellokomotiven einmal als die ökonomischen Energien betrachten, die von den Volkswirtschaften seit der Entstehung von Zivilisationen in Gang gesetzt worden sind, dann spannt sich durch die Zeit, also sagen wir über die vergangenen 10.000 Jahre hinweg, ein Gewirr des sozio-kommuni-

---

[39] Anmerkung: Die Einzelnachweise für die benutzte chaostheoretische Literatur siehe Gruber 2000.

kativen Handelns mitsamt seinen Entscheidungsheuristiken, Sozialsemantiken und Rationalitäten, den daraus resultierenden Konsequenzen mitsamt ihren Entscheidungs- und sozio-kommunikativen Feedbacks, die wiederum aus diesen gesellschaftlich-ökonomischen Konsequenzen resultieren. Diese sozio-kommunikativen Feedbacks müssen nicht immer in ökonomische Entscheidungsheuristiken gemündet haben; bis über das Spätmittelalter hinaus war es nur eine sehr schmale Schicht von Kaufleuten und Händlern, die dem Primat der Ökonomie folgte, angefeindet, behindert und zum Teil bekämpft von einer religiös ausgerichteten und ständisch geprägten Gesellschaft mit den entsprechenden sozio-kommunikativen Entscheidungs- und Handlungsheuristiken (»Ehre«, »Ruhm«, »Glaube« etc.). Dennoch unterlag genauso diese Welt den ökonomischen Zyklen, ohne sich dessen bewusst zu sein. Zumindest in der öffentlichen Wahrnehmung wurden sie weitgehend ausgeblendet bzw. kritisch gesehen (Stichwort: »Wucher«). Heute ist es eher umgekehrt: Die Welt erscheint in der öffentlichen Wahrnehmung durchökonomisiert, obwohl sie das natürlich in weiten Bereichen gar nicht ist.

Über die ganze Lebensspanne des chaotischen Systems gesehen, entstehen immer wieder lokale Gleichgewichte, lokale Gesellschaften mit ihren ökonomischen Semantiken und Entscheidungsheuristiken, die sich mathematisch als »seltsame Attraktoren« beschreiben lassen. Ich hatte sie oben als Trichter bezeichnet. Unter seltsamen Attraktoren versteht man in den Chaos-Theorien stabile Zustände, in die ein Teil der Systemressourcen eine Zeit lang »einrastet«, anders ausgedrückt: Seltsame Attraktoren ziehen die Ressourcen zu sich heran, um das lokale Gleichgewicht so lange stabil zu halten, wie dafür genügend Ausgangsstoffe zur Verfügung stehen. Bricht ein lokales Gleichgewicht zusammen oder liefert der bestehende Attraktor Synthesen, die bislang im System nicht existiert haben, können sich an anderer Stelle (zu einem anderen Zeitpunkt) neue stabile Attraktoren herausbilden, die wiederum die vorhandenen Ressourcen (Synthesen) als Ausgangsstoffe nutzen. Dieses Selbstorganisationsprinzip funktioniert so lange, wie dem gesamten System genug Energie zur Verfügung steht, um ständig neue unvorhersehbare lokale Gleichgewichte auszubilden. Insgesamt aber ist das Gesamtsystem der Entropie unterworfen, d.h. es verliert immer mehr Energie bis es im thermodynamischen Gleichgewicht endet – man könnte sagen: bis die letzte Lokomotive ausrollt, weil sie ihren gesamten Diesel verbrannt hat.

Innerhalb der einzelnen Gesellschaften kumulieren durch das sozio-kommunikative Handeln der Individuen Subsysteme, die nicht nur materielle, sondern auch geistige Ressourcen zu sich heranziehen und damit die jeweiligen Blickwinkel (Rationalitäten) schaffen, die die jeweiligen kleinen Attraktor-Welten innerhalb der Gesellschaften prägen. Es kumuliert also ein bestimmtes sozio-kommunikatives Handeln mitsamt den zugehörigen Entscheidungsheuristiken in einem Bereich der Gesellschaft und folgt beispielsweise einer ökonomischen Sozialsemantik, während ein anderer Bereich der Gesellschaft »Gott« folgt und ein dritter beispielsweise der »Herrschaft« – was nicht bedeutet, dass man, wenn man keiner ökonomischen Semantik folgt, nicht auch ökonomischen Zwängen unterliegt. Die Eigenwahrnehmung freilich kann das ausblenden. Ein gutes Beispiel sind die Klöster: Sie waren nicht nur Orte des Glaubens bzw. wurden vor allem als solche wahrgenommen, sie waren vor allem erfolgreiche Produktions- und Wirtschaftszentren. Auch der Ablasshandel der Kirche folgte letztlich ökonomischen Zwecken, auch wenn das eingesammelte Geld unter anderem zum Bau von Kirchen diente.

Die Trias Politik, Gott, Ökonomie, die im Mittelalter Bestand hat, bricht zur Neuzeit hin auf: Die Naturwissenschaften treten dazu und die weltliche Kunst; die Ökonomie wird schließlich auch im öffentlichen Bewusstsein mehr und mehr als bestimmend wahrgenommen ab dem Zeitalter der Frühindustrialisierung. Das Schienengewirr der Feedbackstrukturen zwischen den einzelnen Entscheidungsheuristiken und dem multiplen sozio-kommunikativen Handeln verdichtet sich weiter. Es wächst und differenziert sich aus, weil an der Schwelle zur Moderne nicht mehr nur das politische System gegen die Ökonomie steht, sondern auch unterschiedliche ökonomische Modelle in Konkurrenz zueinander treten mit den zugehörigen Volkswirtschaften. Analoges gilt für die gesamte Gesellschaft. Und je freier der Markt sich gebärdet, je globaler die Welt sich vernetzt, desto unübersichtlicher das Schienengewirr, desto größer die Zahl der Entscheidungsoptionen, desto weniger stabil und desto kurzlebiger die einzelnen ökonomischen und nicht-ökonomischen Subsysteme.

Die seltsamen Attraktoren spielen dabei eine besondere Rolle. Sie sind als die unterschiedlichen lokalen Sub- und Subsubsysteme in einer Gesellschaft synchron-global und historisch-diachron miteinander vernetzt, das heißt sie reagieren über Feedbackstrukturen aufeinander. Ich hatte das oben als Eigen- und Fremdgruppenwahrnehmungen bzw. als gegenseitige Wahrnehmungsfunktionalisierungen beschrieben. In Abgrenzung zu anderen gesellschaftlichen Gruppen oder in Anlehnung an sie kumuliert hier das sozio-kommunikative Handeln der Einzelnen zu einem Gruppenhandeln mit den entsprechenden Wirklichkeitskonstrukten und Entscheidungsheuristiken, das seine geistigen Energien auch aus der Vergangenheit ziehen kann (beschworene Vorbilder, Traditionen, Mythen etc.). Die Gesichtspunkte, denen das sozio-kommunikative Handeln und Entscheiden folgt, sind dabei nie sortenrein: ökonomische vermischen sich mit politischen Heuristiken, ästhetische mit ökonomischen, wissenschaftliche mit politischen usw. Die Tragweite des jeweiligen sozio-kommunikativen Handelns für das Gesamtsystem, seine Relevanz für die Gesellschaft, wie viel geistige Energie also der seltsame Attraktor zu sich heranzieht, um das Denken, Handeln und Entscheiden für eine gewisse Zeit um die von ihm hervorgebrachten Standards kreisen zu lassen – was ja wiederum Gegenstandards und ein alternatives sozio-kommunikatives Handeln und Entscheiden provoziert –, das hängt davon ab, für wie viele Menschen das Handeln und Entscheiden Einzelner oder Weniger essenziell ist; und das hängt davon ab, wie viele sich von einem alternativen sozio-kommunikativen Handeln, Wahrnehmen und Entscheiden überzeugen lassen. Also: Von den Entscheidungen des Industriemagnaten hängen viele Mitarbeiter ab. Hier kann ein sozio-kommunikatives Handeln gemäß der Vorgaben von oben im Unternehmen leichter kumulieren als außerhalb, im politischen Bereich, wo der Wähler überzeugt werden muss.

Man kann sich diese seltsamen Attraktoren als Trichter vorstellen, die durch das sozio-kommunikative Handeln aller im Gesamtsystem kumulieren: Von oben betrachtet, aus der Vogelperspektive, markieren sie einen genau umrissenen Kreis, der sie eindeutig unterscheidbar macht von anderen Attraktoren. Hier lassen sich das politische vom ökonomischen vom ethischen vom ästhetischen vom wissenschaftlichen vom privaten etc. Subsystem gut abtrennen. Diese Perspektive ist die Sichtweise der wissenschaftlichen Theorie. Nähert man sich jedoch einem Trichter, dann sieht man, dass er aus einem Dickicht von – in ihrer Wirkung – mehr oder weniger äquivalenten Wahrnehmungs-, Entscheidungs- und Handlungswegen besteht, aus einem Schienennetz im Schienennetz, dass er ein Gewirr aus immer neuen Abzweigungspunkten darstellt, die aus dem individuellen sozio-kommunikativen Handeln resultieren, das ständig andere Wirklichkeiten und Entscheidungen generiert. Dabei werden von den Handelnden immer weitere Abzweigungspunkte hervorgebracht, die sich in immer noch mehr Abzweigungen verlieren.

Auch dahinter steckt ein mathematisches Konzept aus den Chaos-Theorien, nämlich die »Selbstähnlichkeit«. Es beschreibt Muster in den Mustern in den Mustern, eine unendliche Strukturiertheit, die entsteht, obwohl die äußeren Grenzen relativ genau und eng umrissen sind. Ein Beispiel hierfür wäre die Küstenlinie von England, deren Form ein Satellit sehr genau zeigt. Aber je mehr man sich der Insel nähert, desto mehr vorher unsichtbare Strukturen werden sichtbar, die sich in immer weiteren Strukturen verlieren: zunächst viele Buchten, dann einzelne Strände, dann Sandkörner etc.

Untereinander sind diese seltsamen Attraktoren über ihre Schienennetze verbunden, weil ökonomisches Handeln immer auch die anderen Teilsysteme beeinflusst und von ihnen beeinflusst wird; und weil nie nur nach einem Gesichtspunkt entschieden wird. Auch innerhalb des ökonomischen Trichters stehen sich unterschiedliche Ansätze gegenüber, die wechselseitige Feedbacks auslösen. Das Entstehen immer neuer Bifurkationen im Trichter muss nicht unbedingt bedeuten, dass der seltsame Attraktor von einer Gruppe oder Einzelnen verlassen wird, dass also seine durch das sozio-kommunikative Handeln der Mitglieder entstandenen Wirklichkeitskonstrukte, Entscheidungsheuristiken und Entscheidungsoptionen nichts mehr gelten und dem stabilen Zustand dadurch die geistige Energie ausgeht und er erlischt. Entscheidungsvarianten, Entscheidungsoptionen, aber auch leicht voneinander abweichende Wirklichkeitskonstrukte können genauso ein mehr oder weniger äquivalentes sozio-kommunikatives Handeln erzeugen, sodass der seltsame Attraktor insgesamt gesehen ein stabiles Subsystem darstellt, das von vielen variierenden Sub-Subsystemen gespeist wird. Funktionierende Unternehmen basieren ja gerade auf diesem Prinzip der Einheit in der Vielfalt.

Schaukeln sich aber Feedbacks zwischen den Sub-Subsystemen hoch und münden sie in das sozio-kommunikative Handeln von zwei und mehr Gruppen, das nicht mehr äquivalent ist, dann verlässt ein Teil derer, die am Kumulieren des Attraktors beteiligt sind, den Trichter, indem sie ein anderes, konkurrierendes sozio-kommunikatives Handeln zu etablieren beginnen mit eigenen Entscheidungsheuristiken und Wirklichkeitskonstrukten. Das kann anfangs durchaus unbewusst geschehen. Aber über historische Zeiträume gesehen, kann die Ökonomie irgendwann in einen neuen Attraktor einrasten. Möglich ist das, weil die innerhalb des ökonomischen Attraktors bestehende Vielfalt des sozio-kommunikativen Handelns Subsysteme ausbildet mit eigenen Bifurkationen. Subsysteme innerhalb des ökonomischen Attraktors können sich aber auch enger anschließen an andere nicht-ökonomische Attraktoren im gesamtgesellschaftlichen System, mit denen sie ja verbunden sind bzw. mit deren sozio-kommunikativem Handeln sie sich überlappen (man denke an den Sozialismus); sie etablieren dann einen neuen, gemeinsamen Attraktor, wenn die Kumulationseffekte, sprich der (auch erzwungene) Zulauf, groß genug sind.

Den einzelnen ökonomischen Akteuren innerhalb eines Attraktors ergeht es wie einem Bergsteiger, der sich an jeder Gabelung (Bifurkation) entscheiden muss, welchen Weg er wählt. Manche Pfade wird der eine nicht beschreiten können, weil ein Abgrund gähnt, den er nicht überspringen kann – ein anderer aber schon, weil er sprungkräftiger und größer ist, gemeint ist: weil er bessere unternehmerische Instinkte oder größere geistige Kapazitäten mitbringt, über mehr oder bessere Informationen verfügt, mutiger ist, kreativer etc. Manche Wege wird der eine achtlos liegen lassen, weil sie ihm nicht attraktiv genug erscheinen, also keinen Gewinn versprechen. Während ein anderer gerade die ausgetrampelten Pfade meidet und sich durch unwegsames Gebüsch schlägt und so unverhofft auf Entscheidungsoptionen stößt, die den anderen verborgen geblieben sind.

An welchen Gabelungspunkten man wie abbiegt, hat auch damit zu tun, von welchem Punkt aus man startet: Ist man selbst Teil des Attraktors oder eines seiner Sub-Subsysteme, oder kommt man gar nicht aus der Ökonomie, sondern von einem ganz anderen Subsystem? Auch die Wirklichkeitskonstrukte und Entscheidungsheuristiken, die man selbst in ein anderes gesellschaftliches Subsystem mitbringt, entscheiden letztlich über das eigene Erkennen und das daraus generierte sozio-kommunikative Handeln mitsamt seinen Heuristiken und Semantiken und den daraus entstehenden Feedbacks.

Manche Wege, deren Richtung grob einsehbar ist, kann man dabei ganz gut vorhersagen und man wird ungefähr da anlangen, wo man anzukommen gedacht hat. Hier helfen Erfahrungswerte und die Kenntnis menschlicher Verhaltensweisen. Aber es gibt auch immer wieder überraschende Kehren, die in einer Sackgasse enden oder Pfade öffnen, die einen nach unten führen, wo man doch nach oben wollte. Diese Wege und Bifurkationen, denen man folgen kann – und hier verzerrt das Bild vom Schienennetz bzw. den Pfaden etwas – werden geschaffen durch das sozio-kommunikative Handeln aller im Trichter und aller im gesamten (auch: globalen) gesellschaftlichen System. Die Pfade oder Gleise entstehen sozusagen im Vorwärtsschreiten wie Entscheidungsbrücken in der Luft. Und sie beeinflussen dadurch die Pfade der anderen (Feedbacks), die diese durch ihr sozio-kommunikatives Handeln hervorbringen.

Die optimistische Richtung innerhalb der Chaos-Theorien stellt darauf ab, dass das Erkenntnisproblem allein mit den Ausgangsbedingungen verknüpft ist: Wenn wir alle Parameter, die am Startpunkt gelten, nur genau genug bestimmen könnten, dann ließe sich der Weg des Systems vorhersagen und beispielsweise unser ökonomisches Handeln ließe sich pass- und zielgenau ausrichten, etwa mithilfe der Mathematik. Die Wirtschafts- und Finanzkrisen dieser Welt lehren uns aber, dass dem nicht so ist, dass ökonomische Modelle allenfalls Gültigkeit haben innerhalb bestimmter, überschaubarer Reichweiten. Deshalb ist die plausiblere Modellierung diejenige, die die skeptische Richtung innerhalb des Chaos-Modells vertritt: Dass wir nämlich nicht in der Lage sind, die Ausgangsbedingungen jemals so genau zu bestimmen, dass so etwas wie eine langfristige Vorhersagbarkeit ins Blickfeld gerät. Um im Bild zu bleiben: Zu dicht überlagern sich die Bifurkationen, die Entscheidungsoptionen und deren Feedbacks, als dass man seinen eigenen Weg vorhersagen könnte, obwohl in der Rückschau alles klar und nachvollziehbar vor uns liegt. Hinzu kommt, und das ist für mich das entscheidende Argument, dass die Quantentheorie in ihrer gegenwärtigen Form jede genaue Kenntnis eines Zustands verneint, weil irgendwann der Beobachter als Beeinflusser zu einem Teil des Systems wird. Damit scheint die Quantentheorie die Existenz des objektiven Zufalls zu bestätigen und damit hebelt sie jeden strengen Determinismus aus. Auf unsere Metapher von den

Eisenbahnlinien bezogen heißt das: Eigentlich muss das Chaos-Modell um den objektiven Zufall ergänzt werden, was bedeutet, dass an den Abzweigungen Weichen eingebaut sind, die zufällig umspringen und die Lokomotiven der Ökonomie unvorhersehbar und nicht-deterministisch in die eine oder andere Richtung schicken.

Wenn man sich die Feedback-Strukturen des sozio-kommunikativen Handelns vor Augen führt, das beständige Erzeugen von Entscheidungen, Heuristiken und Optionen durch das Handeln jedes Einzelnen, die gesellschaftlich kumulieren können, dann dürfte klar geworden sein, dass es trotz aller Muster, die sich abzeichnen, keine grundsätzliche Voraussagbarkeit im System geben kann. Und zwar notwendigerweise nicht geben kann, also unabhängig von unseren beschränkten Erkenntniskapazitäten. Das gilt nicht nur für die Ökonomie, sondern genauso für das globale Gesamtsystem des menschlichen Entscheidens, Denkens, Wahrnehmens und Handelns. Zumal menschliches Handeln in Gesellschaften – und das hatten wir eingangs gesehen – immer eingebettet ist in einen Selbstbeschreibungsmodus und von daher jedes Erklären zugleich eingreift in dieses System und es verändert im Sinne des allgegenwärtigen Kampfes um die Deutungshoheit.

2.22. Die vier goldenen Regeln der Binnenkommunikation

Dieses Wissen um die Muster des sozio-kommunikativen Handelns und seine theoretische Modellierung als gesellschaftlich-ökonomisches, chaotisches System, lässt sich pragmatisch gesehen in vier goldene Regeln für die Binnenkommunikation gießen:

1. Erkenne dein Unternehmen. Lerne die Sprachen kennen, die in deinem Unternehmen gesprochen werden. Nur so erhältst du Zugang zum gesamten Potenzial, das dein Unternehmen birgt. Sorge für Durchmischung um dich herum, für vertikale soziale Mobilität in den Hierarchien. Nur so spricht das Management alle Sprachen, die auch im Unternehmen gesprochen werden.

2. Erkenne dich selbst. Kommunizieren und Wahrnehmen unterliegt deinen Aufwertungs- und Abwertungsprozessen. Deine Wahrnehmung legt deine Entscheidungsheuristiken und deine Semantiken fest, die du ins Unternehmen kommunizierst und mit denen du dort Entscheidungsheuristiken und Semantiken, eine bestimmte Rationalität, schaffst. Erkenne deine eigenen Auf- und Abwertungsmechanismen und versuche jeden Tag, deine Werte ein Stück weit umzuwerten.

3. Erkenne den Wert der Instabilität. Wenn du den Output an Entscheidungsoptionen in deinem Unternehmen steigern und deinen eigenen unternehmerischen Wahrnehmungsfallen entgehen willst, fördere die Unangepassten, die schwachen Selbstüberwacher. Bereite dich auf einen erhöhten kommunikativen Aufwand mit ihnen vor. Stelle dich den Diskussionen, fordere sie ein. Es wird sich langfristig auszahlen.

4. Erkenne den Wert der Stabilität. Wenn du dein Unternehmen schlagkräftig machen und die Menschen motivieren willst, gib den starken Selbstüberwachern das Gefühl, dass sie unabkömmlich, dass sie das Rückgrat der Firma sind. Versuche denjenigen, die ihrer Arbeit gewissenhaft nachgehen, ihre Zuständigkeiten so klar wie möglich zu beschreiben. Gib ihnen Regeln. Überfordere sie nicht mit einer Anforderungsunübersichtlichkeit und mit Aufgaben, die sie nicht erfüllen können. Verlange von ihnen keine Flexibilität, der sie nicht gewachsen sind. Ihre Treue ist dir dann auch in schweren Zeiten gewiss.

3. Die Außensicht: Wie wir gut kommunizieren

Die Kommunikation nach außen ist für Unternehmen mitunter eine kitzlige Angelegenheit. Und das gilt nicht nur, wenn es unangenehme Dinge zu vermelden gibt, wie einen Stellenabbau, schlechte Bilanzen oder ausgetretene Flüssigkeiten und Gase, die auch die Umgebung des Werks in Mitleidenschaft ziehen. In diesen Fällen, in der Krise also, gibt es nur einen Grundsatz, den man unbedingt beherzigen sollte: Es nicht den anderen überlassen, zuerst zu kommunizieren, sondern so schnell und umfassend wie möglich an die Öffentlichkeit treten. Nichts ist schlimmer, als wenn die Presse von einer Sache Wind bekommt und zu recherchieren beginnt. Darauf werden wir noch zu sprechen kommen.

3.1. Image- und Interessenkommunikation

Zunächst soll es aber einmal um die Image- und Interessenkommunikation gehen. Vor allem Konzerne unterhalten große, professionelle Apparate, deren Arbeit ein wenig an die Methoden von Geheimdiensten erinnert: Da werden täglich von einer ganzen Abteilung die Medien ausgewertet und dem Vorstand, dem Bereich oder der Abteilung zielgruppengenau, also themenspezifisch in Form von Pressespiegeln, die Artikel zur Verfügung gestellt. In kleineren Unternehmen erledigt das der Chef oder sein engster Mitarbeiterstab selbst: Man verfolgt die einschlägigen Wirtschafts- und Börsennachrichten oder die Artikel in der Regionalzeitung privat, und das online, per Print-Abonnement oder in Fernsehen und Rundfunk. Mitunter drängt es dann die Unternehmensspitze, sich selbst öffentlich zu präsentieren, sich einzumischen in die gesellschaftlichen Debatten, sei es, um das eigene Unternehmen als ethischen Akteur zu präsentieren inmitten einer Welt der Finanzhaie; sei es, um anstehende politische Entscheidungen diffus zu beeinflussen und die öffentliche Meinung zu seinen Gunsten zu drehen. Und das kann schief gehen, wenn einem die Eigenwahrnehmung einen Streich spielt und man nach draußen, in die Welt der »Normalverbraucher«, so kommuniziert, wie man es gewohnt ist, intern zu tun.

Ein Beispiel dafür aus jüngerer Zeit ist die Pressemitteilung eines Chemiekonzerns, die unter der Überschrift „Mit Innovationen Europas Wohlstand ret-

ten" eingangs zwei Thesen in den Raum stellt: „Industrie ist der Problemlöser"
und „Europas Spitzenmanager stellen Vision 2025 vor". Der Text leitet ein mit
den Worten: „Als Nationaler Champion eines Kreises europäischer Spitzenmanager hat XY-Chef Dr. YZ Position für Europa bezogen: ‚Wir müssen unsere
Kräfte bündeln und konsequent ausrichten auf die einzige Chance, die wir haben: Wir müssen innovativer als unsere Wettbewerber sein (...).' Der Text for-
dert im Folgenden politische Rahmenbedingungen, die ein nachhaltiges Wirt-
schaftswachstum auf Dauer sichern und schließt mit dem Zitat: „Die Industrie
ist der Problemlöser und nicht der Problemverursacher, wie man manchmal
glauben machen will (...)."[40]

Das Problem dieses Textes ist, dass er nicht in der Lage ist, die Eigenwahrnehmung der Vorstandsetage zu überschreiten. In der Selbstbeschreibung, die
von ihrem Umfeld verstärkt wird, sehen sich Konzernlenker natürlich gerne als
Weltretter, deren Laden im Vergleich zum politischen System höchst effizient
läuft. Sie verweisen darauf, dass es ihr Unternehmen ist, das Wohlstand schafft
und das die Steuerzahler erst in die Lage versetzt, den Staat zu finanzieren, der
damit überhaupt erst funktionsfähig wird. Sie werden nicht müde zu betonen,
dass ihre Produkte es sind, die die Menschheit glücklich machen. Das kann man
in einer Unternehmerrunde oder in einem Kreis von Wirtschaftsjournalisten, die
eine ähnliche akademische Sozialisation haben, auch getrost so kolportieren.
Man wird vermutlich nur auf Kopfnickende treffen.

Ein kritischer Journalist aber, der mit dieser Art, die Welt ausschließlich
durch den ökonomischen Filter zu betrachten, nichts anfangen kann – wie übrigens der Großteil der Menschheit –, dieser Journalist wird eine solche Pressemitteilung als Steilvorlage betrachten. Sie enthält nämlich mehrere Angriffs-
punkte, die sich trefflich gegen ihren Urheber wenden lassen. Da ist zum einen
die Aussage, dass Europas Unternehmen innovativer sein müssen als die anderen. Das ist ein Gemeinplatz, der jedem, der sein Glück in der freien Wirtschaft
sucht, vom ersten Tag an vor Augen geführt und in den Kopf gehämmert wird.
Die Pressemitteilung dagegen verkauft diesen Gemeinplatz als große Erkenntnis
eines Vorstandsvorsitzenden. Die Aussage, dass die Industrie nicht die Probleme verursache, sondern löse, ist historisch gesehen schlicht falsch. Ein großer
Teil der Umweltprobleme auf unserem Planeten haben ursächlich mit der In-
dustrialisierung zu tun. Und gerade die Chemiebranche hat sich in den 1980er
Jahren vehement gegen die Einführung teurer Filtersysteme und Umweltschutz-
auflagen gewehrt. Erst seit relativ kurzer Zeit, seit man entdeckt hat, dass sich
auch mit Umwelttechnologien Geld verdienen lässt, hat hier ein Umdenken
stattgefunden. Allerdings nicht aus Überzeugung, sondern aus Profitstreben –

---

[40] Anmerkung: Beleg beim Autor.

was selbstverständlich legitim ist. Nur gehört Profitstreben nicht in die Schubla-
de der Ethik. Wer Profite erwirtschaften will, kann sich ethischen Grundsätzen
verpflichten. Dennoch bleibt die Gewinnmaximierung per se ein ökonomisches
Kalkül, oder, anders formuliert: Die Ethik steht unter dem Primat des Gewinn-
strebens und das schließt manchmal unethische Entscheidungen und Notwendigkeiten mit ein.

Schließlich ist da noch das gesunde Selbstbewusstsein, das der Konzernchef demonstriert, indem er sich als „nationaler Champion" bezeichnen lässt.
Man wird ihm das außerhalb der eigenen, an Selbstdarstellern nicht gerade ar-
men sozialen Nische des Managements als abgehobene Angeberei auslegen.
Und vor diesen Implikationen hätte ihn eigentlich seine Pressestelle warnen
müssen, bevor der Text an die Redaktionen nach draußen ging. Hat sie aber
offenbar nicht. Also kam es, wie es kommen musste: Ein kritischer Journalist
spießte die Pressemitteilung genüsslich in einer kleinen, regelmäßig erscheinenden Satire namens »Sonntagsrede« auf: „Lieber YZ", beginnt sie. „Glück-
wunsch zu so viel Selbstvertrauen. Wir brauchen das. ‚Als Nationaler Champion
eines Kreises europäischer Spitzenmanager' haben Sie sich in einer Pressemitteilung Ihrer XY feiern lassen. Und uns Ihre Version für den alten Kontinent auf
den Pelz gebrannt: ‚Wir müssen innovativer als unsere Wettbewerber sein.' Das
hätten wir jetzt nicht gedacht. Was uns dabei so vertrauensselig macht, ist Ihr
Heiligenschein: ‚Die Industrie ist der Problemlöser und nicht der Problemverursacher, wie man manchmal glauben machen will.' Wo Sie schon mal dabei
sind: Retten Sie uns doch noch eben vor dem nächsten Meteoriteneinschlag und
der FDP. Danke."[41]

Das sitzt. Und das tut weh. In diesem Fall gibt es eigentlich nur eine Strategie, der auch das Unternehmen klugerweise gefolgt ist: einfach nicht mehr
reagieren. Das Beispiel zeigt, wie sehr Eigenwahrnehmung und Selbstbeschreibung, die aus der permanenten Verstärkung durch das nähere Umfeld im Unternehmen resultieren, und öffentliche Fremdwahrnehmung auseinanderklaffen
können. Den eigenen Leuten in der Presseabteilung die Schuld zu geben, ist in
diesem Fall der falsche Weg. Man sollte solche Vorgänge vielmehr als nützli-
ches Korrektiv auffassen, um seine Kommunikation nach draußen zu verbessern. Zumal die Sache mit dem Abdruck einer kleinen Satire meist nicht getan
ist. Noch eine Woche später war das Thema virulent. In den veröffentlichten
Leserbriefen heißt es: „Eine mutige Sonntagsrede, in der Sie die wirtschaftlichen Eliten unseres Landes treffend beschreiben" und „Der Herr YZ scheint

---

[41] Die Rheinpfalz am Sonntag vom 7. Februar 2010: Sonntagsrede, Seite 1.

mittlerweile auch den Boden unter den Füßen verloren zu haben und schwebt nun als rettender Industrieengel über dem gemeinen Volk."[42]
  Journalisten wie unser Satireschreiber lassen sich gemeinhin nicht beeindrucken von Beschwerden aus dem Unternehmen. Sie warten nur darauf nachzulegen. Und das Unternehmen zieht in solchen Fällen immer den Kürzeren, weil es keinen Zugriff hat, auf das, was veröffentlicht wird. Selbst ein Konzern kann wenig ausrichten gegen einen Gegner, der mit großen Reichweiten in die Öffentlichkeit hinein operiert und darüber hinaus viele Verbündete in dem kritisierten Unternehmen finden wird, die mit dieser Art der Selbstdarstellung und der Verdrehung historischer Tatsachen durch die Konzernspitze ebenso wenig anfangen können. Verbündete im Unternehmen bedeuten für einen Journalisten immer: Informationslecks, die er anzapfen kann. Die beste Reaktion ist also keine – oder eine humorvolle. Und das macht man geschickterweise telefonisch mit dem Autor persönlich aus. So kann man ihn ein Stück weit ins Boot holen. Er wird sich geschmeichelt fühlen, dass ein hochkarätiger Vertreter des Unternehmens mit ihm Kontakt aufnimmt, er wird von der Souveränität beeindruckt sein, mit der man das Ganze behandelt und die Sache auf sich beruhen lassen. Was nicht bedeutet, dass er bei der nächsten Steilvorlage nicht wieder aktiv wird. Aber das ist eben die Herausforderung, die man auch sportlich nehmen kann: Dann muss die eigene Kommunikation nach draußen eben künftig mögliche Fremdwahrnehmungen mit einbeziehen. So etwas ist eine sehr gute Übung, um selbstreferenziellen Tendenzen im Vorstand vorzubeugen bzw. entgegenzuwirken.

3.2. Finger weg von plumper PR

Leider leiten die meisten Unternehmen und die meisten Unternehmer bzw. die meisten Manager und sogar die Akteure in der Öffentlichkeitsarbeit aus solchen Scharmützeln mit der Presse ab, dass es besser sei, sich willfähriger Journalisten zu bedienen und die kritischen Vertreter ihres Fachs auf die schwarze Liste zu setzen. Das ist grundfalsch. Denn gerade auf die wachen Kritiker kommt es an. Sie durchbrechen die Eigenwahrnehmung, die in den Unternehmen zwangsläufig herrscht, sie öffnen den Blick dafür, wie das eigene Agieren »draußen« ankommt. Und sie helfen damit – unbewusst und unfreiwillig – die Kommunikation nach draußen in ein anderes Fahrwasser zu bringen, in ein Fahrwasser, das dem Unternehmen nützt.

---

[42] Die Rheinpfalz am Sonntag vom 14. Februar 2010, Seite 7.

Kritische Journalisten – und ich meine nicht diejenigen Vertreter ihres Fachs, die Kritik zu einer verkaufsträchtigen Masche gemacht haben und um des Kritisierens will kritisieren – kritisch-differenzierte Journalisten also, muss man außerdem überzeugen. Das erfordert mehr kommunikativen Aufwand und, wie wir von der Sozialpsychologie gelernt haben, eine argumentative Vorgehensweise, denn kritische Journalisten sind meist schwache Selbstüberwacher, denen die Qualität der Aussage mehr gilt als die Person, die sie vorbringt. Letztlich liefert dieser Typus des Journalisten auf lange Sicht die ausgewogensten Betrachtungsweisen und läuft dann in einer Krisensituation nicht dem Mainstream hinterher, sondern stellt sich auch mal auf Seiten des Unternehmens. Und solche Worte haben mehr Gewicht, weil auch das Publikum weiß: Hier äußert sich ein glaubwürdiger Sender, der sich selbst ein Urteil bildet, der das Unternehmen eher kritisch behandelt und sich in keine Ecke drängen lässt. Insgesamt wird in den meisten Unternehmen unterschätzt, wie wichtig die persönliche Kontaktpflege zu Journalisten, und das meint: der Aufbau einer persönlichen Beziehung ist. Dabei geht es nicht darum, den Redakteur zu bauchpinseln, sondern es geht darum, dass er sich als Ansprechpartner ernst genommen fühlt, dass er sich als eine Art vertrauenswürdiger Eingeweihter sehen kann, der ab und zu mit einer Exklusivmeldung versorgt wird, und vor allem dass er in seinem professionellen Selbstverständnis als der alleinige Entscheider bestätigt wird, welche Nachricht öffentlichkeitsrelevant genug ist, um sie zu bringen.

Plumpe Unternehmens-PR kommt deshalb bei ernstzunehmenden Vertretern der schreibenden Zunft übel an. Vor allem kleinere Unternehmen, aber beispielsweise auch Forschungseinrichtungen mit begrenzten Ressourcen machen den Fehler, dass sie keine eigene Pressestelle unterhalten, die persönliche Beziehungen zu Redaktionen aufbauen könnte, sondern dass sie sich an bundesweit tätige Kommunikationsagenturen wenden. Das Personal dieser Agenturen hat meist viel Ahnung von PR, aber wenig Ahnung von Redaktionen. Zunächst werden die einzelnen Redakteure telefonisch kontaktiert, um sie auf eine bevorstehende Pressemitteilung oder PR-Mappe hinzuweisen, die an sie per Post oder Mail gehen soll. Das ist Fehler Nummer eins. Denn Redakteure haben heute vor allem eins nicht: Zeit. Besser ist es, die Unterlagen einfach loszuschicken, auch auf die Gefahr hin, dass sie im Papierkorb landen. Der Redakteur muss das Gefühl haben, er bekommt hier ein Angebot, das er prüft und das ihn in seiner journalistischen Entscheidungsfreiheit nicht einschränkt. Und wer dem Papierkorb entgehen will, der muss einfach ein Thema anbieten, das der Redakteur für öffentlichkeitsrelevant hält; der darf nicht den Eindruck erwecken, es gehe nur darum, den Namen des eigenen Unternehmens ins Blatt zu bringen (worum es natürlich immer auch geht).

Fehler Nummer zwei ist, dass nach einigen Tagen noch einmal in der Redaktion nachgehakt wird, ob das Material auch angekommen ist und ob jetzt bald eine Geschichte erscheint bzw. gesendet wird. Es gibt nicht wenige Redakteure, die sich bedrängt fühlen und nun überhaupt keinen Grund mehr sehen, sich mit der Materie zu beschäftigen. Keinesfalls also darf in der Redaktion der Eindruck entstehen, man wolle telefonisch Druck machen. Ständiges Nachhaken ist kontraproduktiv. Ernstzunehmende Journalisten schätzen es nämlich, selbst auf interessante Geschichten zu stoßen und von sich aus aktiv zu werden; sie brauchen das Gefühl, eine Story aufgetan zu haben. Und das sollte ihnen eine Pressemitteilung vermitteln: Da ist etwas, was die Öffentlichkeit interessiert; vielleicht wäre das ja eine Geschichte für Sie; wenn Sie das Ganze interessiert und Sie mehr Material brauchen, wir helfen Ihnen gerne weiter; aber nur zu: schauen Sie sich ruhig um in der Welt, ob sie etwas vergleichbar Gutes finden.

Konkret und schematisch vereinfacht, kann eine solche Einladung zur Recherche beispielsweise so aussehen:

»Sehr geehrte/r Frau/Herr,«
(immer direkte Ansprache mit Namen und evtl. Titel; Signal: wir kennen und schätzen dich)

»wir möchten Sie darauf hinweisen, dass unser Produkt XY vor der Markteinführung steht.«
(ein Hinweis, der es dem Journalisten offen lässt, ob er aus eigenem Antrieb tätig wird oder nicht)

»Wie uns eine unabhängige Studie des XY-Instituts bestätigt,«
(Kompetenz von außerhalb; objektivierende Zusatzinformation)

»sind wir damit der erste Hersteller, dem es gelungen ist,«
(Neuigkeit, Einzigartigkeit der Nachricht, ein wichtiges journalistisches Entscheidungskriterium)

»vielen Menschen zu einem vernünftigen Preis Zugang zu gewähren zu dieser und jener Technologie, die derzeit bereits von 3 Millionen Menschen weltweit genutzt wird.«
(Relevanz für die Öffentlichkeit, die eine objektivierende Information belegt)

»Unser Produkt ist im Gegensatz zu den bisher erhältlichen Produkten weitgehend wartungsfrei und leicht zu bedienen.«
(ein eventueller Beitrag hätte also Ratgebercharakter und damit einen Nutzwert für den Leser)

»Wir freuen uns, Ihnen unser Produkt am soundsovielten präsentieren zu können, wo sie es gerne auf Herz und Nieren testen dürfen.«
(gibt dem Journalisten die Möglichkeit, sich persönlich ein Bild zu machen; schließlich steht er mit seinem Namen für die Sache, die er später in seinem Medium vorstellt; siehe oben: »commitment«-Forschung).

Wichtig ist, dass die eingefügten objektivierenden Informationen auch tatsächlich überprüfbar und belegbar sind und einer kritischen Recherche von Seiten des Journalisten standhalten. Entscheidend ist weiterhin, nicht zu dick aufzutragen oder etwas zu versprechen, was sich entweder nicht halten lässt oder unüberprüfbar in der Zukunft liegt. Ein gern gemachter Fehler ist es zudem, sich auf Verkaufs-, Bedarfs- oder Gewinnprognosen einzulassen. Das mag wichtig sein für einen Businessplan und um Kredite aufzutun, aber in der allgemeinen Kommunikation nach draußen hat es zunächst nichts zu suchen. Man sollte sich solche Zusatzinformationen für gezielte Nachfragen aufheben, die unweigerlich von Wirtschaftsjournalisten kommen, jenen meist marktwirtschaftsgläubigen Vertretern der Spezies Journalist, die allerdings im weitaus größten Teil der Redaktionen eine eher untergeordnete Rolle spielen. Der Vorteil einer solchen, auf Nachrecherchen des Journalisten setzenden Methode ist: Hakt ein Wirtschaftsredakteur beispielsweise aus einer Presseagentur wegen der Gewinnerwartungen oder der Gewinnschwelle nach, dann hat man automatisch einen persönlichen Kontakt hergestellt, der noch dazu vom Journalisten ausging. Und das verschafft der Pressestelle kommunikative Vorteile, weil nun das Interesse an der Sache von der anderen Seite ausgeht und der Journalist in seinem Recherchiermodus ist, d.h. einer Tätigkeit nachgeht, die seiner Selbstbeschreibung und Selbstwahrnehmung, seiner Selbstdefinition entspricht (er hat »angebissen«). Der Aufmerksamkeitsfokus ist dann maximal und die Chancen für eine differenzierte, unvoreingenommene Kommunikation mit ihm und damit nach draußen stehen gut.

3.3. Wirtschaft – und die Sprache

Was die Relevanz von Wirtschaftsberichterstattung für die breite Öffentlichkeit betrifft, ist die Wahrnehmung von Unternehmern, Managern oder Entscheidern meist verschoben: Sie selbst lesen vor allem Wirtschaftsblätter oder holen sich Informationen von Wirtschaftsdiensten, also von auf Ökonomie spezialisierten Redaktionen. Das Ganze ähnelt der Selbstverständigung einer kleinen Elite, wobei auf beiden Seiten, also sowohl auf Seiten der Unternehmen wie auch auf Seiten der Presse, Personen mit wirtschaftswissenschaftlichem bzw. ökonomischem Hintergrund agieren. Der große Rest der Öffentlichkeit interessiert sich für wirtschaftliche Zusammenhänge nur in Zusammenhang mit seiner persönlichen Betroffenheit (Arbeitsplatz- oder Geldverlust infolge von Wirtschafts- und Finanzkrisen etc.) und im Zusammenhang mit Skandalen (Korruption, Gerichtsverfahren etc.). Und da die Redaktionen etwa von Tageszeitungen oder Fernsehsendern vor allem nach den Interessenlagen des Publikums organisiert sind, gibt es weitaus mehr Journalisten, die in den Bereichen Regionales (wo sie jedes Thema abdecken), Politik, Sport, Kultur und so weiter arbeiten als Wirtschaftsredakteure. Entscheidend ist demnach beim inhaltlichen Aufbau und der Formulierung einer Pressemitteilung die Frage: Wen spreche ich an? Als Faustregel gilt: Je diffuser das redaktionelle Publikum, desto stärker muss ich die Relevanz meiner Mitteilung für die Allgemeinheit betonen.

Problematisch an Kommunikationsagenturen, aber auch an zahlreichen Unternehmenspressestellen, ist überdies, dass sie sehr unsicher sind in Sachen Sprache. Oftmals setzen sie auf Seiten der Redaktion einfach zu viel voraus, d.h. man bedient sich beispielsweise einer Vielzahl von – vornehmlich englischen – Fachausdrücken, die in Wirtschaftskreisen gang und gäbe sind, und versucht so, mit Kompetenz einzuschüchtern und eine Bedeutsamkeit vorzutäuschen, die gar nicht gegeben ist. So ähnlich agieren übrigens die Hochschulen, wenn sie dürftige Forschungsergebnisse in eine pompöse, vor Fachausdrücken triefende Sprache verpacken, um zu verschleiern, dass nur wieder einmal etwas bestätigt wurde, was längst bestätigt war. Solche Pressemitteilungen treffen aber auf Redaktionen, die mit dem verwendeten Fachjargon nichts anfangen können und damit auch tatsächlich bedeutsame Nachrichten nicht realisieren und sie dann nicht veröffentlichen. Fachredaktionen dagegen kann man damit nicht beeindrucken: Sie werden das Sprechblasengehabe und die geheuchelte Wichtigkeit sofort durchschauen und entsprechend kritisch reagieren. Man tut sich also weder so noch so einen Gefallen. Es gibt zwei Grundsätze, mit dem sich diese Presse-Klippen elegant umschiffen lassen. Der erste lautet: Kommuniziere in die Öffentlichkeit nur dann, wenn du auch wirklich etwas von Bedeutung zu verkünden hast. Der zweite lautet: Benutze eine klare Sprache und erkläre, wenn nötig, zentrale Begriffe oder die Hintergründe, warum dein Kommunikationsversuch wichtig ist für die Öffentlichkeit.

Diese Regeln werden nur allzu oft missachtet, weshalb viele Agenturen oder Pressestellen ihre Hochglanzbroschüren, CDs und DVDs schlicht für den Papierkorb produzieren. Das ist natürlich vielfach auch dem Druck aus den Chef- oder Vorstandsetagen geschuldet, die in der Regel die Kommunikation nach draußen fordern, überwachen und ggf. in sie eingreifen. Meistens haben diese Entscheider kein Sprachtalent für die Kommunikation mit der Allgemeinheit; sie lassen sich von juristischen Erwägungen leiten, davon, Firmengeheimnisse zu bewahren und der Konkurrenz nicht zu viel zu verraten; und sie halten sich für gute Kommunikatoren, weil sie in ihrer eigenen Welt gehört werden und das firmeneigene und ökonomienahe Publikum ihnen lauscht. Was sie oft nicht realisieren, ist: Man hört ihnen zu, weil sie mächtige und erfolgreiche Sender sind, die ihnen Zuhörenden in irgendeiner Weise von ihnen abhängen und/oder ihre Aussagen und Formulierungen einer ökonomischen Elite als

Selbstverständigungs-, Selbstbestätigungs-, Zugehörigkeits- und Kompetenzritual gelten – und nicht weil sie besonders ansprechend kommunizieren. Das ist wenigen charismatischen Kommunikatoren vorbehalten. Die Kriterien, auf die die eigene ökonomische Pseudogruppe Wert legt, gelten aber wenig außerhalb dieser Welt und werden vielleicht sogar abgelehnt. Image- und Interessenkommunikation muss also, wenn sie sich an das breite Publikum wendet, die Sprache der Menschen sprechen, die sie meint, zumindest soweit das möglich ist. Vor dieser Herausforderung steht übrigens nicht nur die Ökonomie täglich, sondern beispielsweise auch die Politik. Letztlich sind alle Bereiche betroffen, die sich der Öffentlichkeit stellen müssen, weil sie auf die Akzeptanz und das Geld der Menschen angewiesen sind.

3.4. Die verunglückte Pressemitteilung

Hier eine Reihe verunglückter Beispiele von Öffentlichkeitsarbeit aus dem Redaktionsalltag:[43] „Die Partnersuche nach Übereinstimmung der Antworten in Persönlichkeitsfragebögen hat sich im Internet fest etabliert." Ein Dating-Portal, das einen „gänzlich anderen Ansatz beschreitet", möchte damit auf sich aufmerksam machen. Abgesehen von dem Nominalstil, den jede Redaktion ihren Volontären und Praktikanten schon am ersten Tag auszutreiben versucht, indem man den Frischlingen beibringt, Verben zu benutzen und keine umständlichen und leserunfreundlich wirkende Aneinanderreihung von Substantiven, fragt sich darüber hinaus: Was will uns dieser Satz sagen? Was sind »Persönlichkeitsfragebögen«? Weiß jeder auf Anhieb, was da von wem abgefragt wird? Welche Antworten von wem sollen worin übereinstimmen? Und wie hat man sich eine »Partnersuche nach Übereinstimmung der Antworten«, die abstrakten Fragebögen zugeordnet werden, vorzustellen? Hier muss man schon Fachmann sein oder zumindest Erfahrung mit einer einschlägigen Online-Partnervermittlung haben, um zu verstehen, worum es geht. Dabei kann man das Ganze auch verständlich und interesseweckend formulieren, etwa so:

»Bisher setzen Partnervermittler im Internet Fragebögen ein. Die füllt man aus. Aus den Antworten können die Experten auf die Persönlichkeit des Kunden schließen und für ihn oder sie einen passenden Partner auswählen.«

Jetzt überzuleiten auf den »gänzlich anderen Ansatz«, den man selbst beschreite, hat dann ein anderes Gewicht, weil der Leser verstanden hat, wie es bislang gemacht wurde. Das Interesse ist geweckt und nun geht es ans Erklären, was das eigene Angebot so besonders und erfolgversprechend macht. Die Pres-

---

[43] Anmerkung: Alle Belege für die Pressemitteilungen beim Autor.

semitteilung freilich tut das so: „Im Mittelpunkt steht hier nicht die Ähnlichkeit nach allgemeinen Persönlichkeitsmerkmalen, sondern die exakte Passung individuell als zentral erlebter Besonderheiten. Derartige individuelle Besonderheiten können sich auf den Lebensstils [sic!], Grundüberzeugungen, sexuelle Orientierungen sowie auch auf das Äußere beziehen." Spätestens hier steigt der Redakteur aus. Der Kardinalfehler: viel zu unkonkret im Einstieg. Da hilft es auch nicht mehr, im weiteren Verlauf der Pressemitteilung einige Beispiele zu nennen. Das Wichtige, der Anreiz, muss im Anfang stecken. Gelingt es nicht, den Rezipienten zu fesseln, ist der ganze Rest umsonst. Auch hier kann man es ganz einfach formulieren:

»XY-Dating dagegen bringt keine Menschen zusammen, die wegen irgendwelcher abstrakter Persönlichkeitsmerkmale vielleicht zueinander finden könnten. XY-Dating schaut sich sehr genau an, wer zueinander passt in den Dingen des Lebens, die für ihn ganz persönlich wichtig sind. Das kann der Lebensstil sein, die Grundüberzeugung, aber auch die sexuelle Orientierung. Entscheidend für XY-Dating ist das, was die Menschen zu etwas Besonderem macht, was sie wollen. Und dieses Besondere muss harmonieren bei den Partnern, die XY-Dating füreinander vorschlägt.«

Besonders anfällig für kryptische Formulierungen ist offenbar auch die IT-Branche. Aus einer Pressemitteilung: „XY stellt auf der diesjährigen Cebit (...) unter anderem vier neue Wideband-Modelle der .Audio PC-Headset-Reihe [sic!] vor. Alle Modelle bieten leistungsstarke DSP-Technologie (digitale Signalverarbeitung) für besonders klare Audioqualität bei VoIP-Gesprächen, Musik hören oder Gaming. Dank Noise Cancelling-Mikrofon und innovativer DSP-Technologie werden störende Umgebungsgeräusche herausgefiltert." Dies ist keine Vorankündigung für ein Fachpublikum, das natürlich versteht, worum es bei dem beschriebenen technischen Schnickschnack geht, sondern eine Pressmitteilung für die breite Öffentlichkeit, wie der hilflose Erklärungsversuch mit der Klammer hinter dem Wort »DSP-Technologie« dokumentiert.

Irgendjemandem muss beim Abfassen des später online gestellten und verschickten Textes doch noch gedämmert haben, dass seine Zeilen in Gefahr geraten, in der Ablage P (für Papierkorb) entsorgt zu werden. Warum eigentlich, so fragt man sich, gehen deutsche Öffentlichkeitsarbeiter immer wie selbstverständlich davon aus, dass sich die Redaktion oder der Kunde schon zu ihrer Terminologie »hinaufdienen« wird? Im angloamerikanischen Raum ist das völlig anders: Dort erklärt man Kunden, Redakteuren oder Politikern, was man eigentlich macht und was es dem einzelnen bringt oder nicht. Begriffe wie »Noise Cancelling-Mikrofon« kommen außerdem bei einem einigermaßen gebildeten Menschen schlicht als Verdummungsstrategie des Unternehmens an;

»noise cancelling« heißt nichts anderes, als dass Störgeräusche unterdrückt bzw. herausgefiltert werden.

Ein überaus gelungenes Beispiel für Abschreckung gleich im ersten Satz ist folgender Text: „Mehr als 150 geladene Persönlichkeiten aus Wirtschaft, Sport und Kultur versammelten sich zu dem von der XY GmbH, Anbieter von Banner Displays und Outdoor Displays, zusammen mit YX, Agentur für PR und Kommunikation, veranstalteten Business Talk in den Geschäftsräumen der XY GmbH in (...) am vergangenen Donnerstag, den 11. Februar 2010. Motto des Open House Events war das Netzwerken regionaler Unternehmer mit dem Ziel, gemeinsame Wege zu finden, um die Wirtschaftsregion (...) zu stärken." Diese Pressemitteilung schließt die Öffentlichkeit von vornherein aus, wenn bereits die Wörter vier und fünf von »geladenen Persönlichkeiten« sprechen. Die unfreiwillige Botschaft: eine geschlossene Veranstaltung, die null Relevanz für die Öffentlichkeit hat. Getrieben ist der Urheber dieses Textes, angeblich ein Spezialist für »PR und Kommunikation«, zudem von einer plumpen Werbestrategie: Sich selbst und den Auftraggeber in die Medien zu bringen. Und diesem Ziel wird der komplette erste Satz untergeordnet, was zu einer völlig irrelevanten Auflistung von Wichtigkeit heischenden Begriffen (»Persönlichkeiten«) und Firmennamen führt und den Satz dabei bis zur Unverständlichkeit zerhackt.

Eine Pressemitteilung muss inhaltlich beginnen, mit einer Kernaussage oder einer überraschenden These, mit einer Neuigkeit, einer Nachricht und nicht mit den Veranstaltern des Events. Das wäre ungefähr so, als würde Robbie Williams in einer kleinen Provinzstadt auftreten und die Schlagzeile des Zeitungsartikels, der exklusiv darüber berichtet, lautet: »Der Oberbürgermeister freut sich«. Ärgerlich ist zudem der gewollte Ton der Pressemitteilung mit seinem wichtigtuerischen Denglisch: Begriffe wie »Business Talk« und »Open House« verbreiten eine Aura der elitären Geschlossenheit. Das Signal dieser Pressemitteilung ist eindeutig: Wir sind wichtig, also berichtet über uns. Gute Redaktionen lassen sich davon nicht beeindrucken. Sie reagieren ablehnend: Die sind unter sich, die wollen unter sich sein, dann sollen sie unter sich bleiben. Abgesehen davon hatte das Treffen der vielen Persönlichkeiten eigentlich nur den Zweck, das veranstaltende Unternehmen und seinen Kommunikationsberater bekannt zu machen. Denn wie der am Ende des Textes zitierte Geschäftsführer der XY GmbH ausführt, sei „für uns positiv (...), dass wir unser Unternehmen und unsere Produkte, Banner Displays und Outdoor Displays, heimischem Publikum präsentieren konnten, die uns und unsere Produkte zum Teil noch nicht gekannt hatten". Sehr verräterisch – die Weiterentwicklung der Wirtschaftsregion erscheint jetzt nur noch als vorgeschobenes Argument. Ein guter Redakteur würde daraus eine herrliche Glosse formulieren. Und so geht der Schuss nach hinten los. Man kann in diesen und ähnlich gelagerten Fällen nur raten: Auch wenn der Auftraggeber oder der Chef drängt, mit irgendetwas an die Presse zu gehen – dringend davor warnen und ihm die möglichen Konsequenzen vor Augen führen. Die bessere Strategie, in die Medien zu kommen, ist einen Anlass zu schaffen, der tatsächlich öffentlichkeitsrelevant ist und zu dem die Presse freiwillig und aus echtem Interesse dazu stößt.

Natürlich werden Informationen für die Öffentlichkeit manchmal auch bewusst kompliziert formuliert, um Schwachstellen zu verschleiern. Wer einmal eine Bilanzpressekonferenz erlebt hat, der kann ein Lied davon singen. Auch Kundeninformationen insbesondere im Banken- und Versicherungsbereich kommen oft völlig unverständlich daher und operieren mit einer pompösen Begrifflichkeit, die etwa den Anleger davon abhalten soll, kritisch nachzufragen. Ein Beispiel: „Der XY Mobil-Fonds investiert in erster Linie in hochwertige kurzfristige Papiere, die in Euro denominiert sind. Dabei verfolgt XY einen teambasierten, stark Top-Down orientierten Investment Prozess. Die fundamentale Ausrichtung wird auf einem vierteljährlichen Strategietreffen festgelegt und anschließend vom Portfoliomanager entsprechend implementiert.“

Das ist keine Kundeninformation, sondern ein Kundenblendwerk, das Expertentum heuchelt, wo es doch um einen ganz banalen Sachverhalt geht, nämlich dass man gemeinsam und vorsichtig am Markt operiert. »Denominieren«, »teambasiert«, »Top-down orientiert«, »implementiert« – das sind inhaltsleere Sprechblasen, die ein nicht studierter Mensch kaum versteht. Und Informationen, die man nicht versteht, sind keine Informationen. Ich halte diese Strategie für gefährlich, weil sie Menschen abschreckt und die relevanten Informationen versteckt. Langfristig gewinnt das Unternehmen, das offen mit seinen Kunden umgeht. Und das bedeutet: Chancen aufzeigen, Risiken benennen, dem Kunden die Entscheidung überlassen. Dann ist es seine Entscheidung, wenn es schief geht, und es bleibt kein schaler Geschmack zurück, dass man in etwas hineingedrängt oder »übers Ohr gehauen« wurde. Und wenn es gut geht, fühlt sich der Kunde gut beraten und bleibt dem Unternehmen treu.

3.5. Die gelungene Pressemitteilung

Zum Abschluss unserer kleinen Reise durch die Welt der Image- und Interessenkommunikation noch ein gelungenes Beispiel, ebenfalls von einer PR-Agentur. Schon die Überschrift über der Pressemitteilung ist höchst professionell: „Von wegen altes Eisen", Unterzeile: „XY zeigt, wie viel ökologisches Potential [sic!] in gebrauchten Handys steckt." Das ist elegant gelöst: Der Name des Unternehmens ist prominent und gleichzeitig dezent platziert, nämlich in der Unterzeile. Die Relevanz für die Öffentlichkeit steckt in wenigen Schlüsselbegriffen gleich zu Beginn der Pressemitteilung: »ökologisches Potenzial« und »gebrauchte Handys«. Das hat jeder, das kennt jeder, und jeder will etwas für die Umwelt tun (gleichzeitig steckt dahinter ein Geschäftsmodell). Die Meldung beginnt mit einem gefetteten (Optik!) Vorspann: „Das Verwerten ausrangierter Handys ist das Kerngeschäft von XY. Das Münchner Unternehmen kauft über seine Internetseite www.xy.de gebrauchte Mobiltelefone an, prüft diese auf ihre Funktionsfähigkeit und verkauft sie weiter in Schwellen- und Entwicklungsländer. Dort leisten die Geräte wertvolle Dienste beim Aufbau von Kommunikationsnetzen. Wichtiger Nebeneffekt: Der Lebenszyklus eines Handys wird so um viele Jahre verlängert, die Menge an Elektroschrott verringert und damit ein aktiver Beitrag zu mehr Nachhaltigkeit geleistet." Damit ist alles mit wenigen, einfachen und ansprechenden Worten gesagt und die Kontaktdaten sind genannt: eine Website.

Im weiteren Verlauf des Textes werden Hintergrundinformationen darüber gegeben, wie lange Handys in Deutschland benutzt werden und wie viele davon noch einwandfrei funktionieren. Dann wird erklärt, wie man sein altes Handy verkaufen und abschicken kann und was mit den Geräten passiert. Der letzte Absatz weist bescheiden darauf hin, dass der Handy-Verwerter „mit jedem erfolgreichen Handyankauf zusätzlich 5 % des Ankaufspreises für einen wohltätigen Zeck" spendet, unter anderem für die „Ruanda Stiftung" oder für den „Kinder Afrika e.V." oder den „Kölner Zoo".

Besser kann Öffentlichkeitsarbeit nicht sein. Die Wahrscheinlichkeit ist groß, dass mittelmäßige bis schlechte Redaktionen den Text weitgehend eins zu eins abdrucken werden. Tatsächlich ist das passiert. Und da das Gros der Redaktionen aufgrund der stark ausgedünnten Personaldecke inzwischen dieser Kategorie angehört (wir werden darauf noch zurückkommen), ist das Ziel der Pressearbeit erreicht: maximale Verbreitung.

Nur einige wenige ordentliche Redaktionen, die das Recherchieren nicht verlernt haben, werden die Pressemitteilung zum Anlass nehmen, um diesen Handy-Verwertungsmarkt genauer zu überprüfen: Gibt es Mitbewerber? Haben diese Konkurrenten bessere Konditionen für die Kunden als das Unternehmen, das mit seiner Pressemitteilung für sich wirbt? Kommen die Geldspenden auch wirklich wie versprochen karitativen Einrichtungen zugute etc.? Doch selbst wenn sich im Zuge dieser Recherchen herausstellt, dass es günstiger für den Einzelnen ist, sein altes Handy selbst per Online-Auktionshaus zu verkaufen, oder dass der Mitbewerber zumindest bei hochwertigen Handys weitaus mehr zu bieten hat[44] – der eigene Name ist mit im Blatt. Also, auch hier: Mission (mit Einschränkung) erfüllt.

---

[44] vgl. Die Rheinpfalz am Sonntag vom 28. März 2010: Aus alt mach neu, Seite 21.

3.6. Die Macht des Bildes

Auf der Suche nach Strategien, um in die Medien zu kommen, unterschätzt die Unternehmenskommunikation (wie übrigens auch das Gros der Hochschulpressestellen) gern die Macht des Bildes: Insbesondere die Printmedien haben einen ungeheueren Bedarf an guten Grafiken oder ungewöhnlichen Aufnahmen. Das gilt vor allem für den Wissenschaftsjournalismus. Unternehmen, die ihre Pressemitteilungen mit der mikroskopischen Aufnahme eines Schimmelpilzes versehen oder mit einem witzigen Bild von einem Forscher, dessen Gesicht eine Lupe verzerrt, oder mit dem computeranimierten Innenleben eines Autos, und solche Aufnahmen auch ohne konkreten Anlass kostenlos im Internet zum Download anbieten, haben gute Chancen, dass die eigenen Produkte bzw. der Name des Unternehmens auch einmal im Fotovermerk auftauchen. Obwohl das Bild selbst gar nichts mit dem Artikel zu tun hat bzw. die eigene Firma nicht im Artikel erwähnt wird. Trotzdem ist der eigene Name im Blatt. Und je mehr das Bild überzeugt, desto genauer schaut auch der Leser hin, von wem die ungewöhnliche Aufnahme stammt.

Um ein konkretes Beispiel zu geben: Der Redakteur sucht verzweifelt nach einer Illustration für eine Geschichte über neuartige Handwerksroboter. Er geht in die »Google«-Bildersuche und stößt nach einer Weile auf die freigestellte Roboterhand eines Londoner Unternehmens. Dieses Symbolbild will er sich nicht entgehen lassen und setzt sich mit der Firma in Verbindung, die ihm die Aufnahme überlässt. Der Redakteur erwähnt im Bildtext, dass es auch andere Roboterkonzepte gebe, wie die Aufnahme von der Hand zeige, und stellt die Firma kurz vor. Das ist der Optimalfall, aber er tritt öfter ein, als man denkt. Als Unternehmen sollte man sich darauf einstellen. Das bedeutet: Journalisten den Download leicht machen durch eine gute Navigation; freie Bilder und Presseansprechpartner bündeln unter einem gemeinsamen Verzeichnis, sodass der Redakteur die Kontaktdaten sofort findet, wenn er noch Fragen hat; unter jedem Bild darauf aufmerksam machen, dass die Rechte des Bildes beim Unternehmen liegen, dass man sie aber verwenden kann, wenn man im Bildvermerk (»foto credit«) zitiert wird als „XY GmbH" oder „YX AG". Diese Credits sollte man nicht zu lange und zu kompliziert gestalten bzw. nicht darauf beharren, dass sie auch in voller Länge abgedruckt werden, denn Journalisten haben wenig Platz. Wichtig ist Großzügigkeit: Vom Redakteur nicht verlangen, dass die Firma auch im Artikel vorkommen muss, wenn das Bild dazu gestellt wird. Will man die Kontrolle behalten, wer wann welche Bilder herunterlädt, dann kann man Aufnahmen mit geringer Auflösung anbieten und über einen Link auf die Stelle verweisen, bei der der Redakteur anklopfen muss, wenn er eine hochauflösende

Version haben möchte. Da das Zeitaufwand erfordert, kann es allerdings schon wieder abschreckend wirken.

3.7. Kommunikation in der Krise

Kommen wir nun zur *Krisenkommunikation*, die vor allem an weltweit operierende Aktiengesellschaften hohe Anforderungen stellt: Schließlich müssen alle Anteilseigner etwa bei einer Gewinnwarnung weltweit zeitgleich informiert werden, sonst könnten Aktionäre im einen Erdteil einen Vorteil haben beim Kauf oder Verkauf von Aktien und das gibt massive Probleme mit den Börsenaufsichten. Diese Art der Kommunikation haben die Konzerne inzwischen im Griff. Schwerer tun sich die Öffentlichkeitsabteilungen damit, wenn der oberste Entscheider sich hinter seinem Schreibtisch versteckt, statt aktiv in die Öffentlichkeit zu gehen, oder – der häufigere Fall – wenn das Geltungsbedürfnis des Mannes an der Spitze ihn zu unbedachten Äußerungen treibt, die die Belegschaft verschrecken. Um den Kommunikationschef eines Weltkonzerns zu zitieren: „Das Haus leckt immer vom Dache her" und: „Ist erst mal Mist in der Welt, kann man den Gestank nicht mehr einfangen."[45]

Ein Beispiel für das unsensible Verschrecken der eigenen Belegschaft ist das Interview mit BASF-Chef Jürgen Hambrecht in der Wochenzeitung »Die Zeit«. Hambrecht hatte mitten in der Finanzkrise 2009 angekündigt, sich in Europa, Amerika und Asien von weniger effizienten Anlagen trennen zu müssen. Ein Sturm brach los, vor allem an den deutschen Standorten. Die BASF-Pressestelle bemühte sich, die Wogen zu glätten und stellte sachlich fest: „Wo und in welchem Ausmaß Arbeitsplätze gestrichen werden sollen, sei bislang unklar. Hambrecht streicht aber heraus, dass es keine Vorzugsbehandlung für Arbeitsplätze in Deutschland geben werde."[46] Andere Medien aber griffen die Story begierig auf unter Schlagzeilen wie „BASF-Chef Hambrecht sieht rabenschwarz",[47] ebenfalls ein Zitat Hambrechts aus dem Interview.

Ihre Wucht konnten die Hambrecht-Worte in der Medienlandschaft vor allem deshalb entfalten, weil die von der »Zeit« herausgegebene redaktionelle Zusammenfassung des Interviews die Kernaussagen Hambrechts verkürzte – was allerdings üblich ist und was die Kommunikationsabteilung eines Unter-

---

[45] Äußerung gegenüber dem Autor.
[46] www.basf.com/group/ corporate/de/investor-relations/news-publications/interviews/ hambrecht-zeit.
[47] vgl. www.handelsblatt.com/unternehmen/industrie/basf-chef-hambrecht-sieht-rabenschwarz;2151176.

nehmens wissen sollte. Im Unterschied zum Wortlaut-Interview, das der Interviewte bzw. seine Pressestelle noch vor dem Erscheinen umformulieren dürfen (Autorisierung) und das dann nur in dieser autorisierten Version erscheinen darf, hat das Unternehmen keinen Zugriff auf die redaktionelle Kurzzusammenfassung, die nachrichtlich an die Presseagenturen gegeben wird. Die Autorisierung eines Interviews gibt es übrigens in den USA nicht: Es gilt das gesprochene Wort. Aber das nur am Rande.

Die BASF-Pressestelle versuchte, den Aufschrei des Entsetzens mit einem Online-„Leserbrief" zu dämpfen, den »Die Zeit« auch brav direkt unter ihre redaktionelle Kurzzusammenfassung des Interviews ins Netz stellte. Dort heißt es: „Liebe Zeit Online, die Angaben in diesem Artikel fassen das tatsächliche Interview mit Herrn Hambrecht nur stark verkürzt zusammen. Diese bewusste Zuspitzung wäre noch zu akzeptieren. Leider enthält der Beitrag auch Aussagen, die nicht den Inhalten des Interviews entsprechen. So werden am BASF-Standort Ludwigshafen keine Gespräche zwischen Unternehmensleitung und Betriebsrat über Stelleinsparungen geführt. In Ludwigshafen gilt nach wie vor eine Standortvereinbarung, die betrieblich bedingte Kündigungen bis Ende 2010 ausschließt. Die Arbeiternehmervertretung ist darüber informiert, dass in Kürze Verhandlungen über eine Anschlussvereinbarung aufgenommen werden. Die Falschaussage in Ihrem Beitrag ist ärgerlich und kann bei den Mitarbeiterinnen und Mitarbeitern zu Verunsicherung führen. Wir hoffen, dass dies nicht der Zweck der zugespitzten und falschen Darstellung war."[48] Der Pressesprecher.

Wörtlich hatte Hambrecht auf die Frage der »Zeit«-Redaktion: „In Ihrem Werk Ludwigshafen, dem größten Chemiestandort der Welt, können Sie bis Ende 2010 niemanden entlassen. Bereuen Sie, dass Sie das im Standortsicherungsvertrag zugesagt haben?", geantwortet: „Nein, ganz im Gegenteil. Auch eine solche Vereinbarung enthält Öffnungsklauseln für Notfälle. Und wenn die eintreten, setzt man sich zusammen und sucht mit Augenmaß nach gemeinsamen Lösungen. Der Dialog mit unseren Arbeitnehmern ist konstruktiv und nachhaltig. In Kürze reden wir über eine mögliche Folgevereinbarung." Und auf die leicht provokante Frage der Redaktion: „Eine Investition in die gute Laune Ihrer Leute?", die den Konzernlenker etwas aus dem Konzept bringen sollte (eine durchaus übliche Strategie, um dem Gesprächspartner unbedachte Worte zu entlocken), hatte Hambrecht gesagt: „Hier geht es nicht um gute Laune, sondern um ein gemeinsames Ziel, den Erfolg unseres Unternehmens. Und wenn wir darangehen, eine neue Vereinbarung zu entwerfen, bilden wir alle Notwendigkeiten ab, die wir für die Zukunft sehen."[49]

---

[48] www.zeit.de/online/2009/07/basf-vorab?page=all.
[49] www.basf.com/group/corporate/de/ investorrelations/news-publications/interviews/ hambrecht-zeit.

Diese beiden Antworten hatte »Die Zeit« in ihrer Exklusiv-Nachricht an die Presseagenturen zusammengezogen in: „Selbst im größten Werk Ludwigshafen, das via Standortsicherungsvertrag eigentlich bis Ende 2010 vor betriebsbedingten Kündigungen geschützt sein sollte, verhandelt das Management offenbar mit den Betriebsräten über Einsparungen bei den rund 37.000 Stellen." Die 37.000 Stellen sind tatsächlich nicht Gegenstand des eigentlichen Interviews, sie sind eine redaktionelle Ergänzung, die faktisch aber richtig und insofern in Ordnung ist. Hambrechts vorsichtige Äußerungen „Dialog", „Folgevereinbarungen" und „neue Vereinbarung" lassen sich durchaus zusammenlesen zu „verhandelt das Management offenbar mit den Betriebsräten", zumal die »Zeit«-Redaktion diese zugespitzte Aussage um ein einschränkendes „offenbar" ergänzt hat. Lediglich Hambrechts „in Kürze" fehlt. Insofern hat »Die Zeit« zwar nicht ganz sauber gearbeitet, aber es war Hambrecht selbst, der sich mit seinen Äußerungen mitten in der Krise weit aus dem Fenster gelehnt hatte. Die Reaktion des Pressesprechers ist insofern vor allem der Versuch, den Schaden mit einem Gegenangriff zu begrenzen, den der eigene Chef in seiner Gesprächslaune angerichtet hat. Der »Zeit« kann man eigentlich nur vorwerfen, nicht klar gemacht zu haben, dass es sich um zukünftige Gespräche handelt. Eine „Falschaussage", wie die BASF behauptet, wurde nicht verbreitet. Sonst wäre der Konzern sicherlich auch juristisch gegen die Wochenzeitung vorgegangen und hätte es nicht bei dem eher hilflosen Versuch eines Online-Kommentars belassen.

3.8. Was die medialen Mechanismen aus Äußerungen machen

Diese kleine Geschichte, und zahlreiche andere, zeigen zweierlei: Erstens, dass es sich bitter rächen kann, wenn öffentliche Kommunikation in Unternehmen nicht immer auch von der Belegschaft her gedacht wird. Zweitens, dass Medien ganz spezifisch agieren. Geschmeichelt von der Aussicht darauf, bundesweit als Experte zur Wirtschaftskrise gehört zu werden, lassen sich Spitzenmanager gern dazu verleiten, einem renommierten Blatt einen Termin zu geben. Bundesweit verbreitete Medien agieren dabei gnadenlos: Entweder die Aussagen sind ungewöhnlich und neu und bedeutend genug, um agenturgängig zu sein und um sie abdrucken bzw. senden zu können – oder es erscheint kein Beitrag. Aus journalistischer Sicht ist das legitim: Dahinter steckt eine Art Sportsgeist, der eine gute Geschichte vor der Konkurrenz auftun und präsentieren will. Und natürlich bezahlt der Leser zumindest im Nachrichtengeschäft nicht für Langeweile, sondern für die Neuigkeit, die Überraschung bzw. die Sensation. Das schließt die differenzierte Recherche nicht aus.

Was gerade Spitzenmanager aus der Wirtschaft dabei immer wieder unterschätzen, weil ihre Erfahrung mit der eigenen Pressestelle natürlicherweise eine andere ist: Medien sind nicht ihr Sprachrohr, das einfach ihre Formulierungen und ihre Weltsicht verbreitet bzw. dem man das eigene Mitteilungsbedürfnis eins zu eins aufdrücken kann. Medien sind schlicht nicht zu kontrollieren. Und manche Nachrichten schlagen in Zeiten der Krise eben ein wie eine Bombe. Hier fehlt es im Spitzenmanagement oft an Sensibilität, was man mit seinen Äußerungen gerade in der eigenen Belegschaft anrichten kann, die in einem Krisenjahr wie 2009 Kurzarbeit und Entgelteinbußen hinnehmen muss und ohnehin um ihre Jobs bangt. Manchmal ist es in solchen angespannten Situationen einfach besser, sich nicht öffentlich zu äußern. Zumindest kann das ein zwingender Schluss sein, wenn man das Ganze vom Unternehmen her denkt. Es ist geradezu töricht zu glauben, dass man gewiefte Journalisten in einer Interviewsituation nach seinem Gusto steuern kann. Man könnte den persönlichen Verzicht auf eine dezidierte, öffentliche Aussage zu einem für das Unternehmen ungünstigen Zeitpunkt das *Prinzip der ökonomischen Räson* nennen.

Vor allem die überregionalen Medien, die in einem extremen Konkurrenzkampf um Meinungsführerschaft und Aufmerksamkeit stehen, verkaufen ihre Exklusivnachrichten höchst professionell: Sie formulieren einprägsame, klare Sätze, die auf wesentliche Kernaussagen verkürzt sind. Der Markt ist eng, das Nachrichtengeschäft kann sich keine großen Differenzierungen leisten: begrenzte Sendezeiten, begrenzte Artikellängen und eingeschränkte Komplexitätstoleranzen wegen der zeitlich, epistemisch und fachlich begrenzten Rezeptionskapazitäten der Leser, Zuschauer und Hörer. Redakteure gehen also mit ihren Formulierungen oft an die Grenze dessen, was sich mit den eingesammelten Zitaten gerade noch belegen lässt, um zu glasklaren, agenturtauglichen und damit massengängigen Aussagen zu kommen.

Die unvorhersehbare Wirkung von Meldungen hat auch mit den Mechanismen des Nachrichtengeschäfts zu tun, in dem in der Regel die Presseagenturen zwischengeschaltet sind: Jedes Medium, das eine Exklusivnachricht von bundesweiter Bedeutung hat (oder zu haben glaubt), schickt einen Extrakt mit den Kernaussagen an die Presseagenturen. In der Agenturredaktion will man bestehen. Je griffiger die Nachricht, je prominenter die Person, um die es geht, desto größer die Wahrscheinlichkeit, dass die Agenturen die eingeschickte Meldung bundesweit über den Ticker jagen, gemeint ist: an alle anderen Presseorgane versenden, und dabei das eigene Haus zitieren, also den Namen des Nachrichtenurhebers bundesweit publik machen. Wenn dann die anderen Pressorgane die Agenturmeldung tatsächlich abdrucken oder senden, erscheint das eigene Blatt oder der eigene Sender landauf, landab in den Konkurrenzmedien. Die Agenturen sind also innerhalb der Medienlandschaft der Werbeträger für die

Medien. In den Redaktionen der Agenturen wird der mediale Konkurrenzkampf um Aufmerksamkeit zuallererst ausgefochten. Hier prallen die Eitelkeiten der Redaktionen und Redakteure aufeinander, hier geht es darum, wer es schafft, mit seiner Meldung bundesweit beachtet zu werden. Und das hat seinen Preis. Denn jede Agentur möchte wiederum, dass ihre Meldungen in möglichst vielen Presseorganen abgedruckt werden. Also bearbeiten die Agenturen die eingelaufenen Interviews oder Exklusivberichte der Kollegen, machen sie »agenturgängig«. Die Sätze werden oft noch weiter verkürzt und umgestellt. Die Nachrichten werden angeschärft, man stellt neue Zusammenhänge her, mischt eigene Recherchen und Informationen hinein, die nichts mit dem eigentlichen Anlass, etwa einem Interview, zu tun haben. Man verknüpft die Aussagen anderer Personen vom gleichen Tag, die hereinkommen, mit der angelieferten Exklusivnachricht und beliefert dann die Redaktionen mit einer Gesamtzusammenfassung. Das alles zusammengenommen kann Äußerungen in Kontexte bringen, die sich weder der interviewte Konzernlenker noch die Redaktion, die ihren Text an die Agenturen gegeben hat, hätten träumen lassen. Auch hier lässt sich das Unvorhersehbarkeits-Paradigma der Chaos-Theorien ausgezeichnet anwenden.

Auf der anderen Seite des Agenturtickers, in den Redaktionen der Fernsehsender, Radiostationen, Zeitungen und Magazinen, sichten die Redakteure das Nachrichtenaufkommen, das sie gefiltert von den Agenturen und in direkter Form als Pressemitteilungen von Parteien, Verbänden, Organisationen und Unternehmen erhalten. Bis zu 800 Agenturmeldungen sind hier allein in der Politikredaktion jeden Tag zu bewältigen. Es muss schnell ausgewählt und gesendet oder gedruckt werden, meist werden die Agenturtexte noch weiter verkürzt und angeschärft, wobei den bearbeitenden Redakteuren die Entstehungszusammenhänge der einzelnen Nachrichten nicht klar sind. Unter Umständen werden noch einmal ganz andere Kontexte hergestellt. Auch deshalb ist nie vorhersehbar, in welcher Form Meldungen schließlich beim Publikum ankommen. Und genau das zeigt der Weg, den das Hambrecht-Interview durch die Medien genommen hat und der seine Wirkung noch verstärkte.

Beispiel »Handelsblatt«: Die Redaktion zog aus dem Interview nicht nur das Adjektiv „rabenschwarz"des BASF-Chefs heraus und brachte es in die Schlagzeile, sie kombinierte außerdem die Kurzmeldung der »Zeit« mit Aussagen von Axel Heitmann, dem Chef des Leverkusener Chemiekonzerns Lanxess, der sich in einer Pressemitteilung seinen eigenen Mitarbeitern gegenüber geäußert hatte, und zwar völlig unabhängig von Hambrecht. Der Tenor des entstandenen Hambrecht-Heitmann-Artikels im »Handelsblatt« lautete schließlich: Die ganze Chemiebranche sieht schwarz – obwohl sich nur zwei Protagonisten unabhängig voneinander und in völlig unterschiedlichen Kontexten zu dem Thema

geäußert hatten.[50] Auf diese synkretistischen Tendenzen des Journalismus werde
ich weiter unten noch zu sprechen kommen. Als Profi – und das ist man auch als
Vorstandsmitglied eines Unternehmens, als Person der Zeitgeschichte also –
muss man diese Zusammenhänge kennen, wenn man sich öffentlich äußert.
Oder man muss sich von seiner Öffentlichkeitsarbeit darauf hinweisen lassen.
Es sollte einem klar sein, dass man jedes Mal ein Risiko eingeht,»falsch verstanden« zu werden. Obwohl es bei Lichte besehen eigentlich kein »falsch«
verstehen ist, sondern ein kontextgenerierendes Verstehen, resultierend aus
einer direkten medialen Konkurrenzsituation, in der es darum geht, Aufmerksamkeit zu erregen. Man sollte als Unternehmen auf solche – aus Pressesicht –
Routinevorgänge möglichst gelassen reagieren. Das Gute an ihnen ist: Sie zerschlagen ein wenig Porzellan und sind zumindest außerhalb des eigenen Unternehmens schnell wieder vergessen. Die Mediengesellschaft wartet auf den
nächsten Tag und die »Sensationen«, die er mit sich bringt.

3.9. Erwartete Krisen und eingeübte Krisenkommunikation

Krisen dagegen, die die Kernkompetenzen eines Unternehmens berühren, die
Qualität seiner Dienstleistungen oder Produkte etwa, den Umgang mit den eigenen Mitarbeitern etc., Skandale also, die vielleicht sogar von den Medien aufgedeckt werden, solchen Vorgängen kann man nur begegnen durch ein eingeübtes
Krisenkommunikationsmanagement. Besonders weit sind hier Industriezweige
wie die Chemie, die sich in der Vergangenheit immer wieder mit Unfällen auseinandersetzen mussten, bei denen gefährliche und weniger gefährliche Substanzen in die Umgebung freigesetzt wurden. Verfolgte man lange Zeit eine
Taktik des Abwiegelns und Verschweigens, zumindest gegenüber den Medien
(weniger gegenüber den Behörden) – was in regelrechte Grabenkämpfe zwischen Presse und Industrie ausarten konnte, zum Schaden der Firmen –, so ist
man inzwischen in diesen Unternehmen so weit, dass schnell informiert wird,
auch am Wochenende oder an Feiertagen, an denen Ansprechpartner für die
Presse Bereitschaftsdienst tun. Meist wird umfassend informiert, also: Wie viel
des Stoffes ist wo freigesetzt worden? Wie gefährlich ist der Stoff? Was kann
ich tun, um mich zu schützen (etwa Fenster schließen etc.). Zudem werden in
Windeseile Hotlines geschaltet und Gegenmaßnahmen angeboten, etwa kosten-
lose Autowäschen auf dem Werksgelände, oder es wird möglicherweise verun-
reinigter Sand vorsorglich auf Spielplätzen ausgetauscht etc.

---

[50] vgl. www.handelsblatt.com/unternehmen/industrie/basf-chef-hambrecht-sieht-
rabenschwarz;2151176.

Krisenkommunikationsbedarf entsteht zudem regelmäßig bei Automobilkonzernen, die immer wieder mit Rückrufaktionen wegen technischer Mängel konfrontiert sind. In der Regel wird inzwischen weitgehend offen und schnell informiert, um den Schaden zu begrenzen – außer man kann das Problem stillschweigend bei der turnusgemäßen Inspektion beheben; für alle Beteiligten die eleganteste Lösung. Trotzdem kommt es auch hier immer wieder zu Kommunikationsfehlern, wie das Beispiel Toyota zeigt: Der japanische Autobauer musste im Jahr 2010 nach massiven Problemen bei gleich mehreren Modellen mit rutschenden Fußmatten, klemmenden Gaspedalen und defekten Bremsen, die allerdings nur häppchenweise ans Licht kamen und erst, nachdem es in den USA angeblich mehrere Unfälle mit Toten gegeben hatte, massive Absatzeinbußen hinnehmen, weil er einen großen Imageschaden davontrug. Weltweit wurden mehr als 8,5 Millionen Pkw zurückgerufen. Der Chef des US-Geschäfts, Jim Lentz, und der öffentlichkeitsscheue Konzernchef und Enkel des Toyota-Gründers, Akio Toyoda, entschuldigten sich vor dem US-Kongress und räumten Versäumnisse im Zusammenhang mit den Rückruf-Aktionen ein.[51] Der Nimbus vom Qualitätsautobauer hat massiv gelitten.

Aus Sicht der Pressearbeit und Kundenkommunikation ist bei Vorgängen wie bei Toyota völlig irrelevant, ob die Unfälle tatsächlich von technischen Problemen verursacht wurden. Hier gilt: Ist ein solcher Verdacht in der Welt und gewinnt er in der Medienlandschaft an Dynamik, muss das Unternehmen sofort umfassend reagieren und allen besorgten Kunden einen kostenlosen, freiwilligen Werkstattbesuch vorschlagen. Dabei kann man ja kommunizieren, dass man nicht davon ausgehe, dass eine Gefährdung für die Sicherheit vorliege. Sich aber zu verkämpfen mit Dementis und auch noch beweisen zu wollen, dass die Unfälle nichts zu tun haben mit technischen Mängeln, macht angesichts der Unwägbarkeiten und der Eigendynamiken, die den Medienbereich nun einmal kennzeichnen, keinen Sinn. Die Öffentlichkeit und die Medien werden jedes Dementi als Dementi ohne Wert auffassen. Mit einem Prüfangebot aber erhält das Unternehmen Sicherheit und man beruhigt die Kunden. Dieses Geld ist gut angelegt. Denn dann können die Medien schreiben und senden, was sie wollen: Wer in der Werkstatt war und weiß, dass sein Wagen technisch in Ordnung ist, für den ist der Fall erledigt.

Porsche hat das im April 2010 genau auf diese Weise gelöst, als der Autobauer weltweit 11.300 Viertürer seiner neuen Baureihe »Pamera« vorsorglich in die Werkstätten zurückrief wegen möglicher Probleme mit den Gurtstraffern. Der Kurs der Porsche-Aktie gab zwar am gleichen Tag zeitweise um über drei

---

[51] vgl. Meldungen der Presseagentur Reuters vom 23. Februar und 24. Februar 2010; Belege beim Autor.

Prozent nach.[52] Auf lange Sicht aber honorieren Kunden und Anleger ein solches Qualitätsbewusstsein. Toyota dagegen musste seine Lektion erst bitter lernen: Man hat gelobt, seine Fehler nicht zu wiederholen. Der Aufwand, der getrieben werden muss, um den Imageschaden wieder zu reparieren, ist jetzt umso größer. Von den Millionenstrafen, die das Unternehmen in den USA zu zahlen hat, einmal ganz zu schweigen.

Jede Art der Krisenkommunikation, bei der es um die Qualität der eigenen Produkte geht, ist ganz grundsätzlich schwierig. Zum einen muss man beim Kommunizieren vermeiden, dass die Konkurrenz Einblick erhält in das eigene Geschäftsgebaren oder in Firmengeheimnisse. Zum anderen aber drängt die Öffentlichkeit in Gestalt neugieriger Reporter auf Antworten. Und diese Antworten holen sich gute Journalisten nicht nur von den Pressestellen der betroffenen Unternehmen. Staatsanwaltschaften spielen hier zum Beispiel eine Rolle, vor allem aber persönliche Kontakte ins Unternehmen, aber auch Betriebsräte und Informanten. Letztere werden schon mal für ihre Dienste bezahlt; vor allem überregional tätige Magazine und Zeitungen haben dafür einen Etat. Die Pressestelle des betroffenen Unternehmens kämpft dann an allen Fronten und wird mit Meinungen, Aussagen und Behauptungen konfrontiert, zu denen sie Stellung nehmen soll, aber nicht immer etwas sagen kann. Die beste Strategie ist hier die Antwort: „Wir kommentieren Spekulationen und Gerüchte grundsätzlich nicht." Was welches Medium dann daraus macht, lässt sich ab einem bestimmten Zeitpunkt ohnehin nicht mehr beeinflussen

3.10. Die herbeikommunizierte Krise

Dennoch sollte man eins auf gar keinen Fall tun: Den Eindruck entstehen lassen, man versuche sich mit Salamitaktik aus der Affäre zu ziehen und präsentiere – und erst dann, wenn es gar nicht mehr anders geht – ein Scheibchen Wahrheit nach dem anderen. Das zeigt der Fall des Mannheimer Baukonzerns Bilfinger Berger exemplarisch. Als Presserecherchen ans Licht brachten, dass beim Bau der Kölner U-Bahn gefälschte Messprotokolle angefertigt und weniger Bewehrungseisen eingebaut wurden als vorgesehen – den Rest hatte offenbar ein Mitarbeiter unterschlagen und verkauft, die Bauaufsicht versagte –, fiel dem Sprecher des Unternehmens nichts anderes ein, als in der »Tagesschau« darauf hinzuweisen, der Tunnel sei sicher. Es mag sein, dass seine Aussage stark verkürzt (geschnitten) wurde und dass das, was er sagte, tatsächlich der Wahrheit ent-

---

sprach. Das ändert aber nichts daran, dass eine solche Aussage auf dem Höhepunkt des Medieninteresses reichlich unglaubwürdig wirkt, weil sie nach einer Schutzbehauptung aussieht, wie Kriminologen und Juristen sagen würden. Die bessere Antwort wäre gewesen, die man im übrigen noch einmal zur Sicherheit in eigenen Pressemitteilungen großflächig an die Medien hätte verteilen müssen: *»Wir haben bereits begonnen, die Stabilität der Bauabschnitte zu prüfen und werden im Falle eines jeden noch so geringen Anzeichens für eine mögliche Schwachstelle sofort geeignete Gegenmaßnahmen ergreifen.«* Das demonstriert Tatkraft und verspricht Abhilfe; und es stellt nicht eine anzweifelbare Behauptung in den Raum.

Von Anfang an manifestiert sich die unglückliche Öffentlichkeitsarbeit des Baukonzerns in einer extremen Zugeknöpftheit: Das Unternehmen bestätigt ans Tageslicht gekommene Unregelmäßigkeiten immer nur auf Nachfrage von Journalisten, z.b. dass Messprobleme aufgetreten sind, dass gegen weitere Mitarbeiter wegen anderer Verdachtsmomente ermittelt wird usw. Vorstandschef Herbert Bodner quittiert Fragen auf einer Telefonkonferenz zum Kölner Bauskandal mit den Worten: Bei der Erstellung der Computerprotokolle seien „vielleicht aus Software-Unverständnis" Fehler gemacht worden.[53] Das schürt nicht nur den Verdacht des Mauerns, sondern darüber hinaus der Inkompetenz. Diese Häppchen-Kommunikation sorgt dafür, dass man aus den Schlagzeilen nicht mehr herauskommt, weil die Journalisten dann erst recht bohren. Und ein alter Grundsatz besagt: »Was zwei Leute wissen, das wissen viele«.

In einem solchen Fall muss die Unternehmenskommunikation versuchen, das Heft in der Hand zu behalten und offensiv mit den Ergebnissen der eigenen und der staatsanwaltschaftlichen Ermittlungen nach draußen geben. Die aktuellsten Informationen zu den Vorfällen müssen die Redaktionen immer zuerst der Pressemitteilung des Unternehmens oder einer Pressekonferenz mit dem Vorstand entnehmen. Nur das demonstriert Offenheit und ernsthaftes Bemühen, die Sache ohne Gemauschel aufzuklären. Bilfinger Berger hat das schließlich auch gemerkt und kündigte eine „schonungslose Ursachenforschung"[54] an. Leider zu spät. Eine Tageszeitung aus der Region etwa stellte dem Unternehmens-Zitat von der rückhaltlosen Aufklärung einen Hintergrund gegenüber, der sich mit der diskreten Art der Mannheimer Firma in Krisenzeiten beschäftigt und diese Krisen der Vergangenheit noch einmal minutiös auflistet. Tenor: „Köpfe rollen in der Regel leise".[55]

---

[53] vgl. Die Rheinpfalz vom 20. Februar 2010: Wirtschaftsseite 1.
[54] vgl. Die Rheinpfalz vom 19. Februar 2010: Beim Bauen trifft es jeden mal, Wirtschaftsseite 4.
[55] ebd.

Die späte Besinnung der Konzernleitung stachelte die kritischen Kommentare in den Medien erst recht an. Da heißt es etwa: „Man mag einwenden, dass es sich bei den Pannen in Köln und bei dem von der Revision turnusgemäß aufgedeckten Korruptionsfall um zwei völlig anders gelagerte Ereignisse handelt. Richtig. Richtig ist aber auch, dass in beiden Fällen maßgeblich Bilfinger Berger beteiligt ist. Und in beiden Fällen nicht unerhebliche Fragen offen sind. Warum beispielsweise wurde gegen den im Dezember gekündigten Einkäufer keine Strafanzeige gestellt? Auch jetzt, fast acht Wochen danach nicht? (...) Wieso werden in Köln salamitaktikartig immer neue Versäumnisse eingeräumt, aber regelmäßig erst auf Nachfrage von Journalisten? (...) Mit dieser Taktik wird Misstrauen geschürt anstatt der Ruf eines Unternehmens gerettet."[56]

Erst am 22. Februar 2010, beinahe ein Jahr nach dem Einsturz des Kölner Stadtarchivs, der in Zusammenhang mit dem U-Bahn-Projekt von Bilfinger Berger stehen soll, und nach langen, quälende Wochen, in denen immer mehr Unregelmäßigkeiten bei dem Baukonzern von Journalisten aufgedeckt wurden, beraumt Vorstandschef Herbert Bodner endlich eine Telefonkonferenz an. Fachlich sei unverzüglich alles Notwendige getan worden, erklärt er. Dabei habe sich herausgestellt, dass die Sicherheit des Bauwerks in Köln gewährleistet sei. Allerdings habe man nach Bekanntwerden der Missstände „vielleicht etwas aktiver kommunizieren sollen".[57] Die Bilfinger-Berger-Aktie verliert noch am gleichen Tag sechs Prozent.

Dem synkretistischen Ansatz der Medien, zuzuspitzen und neue Kontexte herzustellen, zu »schneiden«, wie es bei Fernsehen und Hörfunk heißt, letztlich also verkürzte Aussagen und Ereignisse zusammenzurühren, die in der Eigenwahrnehmung des Unternehmens nichts miteinander zu tun haben, all dem ist kein Unternehmen, das in den Schlagzeilen ist, auf die Dauer gewachsen. Irgendwann wird der Druck zu groß, weil sich in der Fremdwahrnehmung der Medien und des Publikums die Einzelereignisse zu einem Gesamtbild verdichten – und dieses Gesamtbild lässt sich im Fall Bilfinger Berger mit der Vokabel vom »Sauladen« umreißen. Die Unternehmenskommunikation muss einkalkulieren, dass sich in den Medien die vereinfachenden Heuristiken des Publikums, dessen holzschnittartige Meinungsbilder, widerspiegeln und dass darüber die Differenzierungen in der Wahrnehmung verloren gehen. Im Fall der Kölner Stadtbahn kommt hinzu, dass Bilfinger Berger hier öffentliche Mittel verbaut, also Steuergelder, sodass nicht nur ein Rechtfertigungsdruck gegenüber den Aktionären entsteht, sondern auch gegenüber den Bürgern.

---

[56] ebd.
[57] Die Rheinpfalz vom 23. Februar 2010: Wirtschaftsseite 1.

Vor allem muss man einkalkulieren, dass dann die Politik ins Spiel kommt, und die ist oft unberechenbarer, als es die Medien sind: Politiker werden alles tun, um beim Wähler gut dazustehen, den Kopf so schnell wie möglich aus der Schlinge zu ziehen und jeden Vorwurf von sich wegzulenken. Die Krisenkommunikation eines Unternehmens braucht für solche Fälle ein Management und eine Strategie; sie muss dem sich hinter seinem Schreibtisch versteckenden und in seinem fachlich-technischen Lösungsbunker verschanzten Vorstand vor Augen halten, was die Öffentlichkeit erwartet und ihn dazu bewegen, als Problemlöser offensiv nach draußen zu treten. Nur das Bemühen um Transparenz stellt die dringend benötigte Glaubwürdigkeit wieder her. Und glaubhaft bleibt nur, wer frühzeitig und offensiv kommuniziert. Auch wenn es weh tut.

3.11. Das implementierte Krisenmanagement

Krisenkommunikation – und das machen die Beispiele deutlich – kann nur funktionieren, wenn die Kommunikationsspezialisten des Unternehmens involviert sind in die internen Kommunikationsprozesse des Unternehmens. Das aber ist in der Regel nicht so. In den produktionsnahen Bereichen und in der Entwicklung kommunizieren fachgetriebene Abteilungen miteinander, die nur ihresgleichen für relevant halten. Wenn beispielsweise Hinweise über Qualitätsmängel von außerhalb herangetragen werden, dann wird das zwar kurzzeitig wahr-, aber nicht unbedingt ernst genommen. Vor allem dann nicht, wenn ein Unternehmen seit zehn Jahren gut läuft und stolz ist auf sein Qualitätsmanagement. Was interessiert da ein kanadischer Zulieferer, der angeblich Werkspezifikationen nicht erfüllt, wo er doch Teile nach den Vorgaben baut, die man ihm gemacht hat? Und was hat die Pressestelle da mitzureden, wenn es um Fachdiskussionen geht? So etwas Ähnliches ist beim japanischen Autobauer Toyota passiert. Und beim Mannheimer Bauriesen Bilfinger Berger war es die Führungsebene, die zwar intern die gehäuft auftretenden Baumängel kommuniziert hat, aber die getroffenen Maßnahmen nicht über die Unternehmenskommunikation nach draußen getragen hat. Und das ist tödlich für die Glaubwürdigkeit. „Es ist so: Die Führungsebenen kommunizieren hinter einem blick- und schalldichten, meterhohen Metallzaun, der oben mit Stacheldraht bestückt ist, und werfen ab und zu einen Brocken Information oben drüber für ihre draußen gierig wartenden Kommunikationshunde, den sie dann veröffentlichen dürfen", formuliert es ein hochrangiger Manager aus der Automobilbranche drastisch.[58]

---

[58] Äußerung gegenüber dem Autor.

Angesichts solcher Aussagen verwundern Kommunikationspannen wie bei Toyota oder Bilfinger Berger nicht. Abhilfe können hier nur zwei Dinge schaffen: Entweder der Vorstandsvorsitzende oder Geschäftsführer ist ohnehin ein begnadeter Kommunikator; oder man macht sich intensiv Gedanken im Unternehmen, wie man die Kommunikationsspezialisten in die internen Kommunikationsprozesse einbindet, damit sie mögliche Öffentlichkeitskrisen identifizieren können. Zum Beispiel kann man den Pressestellenchef zu relevanten Vorstandssitzungen hinzuzuziehen. Oder ihm Initiativrechte und einen direkten Zugang zu den Entscheidern einräumen, wenn er der Meinung ist, in der Öffentlichkeit brauen sich dunkle Wolken zusammen. Hilfreich wäre es sicher auch, Kommunikationsspezialisten in sensiblen Bereichen, die direkt mit Produkten und Kunden zu tun haben, fest zu installieren, sie zum Beispiel in die entsprechenden Verteiler aufzunehmen oder sie an Sitzungen teilnehmen zu lassen, um mögliche Krisenfälle vorhersehen und eine Kommunikationsstrategie entwickeln zu können. Das Problem, das sich dabei ergibt: Unternehmenssprecher sind in der Regel keine technisch orientierten Fachleute. Insofern muss dafür Sorge getragen werden, dass sie verstehen, worum es da geht.

Wie auch immer man das im einzelnen ausgestaltet: Worauf es ankommt, ist, dass bei der Krisenkommunikation niemals die Hierarchie den Ausschlag geben darf, wann etwas kommuniziert wird. Solche Entscheidungen müssen vom Sachstand her angegangen werden und von den Ergebnissen, die man mit seiner Kommunikation erreichen will, also: Wie stelle ich Glaubwürdigkeit her? Wie gewinne ich Vertrauen zurück? Wie enttäusche ich die Kunden nicht etc.? Leider ist das in der Praxis nur selten der Fall. Managementkarrieren stehen manchmal auf dem Spiel, wenn man eigene Fehler einräumen muss. Der Unfehlbarkeitswahn und das Überzeugtsein von sich selbst sind in Managementkreisen extrem ausgeprägt, sodass es schwerfällt, zu seinen menschlichen Schwächen zu stehen. Weshalb man lieber vertuscht und die Fehler bei den anderen sucht – auch das übrigens eine zutiefst menschliche Angewohnheit. Und wenn gar nichts mehr hilft, ist am Ende eben die Unternehmenskommunikation an allem schuld.

In einem solchen Klima – und es ist eher die Regel als die Ausnahme – kann kein gutes Krisenmanagement gedeihen. Die Öffentlichkeitsarbeit wird dann ängstlich betrieben, die Pressesprecher fühlen sich zensiert, ihre Eigeninitiative erlahmt, der Mut zu widersprechen fehlt. Das kann dem gesamten Unternehmen schaden. Man sollte also die eigenen Kommunikationsspezialisten als eine Art »institutionalisierte Querulanten« im eigenen kleinen ökonomischen Fürstentum betrachten und sie auch so einsetzen: Sie müssen auch einmal Unangenehmes sagen dürfen, weil es ihre Aufgabe ist, als Interne von außerhalb auf das Unternehmen zu blicken. Man muss als Entscheider die Größe und das

Vertrauen haben, kritische Loyalität zuzulassen, ja sie einfordern. Wer auf reine Sprachrohrqualitäten setzt, der ist irgendwann ausschließlich von Ja-Sagern umgeben, die nur die eigene Wahrnehmung bestätigen. Und damit ist man auf Dauer verloren, weil die Welt, in die man hineinkommunizieren möchte, nicht nur aus Ja-Sagern besteht.

3.12. Die Herausforderung der Neuen Medien

Wer in die Öffentlichkeit hineinkommuniziert, sollte wissen, mit wem er es zu tun hat. Wer agiert am Nachrichtenmarkt? Unter welchen Bedingungen entstehen Nachrichten? Wie funktioniert der Nachrichtenmarkt? Welche Chancen habe ich als Unternehmen, durch Pressevielfalt differenziert wahrgenommen zu werden? Mit wem sollte ich interagieren? Und: Eröffnen mir die Neuen Medien eine Chance, an den Redaktionen vorbei direkt mit der Öffentlichkeit zu kommunizieren? Diese zum Teil schon kurz angesprochenen Fragen werden wir nun vertiefend angehen.

Beginnen wir mit einem Meister seines Fachs in Sachen Kommunikation, der die traditionellen Medien gerne links liegen lässt: dem US-Präsidenten Barack Obama. Er gibt so gut wie keine Pressekonferenzen mehr, sondern spricht lieber direkt über das Internet-Videoportal »Youtube« und über den Kurzmeldungsdienst »Twitter« mit den Wählern. Was den Anschein direkter Demokratie erweckt, ist in Wirklichkeit eine Inszenierung von Politik: Das Weiße Haus pickt sich die Fragen heraus, die am besten zur gegenwärtigen Strategie passen, und schaltet diese Fragesteller dann bei Internet-Pressekonferenzen zum Präsidenten durch – junge Online-Journalisten zum Beispiel oder Reporter aus dem arabischen Raum, und natürlich Amerikaner, auf deren Kritik und Fragen der Präsident wohl vorbereitet eingehen kann. „Was verloren geht, ist die Fähigkeit, zu den Dingen jenseits der vorgegebenen Stichworte vorzudringen", empört sich Michael Shear, Reporter der »Washington Post« und damit einer der übergangenen Vertreter der traditionellen Medien. „Wir bestreiten unseren Lebensunterhalt damit, bei einigen Themen die Details zu verfolgen, damit wir unsere Fragen genau auf die darin versteckten Spannungen ausrichten", moniert er.[59]

Was sich zunächst nach der beleidigten Reaktion eines um seinen Informationsvorsprung besorgten Angehörigen der exklusivitätsgewohnten Nachrichtenbeschaffungselite anhört und ein wenig herablassend wirkt – schließlich können auch Online-Journalisten gute Arbeit leisten –, hat aber genauso einen ernsten Hintergrund: Die Differenzierungsleistung der Internet-Gemeinde ist

---

[59] Die Rheinpfalz vom 23. Februar 2010: Raffinierte Nachrichtensperre, Medienseite.

nun einmal im allgemeinen nicht sehr hoch, weil hier im Normalfall keine ausgebildeten Profis der Informationsverarbeitung am Werk sind, die Aussagen
gegeneinander abwägen und die Seriosität einer Quelle überprüfen, sondern ein
durch die schiere Masse an Nachrichten, Zitaten und Meinungen überfordertes
Publikum, das schreibt und rezipiert. Es entfällt das, was die traditionellen Medien ja immer noch leisten, wenn auch mal mehr und mal weniger gut: die Kontrolle von Institutionen und das Einfangen der unterschiedlichen Stimmen zu
einem Thema.

Für jede Unternehmenskommunikation muss das zunächst verführerisch
klingen: Man hebelt wie Barack Obama die lästigen »Wadlbeißer« von der
Presse aus und kommuniziert direkt seine Sicht der Dinge. Das wird bereits
versucht über die Websites der Firmen. Podcasts gibt es hier zu finden, Spiele
und Interaktivität etc. Der gravierende Unterschied zwischen einer Unternehmenskommunikation und Barack Obama ist jedoch: Keine Firma hat die moralische Reputation und demokratische Legitimation eines US-Präsidenten. Unternehmen gelten ganz grundsätzlich als wirtschaftliche Einheiten, deren Lebenszweck darin besteht, Geld zu verdienen. Und um Geld zu verdienen, versuchen
sie, die Menschen zu manipulieren, damit die das Geld bei ihnen lassen. Wenn
also ein Unternehmen versucht, sich im Netz ähnlich wie Obama zu inszenieren
mit ausgewählten Fragen und genehmen Themen, dann steht das von vornherein
im Ruch des reinen Marketings. Es wird nicht wie bei Obama zumindest eine
gute Absicht dahinter unterstellt, sondern es steht der Vorwurf der »Abzocke-
rei« im Raum. Und das kann eine Lawine lostreten, gegen die das Sticheln der
traditionellen Medien nur ein kleines Schneebrett ist.

Insofern bewegt man sich mit Strategien wie dem »Guerilla-Marketing«,
also dem als normaler Nutzer getarnten Eindringen beispielsweise in soziale
Netzwerke mit dem Ziel, Marken bekannt oder salonfähig zu machen, auf äu-
ßerst dünnem Eis. Wird das Ganze ruchbar, droht die soziale Online-Ächtung.
Es gibt allerdings Konzepte, die offen mit ihrer Guerilla-Strategie umgehen und
damit punkten, weil sie die kritische Diskussion nicht nur zulassen, sondern in
ihr Geschäftsmodell implementieren. So hat sich in Spanien unter dem Label
»eslóúltimo« ein Marktforschungsunternehmen etabliert, das zur Verfügung
gestellte Produkte von Markenartiklern, die teilweise noch gar nicht im Handel
sind, kostenlos an seine Ladenkundschaft abgibt – gegen eine Halbjahres-
Gebühr von fünf Euro. Der Kunde muss sich dafür damit einverstanden erklären, dass seine »Käufe« an der Kasse registriert werden und sein Profil im Internet erscheint (www.kimod.com). Für jedes Produkt, das über den Ladentisch
geht, übermittelt der »eslóúltimo«-Betreiber dem Hersteller das Einkaufsprofil
des Käufers nebst dessen Geschlecht, Alter und Wohnort. Außerdem können die
Hersteller ihre Produkte auf der »eslóúltimo«-Homepage von den Kunden be-

werten lassen. Über die Produkte wird sich in den Tratsch- und Plappernetzwer-
ken des Internet (»Facebook«, »Twitter« etc.) ausgetauscht, in denen auch »es-
loúltimo« präsent ist. Die meisten Kommentare drehen sich dabei um die Qualität der verschenkten Produkte, vor denen die Einträge teilweise warnen, die sie
aber auch empfehlen.[60]

Den Wortführern und Meinungsbildnern im Netz dürfte das ein Dorn im
Auge sein. Denn sie sind in der Regel extrem kritisch eingestellt. Ein ökonomie-
feindliches Potenzial schlummert hier, das eine Gegenöffentlichkeit schafft, in
der die gewagtesten Verschwörungstheorien kursieren, die kaum jemand groß
prüft. Mit anderen Worten: Das Internet ist eine sich exponentiell aufblähende,
vor sich hingärende Gerüchteblase mit antiökonomischem Explosionspotenzial.
Zum Teil hat das mit den basisdemokratischen Anfängen des Internet zu tun,
zum Teil mit ökonomiefeindlichen Netzwerken, die sich vor allem im Web
organisieren, zum Teil mit dem Schutz, den die Anonymität bietet – während
beispielsweise Leserbriefe in Zeitungen immer hinsichtlich ihrer Urheberschaft
gegengecheckt und mit vollem Namen abgedruckt werden.

Professionelle Redaktionen (das schließt Online-Redaktionen ein) sind da
weitaus berechenbarer, vor allem wenn man die Protagonisten persönlich kennt.
Sie sind außerdem in der Regel bestimmten Standards unterworfen, journalistischen Verfahren und Prinzipien also, von denen eins besagt: Wenn B gegen A
Vorwürfe erhebt, dann muss A Gelegenheit haben, sich zu äußern. Das alte
journalistische Prinzip: immer die Gegenseite hören. Das entfällt im Netz über
weite Strecken bzw. die Zitate der Gegenseite werden ausschließlich dazu benutzt, um die eigenen Ausführungen zu untermauern. Und das bloße Verlinken
auf die Gegenseite ersetzt keinen, die Argumente abwägenden, journalistisch
aufbereiteten Hintergrund, der beide Seiten zu Wort kommen lässt. Ohnehin
sollten Unternehmen sich regelmäßig die Selbsthilfeseiten im Internet anschau-
en, wo etwa die Probleme mit ihren Produkten besprochen und Tipps gegeben
werden, sie zu lösen. Das Image, das man bei der breiten Masse wirklich hat,
lässt sich hier sehr gut ablesen. Vor allem der Microsoft-Konzern kann seit
langem ein Lied davon singen.

Im Zusammenhang mit der kritischen Gegenöffentlichkeit im Netz hat die
Erfurter Psychologin Cornelia Betsch eine interessante Studie vorgelegt. Sie
untersuchte den Einfluss des Netzes auf die Wahrnehmung von Impfrisiken, die
wegen der Schweinegrippe-Pandemie allerorten diskutiert wurden. Ergebnis: Je
mehr die Menschen sich über das Internet informieren, desto geringer sei die
Bereitschaft, sich impfen zu lassen. „Schon eine einfache Google-Suche nach
dem Stichwort »impfen« führt neben Seiten von Pharmafirmen und der öffentli-

---

[60] vgl. Die Rheinpfalz am Sonntag vom 14. März 2010: Unter der Lupe, Seite 8.

chen Hand schnell auf Internetangebote dezidierter Impfkritiker und -gegner. Dort finden Eltern neben imfpkritischen Argumenten häufig emotionale und persönliche Berichte, die von negativen Erlebnissen nach der Impfung berichten."[61] Diese Einzelfallberichte erzeugten ein Gefühl der Bedrohung, das sich langfristig als erhöhte Risikowahrnehmung niederschlage, weswegen Eltern ihre Kinder seltener impfen ließen. Für künftige Impfkampagnen rät die Forscherin, auf die Vorteile des Impfens abzustellen. „Aber auch das völlige Dementieren eines Risikos ist unter Umständen nicht von Vorteil. Die Impfintentionen waren – wie wir feststellen konnten – höher, wenn ein Risiko als minimal dargestellt wurde, als wenn es als null dargestellt wurde."[62]

Für die Unternehmenskommunikation hat das verschiedene Implikationen: Jede Unternehmenspressestelle muss mit dem Internet und seiner kritischen Gegenöffentlichkeit rechnen. Zudem setzen die klassischen Medien auf die gleichen Effekte: Es wird in der Regel ein Einzelschicksal geschildert, um den Leser in den Text oder die Sendung hineinzuziehen. Das macht es für ein Unternehmen ganz schwer, mit Statistiken oder Wahrscheinlichkeiten dagegenzuhalten. Die Wahrnehmung der Öffentlichkeit ist dann automatisch zur persönlichen Betroffenheit hin verschoben. Die Ergebnisse von Cornelia Betsch zeigen außerdem: Glaubwürdig bleibt man als Unternehmen vor allem dann, wenn man jede negative Begleiterscheinung nicht kategorisch von sich weist, sondern mit minimalen Risiken offen umgeht. Verschweigen bringt also gar nichts. Und es empfiehlt sich, als Unternehmen vor den eigenen Kommunikationsversuchen zu einem Thema auch einmal ins Internet zu gehen und sich umzusehen, was dort so alles kursiert, damit man es ggf. gleich mit aufnehmen kann.

Im Internet „erlangen die Kommunikation von Werten, die Mobilisierung durch Sinninhalte fundamentale Bedeutung", charakterisiert der US-Soziologe Manuel Castells das Verhalten der Netzgemeinde. „Kulturelle Bewegungen (im Sinne von Bewegungen, deren Ziel in der Verteidigung oder Propagierung bestimmter Lebens- und Sinnformen besteht) werden um Kommunikationssysteme aufgebaut (...), weil sie die wichtigste Methode darstellen, mit der diese Bewegungen diejenigen erreichen können, die sich eventuell ihren Werten verpflichtet fühlen. Darauf folgt dann die Einwirkung auf das Bewusstsein der Gesellschaft insgesamt."[63] Der Ökonomie und ihrem Gewinnstreben tritt also im Internet eine Wertegemeinschaft gegenüber bzw. eine sich selbst organisierende Öffentlichkeit, der es um die soziale Ausdrucksfunktion geht, die diese Technik ihr bereitstellt. Das muss zu Konflikten führen.

---

[61] vgl. idw-online.de/pages/de/ news358773.
[62] ebd.
[63] Castells 2005: 152.

3.13. Öffentlichkeitsarbeit, Öffentlichkeit und Gegenöffentlichkeit im Netz

Wegen der kritischen Gegenöffentlichkeit im Netz, die vor allem getragen wird von einer jungen, saturierten Generation, der es offenbar nicht mehr nur reicht, Geld zu verdienen, sondern die ihr Geld ethisch und nachhaltig verdienen will (was legitim ist!), versuchen immer mehr Unternehmen, sich einen ökonomisch-ethischen Anstrich zu geben. Man unterwirft sich Audits und Zertifizierungen und betont Leitlinien, denen zu folgen die Belegschaft gehalten sei. Obwohl der interne Druck auf die Mitarbeiter hinsichtlich der Effizienz und der Rationalisierung nicht kleiner wird. Das führt dann zu skurrilen Rechtfertigungsspiralen von Seiten der Firmen: Man betreibt etwa Gentechnik nicht mehr, um die eigenen Gewinne zu maximieren, weil also ein Markt da ist oder man sich einen schafft, sondern um »die Welt vor dem Verhungern zu retten«. Solche Behauptungen mobilisieren die Gegenöffentlichkeiten (und natürlich auch den professionellen Journalismus), die beispielsweise auf die Abhängigkeit der Bevölkerung von gentechnisch verändertem Saatgut hinweisen, die die Konzerne der westlichen Welt in Entwicklungs- oder Schwellenländern bewusst in Kauf nähmen, um ihre Rendite zu sichern. Es entstehen paradoxe Situationen und schizophrene Lebensentwürfe gerade auch innerhalb der Unternehmen, etwa dann, wenn der zuständige Manager dienstlich die Gentechnik in höchsten Tönen preist, aber privat froh ist, dass seine Familie mit dem Geld, das er damit verdient, sich eine Komplettversorgung mit Bioprodukten leisten kann.

Dieses Spannungsfeld und der eigene ethisierende Anspruch, hinter dem bei manchen Firmen auch ein Geschäftsmodell steckt – der Umsatz mit fair gehandelten Produkten etwa legte 2009 trotz der Wirtschaftskrise gegenüber 2008 um 26 Prozent auf 267 Millionen Euro zu[64] –, stellen heute höchste Anforderungen an die Öffentlichkeitsarbeit und überfordern sie manchmal, weil die Unternehmen damit noch angreifbarer werden: Man kann sie an ihren selbst kommunizierten Standards messen (siehe oben das Beispiel Lidl). Und wer diese Standards nicht erfüllt, der macht sich noch unglaubwürdiger als der Konkurrent, der lieber von vornherein darauf verzichtet. Die Kommunikation nach draußen und nach drinnen muss ein Sensorium entwickeln für die Gespaltenheit der eigenen Belegschaft und die Zerrissenheit der von der Ökonomie abhängigen Gesellschaft, die tief in ihrem Inneren weiß, dass unsere derzeitige Art zu Wirtschaften auf Dauer die Ressourcen des Planeten erschöpft und von daher keine Zukunft hat. Dieses Wissen führt freilich bei den meisten kaum zu Konsequenzen im Alltag: Denn so gut wie keiner will von seinem Wohlstand und den

---

[64] vgl. Die Rheinpfalz vom 28. April 2010: Wirtschaftsseite 2.

damit verbundenen Annehmlichkeiten – die dieses Wirtschaften ja erzeugt – wirklich lassen. Letzteres schließt die vorgeblich antiökonomische Bewegung im Internet ausdrücklich mit ein, die einen Energie- und Rohstoffhunger hat wie keine andere Generation vor ihr. Und nur eine funktionierende Ökonomie kann den Strom- und Hardwarebedarf der neuen globalen Onlinegesellschaft stillen.

In dieser Gemengelage agieren in den modernen Wohlstandgesellschaften nicht nur die Unternehmen, sondern auch die Medien. Zeitungs- und Magazinverlage, private Fernsehsender und Hörfunkstationen sind Unternehmen, denen die Gegenöffentlichkeit des Internet genauso zu schaffen macht. Einen Sonderfall markieren auf den ersten Blick zwar die gebührenfinanzierten, öffentlichrechtlichen Anstalten. Sie aber müssen Einschaltquoten generieren, um ihre Werbeeinnahmen zu maximieren, und sitzen insofern im gleichen Boot. Die Ware, mit der die Presseorgane handeln, ist die (exklusive) Nachricht, die Neuigkeit, die sie dem Kunden, ihrem Publikum, möglichst gut verpackt verkaufen bzw. – und hier gerät das Ganze ins Rutschen – im Internet weitgehend kostenlos zur Verfügung stellen müssen. Darüber hinaus bieten Presseorgane (auch im Netz) jedem zahlenden Unternehmen mit ihren Reichweiten ein Forum, sich über Anzeigen direkt dem Publikum zu präsentieren, ohne die Vermittlung durch die Redaktion. Anzeigenabteilung und Redaktion sind in seriösen Presseorganen strikt getrennt, aber die sinkenden Auflagen und das zurückgehende Anzeigenaufkommen schlagen erste Breschen in die Phalanx der professionalisierten Meinungsfreiheit. Wir werden darauf noch zurückkommen.

Trotzdem sind Medien mehr als nur Unternehmen. Ihre Reichweite hängt – und das gilt in erster Linie für die respektablen Vertreter der Zunft und deren Publikum, das an umfassenden und ausgewogenen Informationen und Hintergründen interessiert ist – vor allem von der Glaubwürdigkeit ab. Gleichzeitig sichert sich Aufmerksamkeit nur, wer die Nähe zum Publikum bzw. zur Leserschaft suggeriert, eine Nähe, die sich oft als sensationsheischender, undifferenzierter und verzerrender Populismus äußert und als Volksmeinung inszeniert, bis hin zur kalkulierten Lüge. Die Boulevardpresse praktiziert das in Reinform und erzielt damit immense Auflagen.

Zuallererst konkurrieren Medien dabei um das begrenzte Zeitbudget des Publikums ab 14 bis 49 Jahren. Mit täglich 221 Minuten und einem Anteil am Mediennutzungsbudget von 37 Prozent liegt der Hörfunk offenbar vor allen anderen. Seine Reichweite an einem Durchschnittstag liegt bei 84 Prozent. Allerdings handelt es sich hier um eine sehr oberflächliche Rezeption: Meistens läuft am Arbeitsplatz einfach Musik nebenher. Diese Formate setzen deshalb vor allem auf »easy listening«. Das Fernsehen folgt knapp dahinter mit 220

Minuten und ebenfalls 37 Prozent.[65] Auch hier machen den Großteil Serien und Shows aus, also Unterhaltung im weitesten Sinn und nicht etwa Polit- oder gar Wirtschaftsmagazine. TV-Wirtschaftsmagazine sind darüber hinaus vor allem verbrauchernah ausgerichtet, also produktbezogen, seltener unternehmensbezogen. Jüngere Untersuchungen verorten den Fernsehkonsum seit der Jahrtausendwende vor dem Hörfunk: Demnach lag das Fernsehen im Jahr 2009 bei 228 Minuten, das Radio bei 182 Minuten.[66]

Auf Platz drei folgt das Internet (2007: 44 Minuten, 7 Prozent) mit rasanten Wachstumsraten (2009: 70 Minuten),[67] auf Platz drei die Tageszeitungen (28 Minuten täglich, Medien-Zeitbudget: 5 Prozent). Zu bedenken ist allerdings, dass die Nutzer online vor allem auch auf die Angebote etablierter Printorgane zugreifen (etwa »Spiegel online«), sodass hier lediglich das Medium gewechselt wird, nicht aber die Informationsquelle. Inzwischen kommen Sozialnetzwerke, Kurznachrichtendienste wie »Twitter«, Videoplattformen wie »Youtube« und Suchmaschinen wie »Google« oder das Online-Lexikon »Wikipedia« hinzu. Diese neuen Medienangebote sind geprägt von dem Grundsatz: Informationen von Nutzern für Nutzer. Auf dem fünften Platz finden sich die Zeitschriften (12 Minuten, 2 Prozent). Bücher übrigens liegen nur knapp hinter den Tageszeitungen (25 Minuten, 4 Prozent).[68] In der Gesamttendenz verschieben sich die Gewichte also langsam immer weiter in Richtung elektronische Medien.

3.14. Die Strukturen der Presselandschaft

Konzentrieren wir uns zunächst auf den Printbereich, um dann die elektronischen Medien kurz zu beleuchten.[69] Auch wenn die wirtschaftliche (und politische bzw. intellektuell-kulturelle) Elite Deutschlands vor allem auf die national erscheinenden und sendenden Medien schielt und ihr eigenes Weltbild ableitet aus dem Ausschnitt von Wirklichkeit, der dort publiziert wird: Es handelt sich um eine verschobene Wahrnehmung. Denn der weitaus größte Teil der Deut-

---

[65] vgl. www.mediendaten.de.
[66] vgl. www.ard-zdf-onlinestudie.de.
[67] vgl. ebd.
[68] vgl. www.mediendaten.de.
[69] Anmerkung: Die folgenden Zahlen zu den Strukturen der Presselandschaft waren Grundlage meiner Seminare an der Universität Landau, Stand Wintersemester 2008/09; sie entstammen vor allem der Internet-Dokumentation „Medien in der Krise; 20. Sinclair-Haus-Gespräch; 9./10. Mai 2003" sowie den veröffentlichten ivw-Auflagenzahlen, der regelmäßig erscheinenden ARD/ZDF-Langzeitstudie zur Mediennutzung und den Mitteilungen des Bundesverbandes deutscher Zeitungsverleger (BDZV). Alle Quellen sind online leicht zugänglich und nachprüfbar und erfordern außerdem ständige Aktualisierungen. Alle Belege beim Autor.

schen wird im Printbereich erreicht von 334 lokalen oder regionalen Tageszeitungen (Stand 2006), darunter 137 Abonnement-Blätter ohne Vollredaktion[70] und 118 größere Zeitungen mit Vollredaktion,[71] d.h. mit Redaktionen, die ihre überregionalen Teile wie Politik und Wirtschaft, die so genannten »Mantelseiten«, selbst produzieren. Die 137 kleineren Blätter lassen sich diese Teile von den größeren Regionalzeitungen zuliefern (sie bilden eine »Publizistische Einheit« mit identischen Inhalten im überregionalen Teil, oft sogar einschließlich der Kommentierungen).

Insgesamt rund 190 Verlage geben Zeitungen mit Auflagen zwischen 5000 und 40.000 Exemplaren heraus; nur rund 20 Verlage in Deutschland produzieren Blätter mit Auflagen über 200.000. Die regionalen Abonnementzeitungen erreichen im Durchschnitt rund 60 Prozent des Publikums, was ihre große Bedeutung für die Unternehmenskommunikation unterstreicht. Insgesamt dominiert hier das ältere Publikum (siehe unten), was z.b. für Unternehmen, die sich auf diesen Markt spezialisieren, entscheidend ist. Die Straßenverkaufszeitungen dagegen werden nur von 5 Prozent der Zeitungsleser rezipiert, obwohl »Bild« mit einer gigantischen verkauften Auflage von rund 3,5 Millionen Exemplaren wirbt. Und die überregionalen Abonnementzeitungen haben eine Reichweite von 5,5 Prozent – sie bedienen die wirtschaftliche, politische und intellektuell-kulturelle Elite, nicht das breite Publikum und damit auch nicht den Großteil der eigenen Belegschaft.

Die Anzeigenblätter, jene kleinräumig und kostenlos an die Haushalte verteilten regionalen Supplemente, sind meist in der Hand der großen regionalen Zeitungsverlage. Sie umfassen knapp 2000 Titel und erreichen eine Auflage von 91 Millionen Exemplaren. Hier finden sich zwar redaktionell bearbeitete, in der Regel jedoch unkritische Artikel, die zudem stark lokal zugeschnitten sind. Den Verlagen geht es mit diesen Blättern in erster Linie darum, den Anzeigenmarkt im untersten Segment abzugrasen, also Geld auch noch mit den Anzeigenkunden zu verdienen, denen es zu teuer ist, in der regionalen Tageszeitung zu annoncieren; zudem sollen Konkurrenzverlage ferngehalten werden. Man kann zwar versuchen, sich hier als Unternehmen zu positionieren, allerdings ist die journalistische Glaubwürdigkeit dieser Blätter nicht sehr hoch. Sinn macht Pressearbeit in diesem Segment allenfalls für stark lokal agierende Firmen, etwa Handwerksbetriebe. Wobei es in diesen Blättern gang und gäbe ist, dass man für eine geschaltete Anzeige einen wohlwollenden redaktionellen Artikel bekommt. Das Niveau und die unkritische Sprachrohrmentalität entsprechen in etwa den von den Rathäusern herausgegebenen kommunalen Amtsblättern.

---

[70] vgl. Bundesverband Deutscher Zeitungsverleger 2006.
[71] vgl. Übersichtskarte der Deutschen Bundespost, Stand 2005; Beleg beim Autor.

3.15. Global denken, regional kommunizieren

Für die strategische Ausrichtung einer Unternehmenskommunikation, die ihre deutschen Standorte im Blick hat, heißt das: global denken, vor Ort kommunizieren. Nicht nur dass die regionale Tageszeitung die wesentliche Informationsquelle für die meisten Mitarbeiter am Standort sind. Der große Vorteil für das Unternehmen ist außerdem, dass, wenn die regionale Zeitung ein bundesweit gespieltes Thema, das die Firma betrifft, aufgreift, die Redaktion es immer durch die Brille der regionalen Nähe und der wirtschaftlichen Verflechtungen mit dem Unternehmen sehen wird. Die Redakteure vor Ort können nicht so agieren wie die Redaktionen bundesweit erscheinender Blätter, denn ein Teil der regionalen Zeitungsabonnenten gehört gleichzeitig der Belegschaft des Unternehmens an, über das man als Redaktion berichtet; d.h. der Leser ist Teil des Objekts der Berichterstattung, er verfügt über Detailinformationen, er ist eine Art Spezialist. Das verlangt mehr Gründlichkeit von Seiten der Presse. Der Redakteur vor Ort wird zu recherchieren beginnen, er wird die Pressestelle anrufen, Informationen einholen, differenzieren. Man hat dann als Unternehmenskommunikation automatisch einen »Fuß in der Tür«. Nicht selten ist das Unternehmen auch ein guter Anzeigenkunde, oder es lässt beim Zeitungsverlag drucken. Das verhindert zwar bei seriösen Blättern die kritische Berichterstattung der Redaktion nicht. Trotzdem agieren Presseorgane vor Ort in der Regel nicht nach dem Prinzip der »verbrannten Erde« wie bundesweit agierende Magazine oder Zeitungen. Sie formulieren vorsichtiger. Da man als Regionalredaktion immer wieder mit den Unternehmen vor Ort interagieren muss und mit den dort handelnden Personen, wird man zumindest um einen Ton bemüht sein, der eine weitere Zusammenarbeit nicht unmöglich macht.

Diese »Schere im Kopf« der Redaktion, die auch mit familiären Verflechtungen ins Unternehmen zu tun haben kann und immer abhängt von den handelnden Personen (erwartet der Chefredakteur kritische Berichte oder will er Konfrontationen im eigenen Haus mit der kaufmännisch rechnenden Verlagsleitung vermeiden? Ist der recherchierende Redakteur ein respektabler, mutiger Journalist oder ein karrierebedachter Durchlavierer? etc.), sollte man als Unternehmen gezielt nutzen und den Schwerpunkt der Pressearbeit auf die Region legen. Das bedeutet zum Beispiel, dass der medial bundesweit orientierte Konzernlenker auch einmal davon überzeugt werden muss, der Zeitung vor Ort einen Besuch abzustatten und ihr etwas exklusiv zukommen zu lassen. Verloren ist damit nichts, auch wenn vielleicht das Geltungsbedürfnis des Spitzenmanagers ein wenig leidet: Denn auch die Redaktion der Regionalzeitung kann eine exklusive, hochwertige Aussage bundesweit auf den Ticker geben, wo sie dann von den Presseagenturen verbreitet wird. Dieser Heimvorteil, den man als Unternehmen hat, gilt übrigens ganz ähnlich für die privaten Rundfunk- und Fernsehsender vor Ort, weniger für die in der Regel doch eher landes- und – über die ARD – bundesweit orientierten Regionalstudios der öffentlich-rechtlichen Anstalten, deren Programme allerdings regionale Fenster haben.

Die auf dem nationalen Markt präsenten Zeitungen und Magazine haben nicht ohne weiteres einen so verlässlichen Abonnentenstamm wie die regionalen Tageszeitungen, weil sie keine heimatliche Orientierung kennen und ihnen damit die vergleichsweise treue Leserschaft mit relativ geringen Qualitätsansprüchen fehlt. Sie müssen völlig anders agieren und jeden Tag und jede Woche um ihr Publikum kämpfen, weil sie sich durch ihr bundesweites Erscheinen der Themen-Konkurrenz direkt stellen und ihre Kundschaft sich in der Tendenz breiter informiert als das reine Regionalzeitungspublikum. Die viel beklagte Sensationshascherei der Medien, das Geschichten generieren um jeden Preis, der Wettlauf um Aufmerksamkeit und Erregungsgemeinschaften hat insbesondere hier seinen Ursprung. Auch regionale Blätter geraten übrigens zunehmend in einen Boulevardisierungs-Sog, etwa durch Regionalisierungsbestrebungen der »Bild-Zeitung«, die seit Jahren in Ballungsgebieten Lokalredaktionen eingerichtet hat.

3.16. Die Scheinvielfalt auf dem Printmarkt

Rund zehn bundesweit vertriebene Zeitungen (darunter die »Frankfurter Allgemeine Zeitung« und die »Süddeutsche Zeitung«) tummeln sich auf dem Printmarkt, etwa neun reine Straßenverkaufszeitungen wie »Bild«, 27 Wochenzeitungen (etwa »Die Zeit«), einige ebenfalls vornehmlich am Kiosk verkaufte Sonntagszeitungen, darunter aber auch an die Abonnenten als siebte Ausgabe der Tageszeitung zugestellte Sonntagsblätter, zwei politische Nachrichtenmagazine (»Spiegel« und »Focus«) und zahlreiche Programm-, Frauen-, Jugend- und sonstige Zeitschriften.

Von den Marktanteilen her hält bei den Tageszeitungen der Axel-Springer-Verlag (»Bild«, »Welt«) mit 22,5 Prozent das dickste Paket, gefolgt von der Verlagsgruppe Stuttgarter Zeitung/Rheinpfalz/Südwestpresse, zu der inzwischen auch der Süddeutsche Verlag mit der »Süddeutschen Zeitung« gehört (Marktanteil rund 7,8 Prozent). Auf Platz drei folgen die Verlagsgruppe der Westdeutschen Allgemeinen Zeitung (5,6 Prozent) und auf Platz vier der Verlag der »Frankfurter Allgemeinen Zeitung« (drei Prozent). Die großen Zehn haben zusammen einen Marktanteil von 55,7 Prozent. Bei den Zeitschriften kommen Bauer, Springer, Gruner+Jahr (»Stern«, »Geo«; zu Bertelsmann) und Burda (»Focus«) auf zusammen über 60 Prozent der Marktanteile.

Die angebliche Vielfalt der deutschen Presselandschaft ist also bei näherem Hinsehen eine Scheinvielfalt. Zwar leisten sich die Mehrzahl der Zeitungskonzerne noch unabhängig voneinander arbeitende Vollredaktionen in ihren Blättern, so die Nummer zwei auf dem deutschen Tageszeitungsmarkt, die mit der »Süddeutschen Zeitung«, der Kombi »Stuttgarter Zeitung/Stuttgarter Nachrichten«, der in Ludwigshafen erscheinenden »Rheinpfalz« und der Chemnitzer »Freien Presse« – um nur die bekannteren Konzernblätter mit Auflagen über 200.000 zu nennen – auch tatsächlich fünf eigenständige Redaktionen mit je unterschiedlicher Ausrichtung (bundesweit – regional) betreibt. Auf die gesamte Presselandschaft bezogen, sind aber die innerredaktionellen Konzentrationsprozesse weit vorangeschritten. So unterhält lediglich die »Frankfurter Allgemeine Zeitung« ein dichtes (und damit teueres), eigenes Korrespondentennetz bundes- und weltweit. Die anderen bundesweit operierenden Blätter und Magazine konzentrieren ihre exklusiv für sie berichtenden Korrespondenten auf wenige Großstädte. Und das Gros der Zeitungen in Deutschland greift auf Journalistenbüros oder Autorenpools zurück, auf freie Autoren also, die man sich teilt, d.h. die mehrere Blätter gleichzeitig beliefern. Es wird lediglich darauf geachtet, dass nicht der gleiche Korrespondententext auch in der Nachbarzeitung erscheint.

Diese inhaltlichen Konzentrationsprozesse haben sich durch die sinkenden Auflagen, das zurückgehende Anzeigenaufkommen und den daraus resultierenden Spardruck verschärft und inzwischen die Vollredaktionen erreicht. So hat Gruner+Jahr Ende 2008 die Redaktionen von »Capital«, »Impulse« und »Börse Online« geschlossen, um sie in Hamburg mit der »Financial Times Deutschland« zusammenzulegen. Der neuen Redaktion sollen rund 250 Vollzeit-Mitarbeiter angehören; auf alle Wirtschaftsmedien bezogen sind damit laut Gruner+Jahr rund 60 Stellen weggefallen. 50 Stellen wurden wieder ausgeschrieben, auf die sich die gekündigten Kollegen bewerben konnten.[72] Auch die Zeitungen der Kölner DuMont-Schauberg-Verlagsgruppe (»Berliner Zeitung«, »Frankfurter Rundschau«, Kölner »Stadt-Anzeiger« und »Mitteldeutsche Zeitung«) haben ihre überregionale Wirtschafts- und Politikberichterstattung in Berlin und Frankfurt zusammengelegt.[73] Das heißt: In allen vier Blättern sollen täglich die gleichen Artikel von den gleichen Autoren abgedruckt werden. Noch wehrt sich die Redaktion der Berliner Zeitung und sieht einen Verstoß gegen das Redaktionsstatut.[74] Die Frage ist, wie lange.

Für die Unternehmenskommunikation bedeutet eine solche Fusion: Die Chancen, dass die eigene Firma zum Beispiel im Falle einer Krise über die ver-

---

[72] vgl. Netzeitung vom 19. November 2008; Beleg beim Autor.
[73] vgl. Meldung der Presseagentur ddp vom 30. Januar 2010; Beleg beim Autor.
[74] vgl. Journalist, Ausgabe März 2010: 54.

schiedenen Medien hinweg differenziert wahrgenommen wird und etwa mit vielen verschiedenen Artikeln belegen kann, dass es in anderen Presseorganen durchaus öffentliche Rückendeckung für die eigene Haltung gibt, diese Chancen sinken durch solche Konzentrationsprozesse beträchtlich. Natürlich kann man es auch umgekehrt sehen: In einem Zeitungskonzern eine gute Presse zu haben, bedeutet, in allen seinen Blättern eine gute Presse zu haben. Um das Ganze einmal in eine Analogie zu gießen: Es ist wie mit dem Klimawandel, der uns immer größere (nachrichtliche) Wetterextreme beschert. Folgt man dem Medienwissenschaftler Stephan Ruß-Mohl, dann steht uns Schlimmes bevor: „Seriöser Informationsjournalismus wird im Wettbewerb um Auflage und Quote weiterhin infotainisiert und infantilisiert werden (...). Durch Angstmache werden die Medien weiterhin gute Geschäfte auf Kosten Dritter machen. Auch die seriösen Blätter machen dabei mit."[75]

Auch ohne die aktuelle Verschärfung der Konzentrationsprozesse ist die deutsche Printlandschaft geprägt von Monopolen, Duopolen und Oligopolen. Hinzu kommt die Abhängigkeit der meisten, vor allem regionalen Blätter von den sie mit überregionalen Nachrichten beliefernden Presseagenturen. Konkurrierten im alten Bundesgebiet 1954 noch in jedem Landkreis und in jeder Stadt durchschnittlich zwei Zeitungen miteinander, ging ihre Zahl bis 1954 um mehr als 50 Prozent zurück. Heute gibt es in mehr als der Hälfte der 83 deutschen Großstädte regionale Zeitungsmonopole. Über 55 Prozent der 543 Kreise im Bundesgebiet sind Ein-Zeitungs-Kreise, dort gibt es nur ein lokal berichtendes Blatt.[76] Die Zahl der Kreise, in denen nur zwei regionale Blätter dominieren, macht 37 Prozent aus. 55 Prozent der deutschen Großstädte haben eine oder zwei Zeitungen von der gleichen Verlagsgruppe, in nur 33 Prozent gibt es zwei Zeitungen, die von verschiedenen Verlagen herausgegeben werden.

Bei den bundesweit erscheinenden Boulevardzeitungen dominiert »Bild« mit einem Marktanteil von 85 Prozent. Bei den überregionalen Wochenzeitungen herrschen zwei Duopole: die »Welt am Sonntag« und die »Frankfurter Allgemeine Sonntagszeitung«, die sonntags erscheinen, und »Die Zeit« und der »Rheinische Merkur«, die donnerstags herauskommen. Bei den Nachrichtenmagazinen besteht mit »Spiegel« und »Focus« ein Duopol. Nur drei Tageszeitungen lassen sich als national rezipierte Zeitungen einstufen: die »Frankfurter Allgemeine Zeitung«, das »Handelsblatt« und die »Financial Times Deutschland«. Das ist den gut ausgebauten, redaktionellen Wirtschaftsteilen geschuldet. Die »Süddeutsche Zeitung« beispielsweise hat ihre Leserschaft – obwohl sie bundesweit vertrieben und zitiert wird – vor allem in Süddeutschland.

---

[75] Ruß-Mohl 2003.
[76] vgl. Paetow 2003.

3.17. Der absolutistische Verlegerstaat

Abgesehen von der börsennotierten Springer AG sind nicht nur die allermeisten Zeitungen, sondern auch große Medienkonzerne wie Bertelsmann in der Hand von Verlegerfamilien (zu Bertelsmann gehört beispielsweise Gruner+Jahr und die RTL-Group; die Bertelsmann Stiftung hält 76,9, die Familie Mohn 23,1 Prozent der Aktien). Zeitungsverlage werden in der Regel in Form einer GmbH oder einer nicht börsennotierten AG geführt und erinnern in ihrer internen Führungsstruktur an einen »absolutistischen Hofstaat«: Der Verleger (manchmal auch mehrere Anteilseigner) wird – sofern er überhaupt präsent ist, was bei den Erben und Nachfolgern der Gründergeneration nicht unbedingt selbstverständlich ist – abgeschirmt von den leitenden Angestellten wie einst der Souverän von seinen Ministern. Diese Minister sind meist der Geschäftsführer und/oder der Chefredakteur und auf ihr Rückgrat kommt es an, wie die Redaktion geführt wird: Ob also autokratisch, dem Verleger die Stimmungen und Wünsche von den Lippen ablesend, nach unten stramm durchregiert wird; oder ob man motiviert, kommuniziert und diskutiert. An seine Grenzen stößt die autokratische Variante manchmal durch ein Redaktionsstatut, das Mitspracherechte einräumt, etwa bei der Besetzung von Stellen; ein solches Statut ist aber eher die Ausnahme und oft das Papier nicht wert, auf dem es geschrieben steht, da es auch mutige (und damit in der Tendenz karriereverachtende) Redakteure verlangt, die ihre Rechte durchzusetzen bereit sind.

Wenn man Glück hat als Redaktion, wohnen in der Seele des Verlegers zwei Seelen: die des Kaufmanns, der Geld verdienen möchte, und die des klassischen Verlegers oder Redakteurs, der ein kritisches journalistisches Ethos schätzt, der die Welt ein Stück voranbringen möchte mit einer differenzierten Betrachtung und Begleitung der Geschehnisse und der vor allem eine innerredaktionelle Diskussionskultur und einen innerbetrieblichen Pluralismus hochhält, indem er sich regelmäßig selbst der Redaktion im Gespräch stellt und auch (zähneknirschend) Artikel in seinem Blatt zulässt, die nicht unbedingt seiner Meinung entsprechen. Letzterer Typus tritt heute angesichts sinkender Margen (siehe unten) und angesichts der vorherrschenden ökonomischen Ideologie immer mehr in den Hintergrund. Die Folge: Ansprüche an die redaktionelle Qualität – und Qualität erfordert immer auch eine vernünftige Personalausstattung – sinken, und das Blatt degeneriert im schlimmsten Fall zum Anzeigenumfeld für den umschmeichelten Kunden aus der Wirtschaft. Das gilt für regional wie überregional vertriebene Printprodukte.

Die Reihenfolge der Prioritäten, wie sie im privatwirtschaftlich organisierten Printbereich bislang dominiert hat, nämlich sich beim Leser Glaubwürdigkeit durch die eigene Unabhängigkeit und Kritikfähigkeit zu erarbeiten, mit dieser Glaubwürdigkeit Auflage, also Reichweite, zu generieren und damit attraktiv zu werden für Werbekunden, diese Prioritätenkette wird gerade umgeknüpft: Immer öfter bekommt der Anzeigenkunde jedes Anzeigenformat zugebilligt, auch wenn es das Layout der Seite kaputtmacht und auf Kosten des Platzes für Inhalte geht. Themen werden immer öfter auch danach festgelegt, ob sich Anzeigenkunden für die Inhalte interessieren und in diesem Umfeld eine Anzeige schalten möchten (was noch nicht bedeutet, dass sie Einfluss auf den redaktionellen Inhalt nehmen können; aber auch das kommt vor). Und im schlimmsten Fall gibt es einen redaktionellen Artikel gegen eine Anzeige. Letzteres lässt zwar der vom »Deutschen Presserat« überwachte Pressekodex nicht zu, aber wo kein Kläger, da kein Richter. Auf Dauer zerstört das die Glaubwürdigkeit und damit die Basis eines jeden Printprodukts: das Vertrauen der Leserschaft in die eigene Zeitung. Und auch das Renommee der werbenden Unternehmen wird über kurz oder lang durch solchen Praktiken in Mitleidenschaft gezogen: Sie kommen in den Ruch, sich Gefälligkeitsartikel zu »kaufen«. Damit leidet letztlich auch ihr Ruf (siehe unten das Beispiel »Frankfurter Rundschau« und »Tagesspiegel«).

Bei den öffentlich-rechtlichen Medien sind die internen Führungsstrukturen naturgemäß anders, hier allerdings haben insbesondere beim »ZDF« die politischen Parteien einen überproportionalen Einfluss bis hin zur Personalpolitik, wie der Streit um den vom damaligen hessischen Ministerpräsidenten Roland Koch verhinderten Chefredakteur Nikolaus Brender gezeigt hat. Zudem sitzen in den Rundfunkräten der »ARD« die Vertreter der verschiedenen institutionalisierten, gesellschaftlichen Gruppen (Kirchen, Gewerkschaften, Politiker, Sozialverbände etc.). Und auch sie können direkt Einfluss nehmen auf die Ausgestaltung des Programms. Bei den privaten Hörfunk- und TV-Sendern mischen sich gesellschaftliche Gruppen ein, indem sie sich beispielsweise Sendezeit gerichtlich erstreiten, wie der Fall des Ansbacher Rundfunksenders »Radio 8« aus den 1990er Jahren zeigt: Der Programmanbieter wollte eine eineinhalbminütige Morgenpredigt auf einen anderen Sendeplatz verbannen und scheiterte, als die katholische und die evangelische Kirche dagegen klagten. Begründung des Verwaltungsgerichts: Es bestehe ein öffentlich-rechtlicher Auftrag, und die Landesmedienanstalt könne sehr wohl konkrete Vorgaben machen.[77] Die Landesmedienanstalten vergeben die Lizenzen für die privaten Sender und sind bundesweit zusammengeschlossen in der Kommission für Zulassung und Aufsicht der Landesmedienanstalten (ZAK). Auch dieses Gremium kann Sendungen beanstanden und Bußgeldbescheide erteilen, so geschehen vor einiger Zeit

---

[77] vgl. www.ibka.org/artikel/miz94/radio8.html.

gegen die Quizshows des »Sat1«-Ablegers »9 Live« wegen Verstoßes gegen die Gewinnspielsatzung.[78]

3.18. Die Scheinvielfalt der elektronischen Medien

Beim Fernsehen herrscht ein öffentlich-rechtliches und ein, auch von den Zeitungsverlagen begründetes, privates Duopol mit ihren jeweiligen Zuschauergruppen: das Duopol »ARD« und »ZDF« auf der einen und das Duopol »RTL« (zu Bertelsmann) sowie »ProSiebenSat1« auf der anderen Seite. Das Fernsehpublikum verteilt sich im wesentlichen auf die vier großen Sendergruppen. Die »ARD« erreicht 7,6 Prozent in der von allen Sendern anvisierten Zielgruppe der 14- bis 49-Jährigen und 13,7 Prozent des gesamten TV-Publikums. Es folgt »RTL« mit 15,7 Prozent in der Zielgruppe und einem Gesamtanteil von 13 Prozent mit »RTL II« (6; 3,8 Prozent), »Super RTL« und »Vox« (7,5; 5,3 Prozent). Das »ZDF« hält in der Zielgruppe lediglich 6,8 Prozent, aber einen Gesamtanteil von 12,4 Prozent, wird also ähnlich wie die »ARD«-Programme vor allem von den Älteren gesehen. Und bei »Sat1« – 11,6 Prozent der Zielgruppe (9,8 Prozent gesamt) – dominieren wie bei den anderen Sendern der Gruppe, nämlich »ProSieben« (12,8; 7,3 Prozent) und »Kabel 1« (5,4; 3,6 Prozent) – wieder die jüngeren Zuschauer.

Die Hörfunk-Landschaft dagegen ist geprägt von Oligopolen: Jeder Sender richtet sich in seinem Sprengel auf seine Zielgruppe ein. Die privaten Sender gehören meist den regionalen Zeitungsverlagen und sind sehr lokal ausgerichtet (das gilt auch für regionale Privatfernsehsender). Der öffentlich-rechtliche Funk bietet landesweite Formate neben regionalen Fenstern. Derzeit gibt es 54 öffentlich-rechtliche Rundfunkanstalten in den einzelnen Bundesländern. Eine unterschiedliche Anzahl von privaten Hörfunksendern ist dort jeweils lizenziert, insgesamt rund 300 bundesweit, davon sind zwei Drittel kommerziell ausgerichtet. Die öffentlich-rechtlichen Sender erreichen zusammen an Werktagen durchschnittlich 35,69 Millionen Menschen, die private Konkurrenz kommt auf 30,29 Millionen. Vergleicht man nur die Sender miteinander, die Werbung in ihren Programmen platzieren, dann liegen die privaten weiter vor den öffentlich-rechtlichen. Das bundesweite Informationsprogramm des Deutschlandfunks wird an jedem Wochentag von 1,4 Millionen Menschen eingeschaltet und liegt damit knapp vor den meistgehörten Privatsendern »Radio NRW« (1,33 Millionen Hörer), Radio-Kombi Baden-Württemberg (1,034 Millionen), »Antenne Bayern (1,03 Millionen) und dem meistgehörten öffentlich-rechtlichen Sender

---

[78] vgl. Meldung der Presseagentur dpa vom 16. März 2010; Beleg beim Autor.

»SWR3« (934.000), der aber beispielsweise in Rheinland-Pfalz mit 20,5 Prozent lange nur die Nummer zwei war (auf Platz eins: »RPR1« mit 24,9 Prozent). Inzwischen dringen in diese Szene immer mehr Webradios vor: Bei der Verwertungsgesellschaft Gema sind mehr als 1750 deutsche Projekte registriert.[79]

Diese Zahlen dürfen nicht darüber hinwegtäuschen, dass die traditionellen Medien seit Jahren mit stagnierenden oder zurückgehenden Werbeeinnahmen und Auflagen zu kämpfen haben, was sie wirtschaftlich unter Druck setzt. Bei den Werbeeinnahmen, einem Markt, der im Jahr 2007 rund 20,7 Milliarden Euro generierte und im Zuge der Finanzkrise 2008 auf 20,36 Milliarden Euro geschrumpft ist, liegen nach wie vor die Tageszeitungen vorn. Sie erreichten 2008 einen Netto-Werbeumsatz von 4,37 Milliarden Euro, 4,2 Prozent weniger als im Vorjahr, und fuhren damit die höchste Verlustsumme aller Werbeträger in Höhe von 194 Millionen Euro ein. Auch das Fernsehen büßte Werbeumsätze ein und kam nur noch auf rund 4 Milliarden Euro (minus 2,9 Prozent). Zugelegt haben dagegen die Anzeigenblätter. Sie konnten ihre Netto-Werbeeinnahmen erstmals auf 2 Milliarden Euro ausweiten (Vorjahr: 1,97 Milliarden Euro), das entspricht einer Steigerung um 1,9 Prozent. Besonders stark hat die Wirtschaftskrise die Publikumszeitschriften getroffen. Ihre Netto-Werbeerlöse verringerten sich um 7,1 Prozent auf 1,69 Milliarden Euro (minus 129 Millionen). Im Plus, aber mit einer deutlichen Wachstumsdelle, präsentieren sich die Online-Medien. Nachdem sie 2007 noch ein Wachstum von 39 Prozent meldeten, kamen sie 2008 nur noch auf ein Plus von 9,4 Prozent (754 Millionen Euro). Der Hörfunk konnte seine Wachstumsserie der Vorjahre nicht fortsetzen. Seine Netto-Werbeerlöse schmolzen um 4,3 Prozent auf 711 Millionen Euro (minus 32 Millionen). Ebenso erging es den Wochen- und Sonntagszeitungen. Nach Jahren der Werbeumsatzsteigerung verloren sie 1,5 Prozent auf 266 Millionen Euro (minus 4 Millionen).[80]

Kein Wunder, bleiben angesichts des immer enger werdenden Marktes die journalistischen Maßstäbe auf der Strecke. „Wer will werben, wo man Programm kaufen kann?", hat der Redakteur des Evangelischen Pressedienstes, Volker Lilienthal, seinen Artikel in der »Frankfurter Allgemeinen Zeitung« überschrieben. Er beschäftigt sich mit dem privaten Nachrichtensender »n-tv«. Der Fernsehsender bekomme einen Teil seiner Reportagen kostenlos von christlichen Hilfswerken zugeliefert. „Von journalistischer Unabhängigkeit kann da wohl keine Rede mehr sein",[81] so Lilienthal.

---

[79] vgl. Journalist, Ausgabe März 2010: 52.
[80] vgl. www.zaw.de/index.php?menuid=33.
[81] FAZ vom 22. Februar 2005: http://www.faz.net/s/Rub8A25A66CA9514B9892EOO74DE4
E5AFA/Doc~E5ACA99A41CCB4026BO8DOD696CDOBEF3~ATpl~Ecommon~Scontent.html.

3.19. Wer nutzt welche Medien?

Noch immer sind die Tageszeitungen das Medium in Deutschland, das von den meisten genutzt wird, um sich hintergründig und im Querschnitt über das Geschehen zu informieren – auch im Internet. Fernsehen und Hörfunk (sieht man einmal vom Programm des Deutschlandfunk ab) können da in der Regel aus verschiedenen Gründen nicht mithalten: Beschränkte Sendezeit, Konzentration auf das Bild bzw. hohe Anforderungen an die Verständlichkeit, die durch das gesprochene Wort entstehen, was zu holzschnittartigen Vereinfachungen bzw. zu Infotainment-Formaten führt (siehe oben Chaikens Forschungsergebnisse zur oberflächlichen Informationsverarbeitung).

Im Unterschied zu dem Überblicks- und Erklärmedium Zeitung, in dem man die Artikel langsam und mehrfach lesen kann, sind Fernsehen und Hörfunk weitaus aktualitätsgetriebener und prädestiniert für die schnelle Verbreitung von Neuigkeiten. Das lässt sich auch an den Zahlen ablesen: Insgesamt halten knapp drei Viertel der deutschen Bevölkerung über 14 Jahren regelmäßig eine Tageszeitung in den Händen. Bei den lokalen und regionalen Abonnementzeitungen liegt die Zahl der Leserinnen mit gut 61 Prozent ganz leicht vor der Zahl der männlichen Leser (60 Prozent). Dagegen werden Kaufzeitungen und überregionale Abonnementzeitungen deutlich stärker von Männern (26,4 Prozent) als von Frauen (15,8 Prozent) genutzt. Das lokale Umfeld interessiert Frauen vermutlich deshalb mehr, weil meist sie es sind, die die Familien organisieren.

Doch die Reichweiten und Auflagen gehen zurück. Die Zeitungen in Deutschland haben eine Gesamtauflage von 25,95 Millionen Exemplaren pro Erscheinungstag (Stand: zweites Quartal 2008). Davon entfallen auf Westdeutschland 23 Millionen, auf die neuen Länder knapp drei Millionen Exemplare. Das bedeutet im Vergleich zum Vorjahresquartal ein durchschnittliches Auflagenminus von 499.189 Exemplaren (minus 1,9 Prozent). Während die Zeitungen im Westen 1,62 Prozent oder 378.515 Exemplare verloren haben, ging der Verkauf im Osten um 3,96 Prozent oder 120.674 Exemplare zurück. Insgesamt belaufen sich die Verluste bei den lokalen/regionalen Zeitungen auf minus 1,78 Prozent, bei den Kaufzeitungen auf minus 2,16 Prozent und bei den Sonntagszeitungen auf minus 4,43 Prozent. Die überregionalen Titel stagnieren bei plus 0,24 Prozent, in einem deutlichen Plus (1,01 Prozent) liegen allerdings die auf längere, hintergründige Beiträge setzenden Wochenzeitungen.

Die verkaufte Auflage aller Zeitungsgattungen verteilt sich auf 20,43 Millionen Tageszeitungsexemplare, 3,55 Millionen Sonntagszeitungen und knapp zwei Millionen Wochenzeitungen. Bei den Tageszeitungen entfallen 14,3 Millionen Exemplare auf die lokalen und regionalen Abonnementzeitungen, gut 1,6 Millionen auf die überregionalen Blätter und knapp 4,5 Millionen auf die Kaufzeitungen wie »Bild«. Für die Tageszeitungen insgesamt ergibt sich eine Reichweite von 72,4 Prozent. Dies bedeutet, dass rund 47 Millionen Deutsche über 14 Jahren täglich eine Zeitung in die Hand nehmen. Ihre höchste Reichweite erzielen die Tageszeitungen traditionell bei den 40- bis 69-jährigen Lesern, nämlich zwischen knapp 74 und knapp 84 Prozent. Von den über 70-Jährigen greifen sogar noch 83 Prozent regelmäßig zur Tageszeitung, und bei den 30- bis 39-Jährigen sind es fast 67 Prozent. Bei den jüngeren Lesern sind die Reichweiten freilich im Sinkflug: Nur noch gut 47 Prozent der 14- bis 19-Jährigen und knapp 58 Prozent der 20- bis 29-Jährigen interessieren sich für die gedruckte Tagespresse.[82]

3.20. Unternehmenskommunikation und redaktioneller Qualitätsverlust

Die Medien und insbesondere deren wichtigste Gattung, der Printbereich – nimmt man die Angebote der Zeitungen und Magazine im Internet dazu – geraten also von zwei Seiten unter Druck. Zum einen sinken die Margen, was zu einem Stellenabbau, damit zu einem schleichenden Ausdünnen der Redaktionen und zu redaktionellen Konzentrationsprozessen führt (siehe das Beispiel DuMont). Zum anderen müssen die Printmedien ihre inhaltliche Ausrichtung überdenken: Angesichts der Aktualität des Internet macht es wenig Sinn, am nächsten Tag die Meldungen noch einmal eins zu eins abzudrucken, die schon die ganze Zeit über die Online-Ticker der verschiedenen Portale laufen und dort vor allem vom jüngeren Publikum längst rezipiert worden sind. Hier liegt meiner Meinung nach eine der Hauptursachen für die schwindenden Reichweiten gerade der regionalen Tageszeitungen beim jüngeren Publikum.

Hinzu kommt, dass das Monopol auf lokale Berichterstattung, das Geschäftsmodell der regionalen Blätter, auf dem ihr Erfolg fußt, durch die sozialen Internet-Communities längst zerlöchert ist: Es sind eben nicht mehr die regionalen Blätter allein, die für die Leser ihr unmittelbares Lebensumfeld abbilden und die heimatliche Öffentlichkeit der Schützenvereine, Sportlerehrungen und Feuerwehrfeste organisieren. Die Menschen organisieren sich und ihre speziellen Interessen und Bedürfnisse im Netz selbst. Und das kann die Existenz der regionalen Blätter bedrohen, wenn sie nicht gegensteuern und selbst beginnen, sich einen Platz in diesen sozialen Online-Netzwerken zu erobern und die Öffentlichkeit hier zu organisieren.

---

[82] vgl. www.bdzv.de/wirtschaftliche_lage+ M53c960fb421.html.

Die andere Chance für die Zeitung ist: Verstärkt auf Qualität zu setzen und anzubieten, was das sich selbst organisierende Internet nicht kann, nämlich seriöse Hintergründe und Exklusivrecherchen. Das aber erfordert Zeit und Personal und beides wird zur Mangelware in den Redaktionen aufgrund des wirtschaftlichen Drucks. So beißt sich die Katze in den Schwanz: Wollen die Printmedien (und das gilt auch für alle anderen Medien mit professionellen Redaktionen) hier mithalten, müssen sie personelle Kapazitäten aufbauen, die sie aber gleichzeitig wegen der sinkenden Auflagen und Werbeeinnahmen abbauen. Dass es den Bedarf an guter Recherche immer noch gibt, ein Bedarf, der angesichts der zunehmenden Komplexität der Welt wachsen dürfte, das zeigen die stabilen Auflagen der Wochenzeitungen bzw. die erfolgreiche Etablierung neuer Produkte wie der »Frankfurter Allgemeinen Sonntagszeitung«.

Für die Unternehmenskommunikation bergen diese gegenläufigen Tendenzen auf den ersten Blick Chancen, letztlich aber überwiegen auch hier die Risiken. Fest steht: Die Wahrscheinlichkeit, dass gut formulierte und spannend gemachte Pressemitteilungen eins zu eins, zumindest aber nicht gegenrecherchiert abgedruckt oder gesendet werden, wachsen enorm. Serviert man einem unterbezahlten, mäßig ausgebildeten und unter enormen Zeitdruck stehenden Redakteur eine Meldung auf dem Silbertablett, wird er vermutlich zugreifen. Die in den vergangenen Jahren sprunghaft angestiegenen, hoch professionell gemachten Angebote von PR-Abteilungen für Redaktionen belegen das. Für den Journalismus ist das eine bedenkliche Entwicklung: Denn degenerieren Journalisten auf breiter Front zum verlängerten Arm von PR-Abteilungen oder Unternehmenspressestellen, dann leidet über kurz oder lang die Glaubwürdigkeit der Medien. Und das schlägt auf die Unternehmen zurück, die sich in einem seriösen Umfeld präsentieren wollen.

Die Glaubwürdigkeit der Medien und der Unternehmen leidet auch, wenn einst renommierte Blätter überbordende Werbung zulassen. So erschien die als linksorientiert geltende (und damals noch eigenständige), aber finanziell angeschlagene »Frankfurter Rundschau« am 12. November 2004 mit einer Titelseite, die zu einem Drittel eingehüllt war in eine blatthohe Anzeige der Bekleidungskette H&M. Wie das bei der kritischen Leserschaft ankam, kann man sich vorstellen. Der Berliner »Tagesspiegel« hüllte man gleichen Tag die komplette Zeitung in eine H&M-Anzeige, sodass man erst einmal umblättern musste, um auf die Titelseite zu stoßen. Bei »Frankfurter Rundschau« und »Tagesspiegel« lief über der Anzeige der Schriftzug der Zeitung, um sie überhaupt identifizieren zu können. Der Tagesspiegel hatte sogar seine redaktionellen Verweise (Anreißer) auf die besten Geschichten ins Blatt hinein über die Anzeige gedruckt,[83]

---

[83] Anmerkung: Belege beim Autor.

sodass die H&M-Anzeige auf den ersten Blick wie ein integraler Bestandteil der Titelseite erscheinen musste.

Auch wenn dem Presserecht genüge getan war und der Tagesspiegel durch den Hinweis »Anzeige« klarstellte, dass es sich hier um kein redaktionelles Angebot handelte – was übrigens die Frankfurter Rundschau versäumte, vermutlich, weil es sich um eine unvollständige Ummantelung handelte, die noch einen Blick auf das redaktionelle Angebot erlaubte: Hier sind die Grenzen der Seriosität eindeutig überschritten. Nicht umsonst sind die Titelseiten von Zeitungen in der Regel für mehrspaltige Anzeigen tabu. Der Leser kauft das Blatt nicht wegen der Anzeigen, sondern wegen der (kritischen, erhellenden, frechen etc.) redaktionellen Inhalte. Insofern ist auch ein Imageschaden für die Firma H&M nicht auszuschließen, die in den Ruch geraten kann, die Zeitung »gekauft« zu haben. Erschiene zufällig am gleichen Tag ein Artikel über die Bekleidungskette im redaktionellen Teil, der sich unkritisch mit H&M auseinandersetzte, weil objektiv kein Anlass zu Kritik besteht, dann würde die Leserschaft das trotzdem schlicht als Gefälligkeitsartikel bewerten. So zu agieren, kann also eine fatale Außenwirkung haben und ist höchst kurzsichtig, sowohl für das sich zu sehr in den Vordergrund spielende Unternehmen wie auch für die Zeitung. Immer wieder müssen sich übrigens die Redaktionen gegen solche und andere Begehrlichkeiten der eigenen Anzeigenabteilungen und deren »Kunden«, die Unternehmen, stemmen. Und nicht immer setzen sie sich durch, wie die Beispiele zeigen. Zum Schaden der Glaubwürdigkeit des Blattes.

Eine bröckelnde Glaubwürdigkeit hat gravierende Folgen: Eine Abwärtsspirale setzt ein, in deren Gefolge die Auflagen und Reichweiten noch weiter sinken, das Personal noch weiter ausgedünnt wird, die Konzentrationsprozesse zunehmen und es irgendwann auch für die kommunizierenden Unternehmen keine öffentliche Plattform mehr gibt, auf der sie sich ihren Mitarbeitern, Kunden und Aktionären stellen können. Im Extremfall gerät dann alles, was man tut, in den Sog der für Verschwörungstheorien anfälligen Gegenöffentlichkeit im Internet, die dann vielleicht zur neuen Öffentlichkeit avanciert. Um den Preis der redaktionellen *Entprofessionalisierung.*

3.21. Redaktionelle Arbeitsverdichtung und Unternehmenskommunikation

Gegenwärtig experimentieren die Printmedien mit »crossmedialen« Modellen, also der Verzahnung von aktuellen Online-Angeboten mit der Zeitung. Personell getrennt oder mit Personalaufbau verbunden sind diese Bereiche vor allem in den regionalen Zeitungsverlagen kaum, d.h. der zuständige Redakteur soll die

Geschichte, die er recherchiert hat, selbst online stellen, einige Begriffe verlinken, noch für Rückfragen aus dem Netz zur Verfügung stehen und nebenbei twittern. Das drückt mächtig auf das Zeitbudget und das bedeutet für die Recherche eine hohe Fehleranfälligkeit. Oder es bedeutet, dass nicht alle relevanten Parteien zu Wort kommen. Auch daran kann Unternehmen nicht gelegen sein, vor allem nicht, wenn sie Krisenkommunikation betreiben müssen und auf solche Redaktionsstrukturen treffen.

Hinzu kommt, dass in Deutschland landauf, landab die traditionellen Fach- und Lokalredaktionen aufgelöst werden zugunsten eines »News-Desk«-Systems. D.h.: Eine kleine Mannschaft von Allroundern sichtet das komplette Nachrichtenaufkommen des Tages und entscheidet dann am grünen Tisch, welches Thema wie und wo im Blatt oder im Netz platziert wird. Die Spezialisierung der Mitglieder in der Wirtschafts- oder Politikredaktion auf bestimmte Themen oder Unternehmen und deren Fachkompetenz bei der Beurteilung dessen, ob das Ganze nun wirklich einen Aufmacher bzw. eine Geschichte wert ist oder nicht, geht dabei weitgehend verloren. Nicht mehr der zuständige Fachredakteur in der jeweiligen Redaktion gibt bei der Diskussion, wie man ein Thema behandeln sollte, den Ton an, sondern eine auf Aufmerksamkeitsmaximierung lauernde, kleine Elite von Entscheidern. Und die kann die Themen nicht nach den differenzierten Kriterien beurteilen, die der damit seit Jahren betraute Redakteur in vielen Terminen, Gesprächen und Kontakten entwickelt hat. Dem Unternehmen geht so unter Umständen ein wichtiger Ansprechpartner in der Redaktion verloren.

Im Extremfall recherchiert bei diesem System jeder Redakteur jede Geschichte, sodass man als Pressestelle gezwungen ist, jedes Mal wieder den Kontext herzustellen, den der langjährige, konstante Ansprechpartner natürlich kennt. Das öffnet Missverständnissen und Fehlern in der Berichterstattung Tür und Tor. Und selbst wenn der ausgewiesene Fachmann den Artikel auf Geheiß des News-Desk schreibt, wird am grünen Tisch noch einmal drüber gearbeitet und das Ganze unter Umständen so zugespitzt, dass es, wenn schon nicht falsch, so doch grenzwertig werden kann. Zumal ein News-Desk von Allroundern dazu tendiert, eher dem Duktus und dem meist oberflächlichen Informationshintergrund der Presseagenturen aufzusitzen. Was das im Übrigen für die Motivation des bislang zuständigen Fachredakteurs im eigenen Haus bedeutet, kann man sich ausmalen. Mit dieser Art der Artikelgenerierung kann eigentlich keine betroffene Unternehmenskommunikation zufrieden sein.

Schließlich leidet die Qualität der redaktionellen Arbeit auch darunter, dass immer mehr Verlage dazu übergehen, eine Zweiklassengesellschaft zu etablieren: Junge Kollegen werden zu weitaus schlechteren Konditionen eingestellt als die altgedienten Redakteure. Der Zeitungsverlag Aachen beispielsweise – und das ist keine Einzelerscheinung – beschäftigt neue Redakteure künftig in einer ausgegründeten Leiharbeitsfirma und zahlt ihnen 20 Prozent weniger Gehalt.[84] In anderen Medienunternehmen erreichen junge Kollegen manchmal nur noch rund die Hälfte der bislang bezahlten Bezüge. Auch in Fernsehen und Hörfunk schmilzt der teuere Redakteursstamm ab und freie Mitarbeiter oder Produktionsgesellschaften halten die Sender am Laufen, was zu ganz spezifischen Problemen führt, nämlich zum Verlust der redaktionellen Kontrolle über die Qualität der Recherche, die hinter den angelieferten Beiträgen steckt. Können zumindest die öffentlich-rechtlichen Anstalten noch mit einer ganz guten Vergütung für ihre »festen Freien« aufwarten, so ist das bei den regionalen Tageszeitungen in der Regel anders. Und das stellt die regionalen Printmedien vor enorme Rekrutierungsprobleme: Sie haben immer größere Schwierigkeiten, wirklich qualifizierte Volontäre für den anstrengenden Job zu gewinnen bzw. gute Leute zu halten. Darunter leidet wieder die Qualität, auf die die Unternehmenskommunikation und die Leser in unseren komplexen Zeiten so dringend angewiesen sind.

Ein ganz spezifisches Problem für Unternehmen wirft in diesem Zusammenhang das Internet auf, das dafür sorgt, dass eine einmal zerstörte Glaubwürdigkeit für lange Zeit archiviert wird. Im Unterschied zu Papier-, Film-, Tonband- oder Video-Archiven früherer Zeiten, zu denen man nur umständlich Zugang erlangte, ist das, was im Netz steht, heute für jedermann und jederzeit bequem erreichbar und verlinkbar. Verschärft wird das Ganze dadurch, dass sich in Deutschland eine Rechtsprechung abzuzeichnen scheint, die dahin geht, dass selbst falsche Angaben in online gestellten Artikeln und Archiven nicht nachträglich verbessert werden müssen, weil das die Medien aufgrund der Masse schlicht überfordern würde. So haben erst unlängst höchste Gerichte festgestellt, dass es Sendern und Magazinen nicht zuzumuten ist, rückwirkend alle Online-Artikel zu berichtigen, die nachweislich gegen journalistische Vorgaben verstoßen. Es ging dabei um die volle Namensnennung von Tatverdächtigen.[85]

Bestätigt sich diese Rechtsprechung, könnte das für Unternehmen in der Krise künftig bedeuten: Was einmal in der Welt ist, bleibt auch in der Welt. Und wenn sich die Fehler in den Redaktionen zunehmend häufen, weil dort die Qualität strukturbedingt sinkt, dann könnte sich das für Unternehmen auf Dauer zu einem ernsthaften Erschwernis auswachsen für die Interessen- und Imagekommunikation. Zumal der unprofessionellen Masse im Internet in der Regel das geschulte Auge und die Recherchefähigkeiten fehlen, um die Spreu vom Weizen, also die falsche von der richtigen Aussage zu trennen, und dort ein interessegeleitetes Datensammeln vorherrscht (siehe Gegenöffentlichkeit).

---

[84] vgl. Journalist, Ausgabe März 2010: 32.
[85] vgl. Journalist, Ausgabe März 2010: 70.

3.22. Der Redaktionsalltag und die Fehler in der Berichterstattung

Überhaupt sollte man als Unternehmen das Fehler- und Entdifferenzierungspotenzial in den Redaktionen nicht unterschätzen: Es wird aus den genannten Gründen noch zunehmen, ist aber auch schon heute erheblich. Das hat mit dem Redaktionsalltag zu tun. Der typische Fachredakteur beginnt den Tag damit, das Agenturmaterial auszuwerten. Das nimmt den ganzen Tag in Anspruch, da von den Presseagenturen ständig aktualisiert wird bzw. immer neue Meldungen einlaufen. Hörfunk und Fernsehen haben ebenso wie Online-Medien den großen Vorteil, dass sie ständig aktualisieren können und so im Laufe eines Tages gesendete Ungenauigkeiten und Fehler sich von selbst korrigieren. Zeitungsredakteure dagegen müssen die unterschiedlichen Meldungen und Aussagen bewerten und daraus ihre Schlüsse ziehen. Die für den Tagdienst eingeteilten Redakteure, die Agenturauswerter – »Blattmacher« genannt – entscheiden, welche Meldungen in die engere Auswahl kommen und sie legen die Wertigkeiten fest: Was ist ein möglicher Aufmacher? Was ist eine kleine Meldung etc.? Diese Auswahl findet am grünen Tisch statt, d.h. man verlässt sich auf das, was die Agenturen anliefern bzw. was die Korrespondenten und freien Autoren an Geschichten anbieten. Die Wertigkeit einer Meldung wird also definiert zum einen von außerhalb: Welche Agentur verkauft ihre Nachrichtenware am besten? Und von innerhalb: Welche Beurteilungskriterien, welche Kompetenzen haben die zuständigen Redakteure im Lauf ihrer Berufserfahrung entwickelt?

Um die Mittagszeit herum entscheidet die Konferenz mit den Kollegen im Ressort (oder der News Desk), was wo in welcher Länge gedruckt werden soll. Die Arbeit wird auf die an der Blattproduktion beteiligten Kollegen verteilt, d.h. jeder erhält einen bestimmten Packen Agenturmeldungen zugeteilt und gießt das Ganze in einen Artikel. Die klassische Ressortaufteilung hat dabei den Vorteil, dass man versucht, die Kollegen, die sich auf einen Bereich spezialisiert haben, die entsprechenden Themen bearbeiten zu lassen. Personell gut aufgestellte – in der Regel sind das bundesweit erscheinende – Zeitungen schaffen es, dass der Spezialist mit genau einem Artikel betraut wird, den er im Laufe des Tages noch beliebig um Eigenrecherchen ergänzen kann. In den weitaus meisten regionalen Tageszeitungen ist es aber so, dass jeder alles macht, d.h. auch einmal Themen für den Leser aufbereitet, von denen er wenig Ahnung hat. Und da ihm darüber hinaus wenig Zeit für vertiefende Nachrecherchen bleibt, weil er nicht nur einen Artikel umsetzen muss, sondern täglich eine bis vier Seiten mit Beiträgen zu füllen und darüber hinaus layouttechnisch umzusetzen hat (also: Bilder suchen und einblocken; die Artikel auf die Seite bauen, die Texte kürzen oder längen und Korrektur lesen), geht das auf Kosten der Qualität. Auch wenn dabei keine

Fehler passieren, ist am Ende des Tages oft nur zugeliefertes, meist oberflächliches Fremdmaterial aus der Agentur umgesetzt. Das Ganze potenziert sich bei den News Desks (siehe oben).

Auf den Lokalredaktionen lastet ein noch viel größerer Druck, weil man dort so gut wie gar nicht auf Nachrichtenagenturen zurückgreifen kann und sämtliche Meldungen selbst beschafft werden müssen. Das bedeutet für den Redakteur: Termine wahrnehmen, telefonieren, recherchieren, umsetzen und oft jede noch so kleine Meldung selbst schreiben. Hier ist jede zusätzliche Recherche eine gravierende Belastung. Denn während man auf Termin unterwegs ist oder recherchiert, bleibt die Arbeit in der Redaktion liegen, insbesondere das Layouten. Man schreibt dann nicht nur den eigenen Artikel zu dem Termin, auf dem man selber gerade war, schnell herunter, sondern hat zudem den Rest der jeweiligen Seite(n) zu füllen mit Bildern (Terminabsprache mit den Fotografen), mit den Texten der freien Mitarbeiter (Terminabsprache, Planung, Koordination) oder Meldungen, die man noch eben schnell aus eingelaufenen Pressemitteilungen »zusammenstrickt«. Dass das auf Kosten der Qualität geht, ist kein Wunder. Die klischeehafte Wahrnehmung von Welt und unter Umständen auch so mancher Unternehmen in den Medien hat hier ihre Ursachen.

Seriöse Redaktionen versuchen das dadurch aufzufangen, dass sie die Hälfte der Mannschaft für das Blatt machen abstellen und der anderen Hälfte Freiräume für eigene Recherchen ermöglichen. Das aber funktioniert nur mit einer vernünftigen Personalausstattung, die in der Breite immer weniger gegeben ist, und es funktioniert eher in den überregionalen Ressorts. Zudem treten Engpässe in Urlaubszeiten und im Krankheitsfall auf. Auch hier gilt: Es kann ein Glücksfall für die Unternehmen sein, wenn die Redaktion nicht mehr genug Zeit hat, sich der kommunizierten Themen genauer anzunehmen. Die Sichtweise der Pressemitteilung landet so im Blatt. Bei der Krisenkommunikation aber kann der Schuss nach hinten losgehen und möglicherweise entscheidende Differenzierungen gehen unter im Einheitsbrei des Presseagenturmaterials oder wegen der Zeitnot der Akteure.

Schnelligkeit ist selbstverständlich das oberste Gebot genauso in den Presseagenturen, die man sich als Nachrichtensammelmaschinen vorstellen kann: Wer mit seiner Nachrichtenware zuerst über den Ticker in die Redaktionen kommt, hat die besten Chancen, gesendet oder online gestellt zu werden. Entzerrend wirken die Printmedien dem fehleranfälligen Aktualitätsdruck insofern noch entgegen, als sie in der Regel über einen längeren Zeitraum sammeln und auswerten können. Laufen aber kurz vor Redaktionsschluss hoch aktuelle und als wichtig bewertete Agenturmeldungen ein, dann ist dafür keine Zeit mehr. Die Agenturmeldung geht mit für den nächsten Tag – in diesem Augenblick unüberprüfbar für die Redaktion.

Für Unternehmen kann es verlockend sein, gezielt mit Presseagenturen zu kommunizieren, da man so landes- oder bundesweit Verbreitung finden und über die Nachrichtenticker im Internet auch direkt das Publikum erreichen kann, nicht erst über den Umweg eines Entscheiders in der jeweiligen Redaktion. Es ist allerdings ziemlich schwierig, hier insbesondere als kleineres, nicht börsennotiertes Unternehmen mit einer unspektakulären Meldung Berücksichtigung zu finden, denn in den Agenturen dominieren die großen Namen, die Krise und die Sensation. Zudem kann der normale Tagesablauf in den Redaktionen binnen einer Stunde völlig kippen, wenn irgendwo auf der Welt ein als Großereignis eingestuftes Geschehen abläuft. Alles fokussiert sich dann auf dieses Ereignis und man stellt alle verfügbaren Kräfte ab, um möglichst schnell ein Maximum an Material zusammenzutragen. Der Rest der Welt wird in so einem Fall schlicht ausgeblendet, wie das Beispiel des 11. September 2001 zeigt, der Tag der Terroranschläge in den USA: An diesem Tag und in den folgenden Wochen fand so gut wie keine andere Berichterstattung mehr statt bzw. wenn doch, dann unter dem Vorzeichen dieser »Katastrophe«, die ja auch massive wirtschaftliche Erschütterungen auslöste.

Chancen für die Interessen- und Imagekommunikation gibt es allenfalls in ruhigeren, nachrichtenarmen Zeiten, etwa um Weihnachten und Neujahr herum, oder in den späten Abend- und frühen Morgenstunden. Allerdings sollte man nicht vergessen: In den Redaktionen der Presseagenturen sitzen Profis, die kritisch umgehen mit den aus den Unternehmen einlaufenden Kommunikationsversuchen. Hinzu kommt, dass Presseagenturen auf Nachrichten gepolt sind, auf harte Fakten also, auf Zahlen, die sich leicht in Nachrichten umsetzen lassen. Eine weichere Kommunikation, die sich etwa in differenzierten Hintergründen äußert, ist ihre Sache nicht unbedingt, auch wenn die Agenturen in den vergangenen Jahren verstärkt versuchen, größere Recherchen anzubieten, weil der Bedarf dafür beim Kunden, also den angeschlossenen Redaktionen, wächst.

3.23. Der selbstreferenzielle Extremfall: Wenn Medien die Welt ausblenden

Die spezifischen Informationsbeschaffungs- und Informationsaufbereitungsbedingungen in den Presseagenturen und Medien – und das muss man als Unternehmen wissen – erzeugen eine ganz spezifische Wahrnehmung in den Redaktionen, die von der Kommunikationswissenschaft als »selbstreferenziell« bezeichnet wurde: Der Journalismus sei selbstreferenziell insofern, als er vor allem auf sich selbst, seine Akteure und seine eigenen Konstruktionen von Wirklich-

keit reagiere; die internen Strukturen und Zustände in den Redaktionen seien
erzeugt durch die eigenen Erfordernisse und nicht so sehr durch Einflüsse aus
der Umwelt, heißt es da.[86] In gewisser Weise stimmt das, wie ich gleich an einem Beispiel zeige. Aber das Ganze ist uneingeschränkt richtig nur in einigen
wenigen Extremfällen. Und das hat zwei ganz einfache Gründe: Zum einen
versuchen die Medien immer, und vor allem solche in direkter Konkurrenzsituation, Exklusivinformationen zu generieren. Insofern sind Medien vor allem
ereignisgetrieben. Die Wirklichkeitskonstrukte entstehen erst durch das Berichten über diese Ereignisse, die unseriöse Redaktionen schon mal induzieren.

Zum anderen orientiert sich die Redaktionsstruktur an den Erfordernissen
der sozialen Umwelt, die Organisation der Gesamtredaktion ist den Interessen
der Leserschaft geschuldet: Es gibt Politik-, Wirtschaft-, Sport-, Kultur-, Fern-
seh- etc. und Lokalredaktionen, die die Nachrichten für ihre spezifischen Ziel-
gruppen aufbereiten. Das sind keine selbstreferenziellen Strukturen, sondern die
Strukturen werden bei Bedarf angepasst, etwa durch die Schaffung neuer Ressorts wie »Wissen« oder »Computer«. Also ist auch hier keine primäre Selbstreferenzialität gegeben, wie sie die Kommunikationswissenschaft gerne unterstellt. Das Problem der gegenwärtigen Medienlandschaft ist eher, dass die Masse der widerstreitenden Meinungen und Ansichten das Publikum überfordert,
und dass es hier kaum noch übergreifende Bewertungen und Einordnungen gibt,
weil die Journalisten dem selbst nicht mehr gewachsen sind. Damit sind wir
zugleich wieder beim Qualitätsproblem und seinen Ursachen.

Die Extremfälle, in denen Medien die Umwelt ausblenden, ihre eigene
Wirklichkeit erzeugen und selbstreferenziell perpetuieren, betreffen meist Themen mit einem ethisch-weltrettenden Unterton: Der Klimawandel zum Beispiel,
bei dem uns suggeriert wird, es sei ausgemacht, dass die Welt untergeht, obwohl
die Klimamodelle noch längst keine belastbaren Vorhersagen erlauben; man
sitzt hier zu einem guten Teil auch einer Forschergemeinde auf, die um Aufmerksamkeit und Forschungsgelder konkurriert. Für die Unternehmenskommunikation kann es sehr gefährlich sein, sich auf dieses Terrain zu begeben, auch
mit einer Imagekampagne: So bietet die Deutsche Post DHL in ganzseitigen
Anzeigen ihren Kunden unter dem Label »Gogreen« den kohlendioxidneutralen
Transport von Paketen an. Mit so etwas legt man hohe Maßstäbe an sich an, die
man auch erfüllen muss, sonst bietet man sehr viel Angriffsfläche, zumal wenn
man die Anzeige auf der hinteren Umschlagseite eines Magazins für Journalisten schaltet.[87] Andere ethisch-weltrettend aufgeladene Themen, bei denen der
Journalismus meist reflexartig agiert, sind politisch eindeutig inakzeptable Er-

---

[86] vgl. etwa Weischenberg 1994: 429.
[87] vgl. Journalist, Ausgabe März 2010: 92.

scheinungen wie der Rechtsradikalismus. Hier reagieren die Medien meist sehr reflexartig, sehr oft fast ausschließlich aufeinander und meist ohne selbstkritisches Innehalten. Und das zeigt das Beispiel Sebnitz.[88]

Am 26. November 2000 zitiert »Bild am Sonntag« aus eidesstattlichen Aussagen, die schildern, wie ein Junge im Schwimmbad des ostdeutschen Ortes Sebnitz von Rechtsradikalen gefoltert und ertränkt wird. Diese Zeugenaussagen seien von den aus dem Westen stammenden Eltern über einen Zeitraum von drei Jahren zusammengetragen worden und würden nun der Polizei und der Staatsanwaltschaft vorgelegt. Die im nahen Chemnitz erscheinende »Freie Presse« berichtet sachlich und neutral von einer Gedenkfeier für das Opfer Joseph in Sebnitz; die Behörden seien vor drei Jahren von einem Badeunfall ausgegangen. Erwähnt wird die Anwesenheit des damaligen Ministerpräsidenten Kurt Biedenkopf und des Landesbischofs.

In der »Welt am Sonntag« erscheint am gleichen Tag ein Feature aus Sebnitz, das mit den Sätzen beginnt: „Grölender Gesang durchbricht die Stille der Nacht: »Wir Deutschen, wir sind besser. In eurem Bauch steckt bald ein Messer.« Kurzgeschorene Jugendliche ziehen an der »Center Apotheke« in der sächsischen Kleinstadt Sebnitz vorbei. Renate Kantelberg-Abdullah, 48, und ihre Tochter Diana, 15, stürzen ans Fenster. Die Neonazis schauen hoch, sehen, dass sie fotografiert werden und rufen: »Du Sau, lass das« und »Wir kriegen euch«. Die Mutter bleibt ruhig, schaut hinunter. »Heute ist es besonders heftig«, sagt sie nur und schließt das Fenster. Es ist der Abend des Tages, auf den die deutsch-irakische Apothekerfamilie seit drei Jahren wartet. Der Tag, an dem öffentlich wurde, was die Eltern anfangs nur ahnten, dann immer fester glaubten und für das sie schließlich die Beweise sammelten: Ihr sechsjähriger Sohn Joseph (...) wurde im Sebnitzer Freibad zuerst gequält, dann ertränkt – aus Fremdenhass von Rechtsradikalen."

Woher die geschilderten Eindrücke stammen, bleibt unklar: Es wird suggeriert, es sei ein Reporter der »Welt am Sonntag« vor Ort gewesen. Die in der Region erscheinende »Freie Presse« hat für diesen Tag keine ausländerfeindlichen Umtriebe in Sebnitz gemeldet. Bundesweit erscheinen am gleichen Tag zahlreiche Kommentare über das Problem des Wegschauens in Deutschland.

Am 29. November meldet »Bild online«: „Zeugen ziehen ihre Aussagen zurück." Die Staatsanwaltschaft habe inzwischen festgestellt, dass keine der angeführten Zeugen den angeblichen Mord an dem Jungen direkt beobachtet hat. Von bezahlten Aussagen ist die Rede, die die Mutter des angeblichen Opfers vorformuliert und in den Computer eingetippt habe. Ein privates Gutachten, von den Eltern des toten Jungen in Auftrag gegeben, gerät ins Kreuzfeuer der

---

[88] Anmerkung: Belege beim Autor.

Kritik. Und gegen die Mutter und ihre Zeugen wird nun staatsanwaltschaftlich ermittelt, wie die »Freie Presse« sachlich berichtet. Jetzt, sechs Tage nachdem bundesweit und international ein Bild von Sebnitz vermittelt wurde, in dem es von Rechtsradikalen und Wegschauern nur so wimmelt, beginnen die Medien zurückzurudern. Die »Frankfurter Rundschau« schreibt: „War der ungeheuerliche Verdacht, Joseph sei ermordet worden, nur eine Konstruktion der verzweifelten Eltern?" Und entschuldigt sich mit: „Der Fall Joseph bleibt undurchsichtig und rätselhaft."

Die »Sächsische Zeitung« spricht von einer „unerwartete[n] Wende" und lenkt von der Mitschuld der Medien ab, indem sie neue Fragen aufwirft: „Standen Staatsanwälte unter Druck?" Immerhin wird in dem Beitrag beleuchtet, wie es zu dem Medienrummel kam, aber nur um die Schuld auf »Bild« zu lenken, wo man das Ganze losgetreten habe: „Doch seit Wochen schon ging die Bild-Zeitung mit der Story vom mutmaßlichen Neonazi-Mord an Joseph schwanger. Behörden wurden von der Redaktion angefragt und rieten zur Vorsicht. Doch die Story erschien am 23. November bundesweit auf Seite 1. Fast gleichzeitig wurde die Festnahme der drei Verdächtigen bekannt. Sie musste wie eine amtliche Bestätigung der Geschichte erscheinen", rechtfertigt die »Sächsische Zeitung« den Medienrummel: „Und die Republik ist empört. Kaum einer weiß, dass zwei große Magazine den Fall ebenfalls detailliert kannten, aber aus Vorsicht nicht veröffentlichten. Kaum einer beachtet, dass fremdenfeindliche Hintergründe nie bestätigt worden sind."

Die »Welt« (wie »Bild« ein Blatt des Axel-Springer-Verlags), die zuvor einen Ort geschildert hatte, durch den grölende Nazihorden ziehen, spricht nun plötzlich von einer „grauenhaften Parabel". Und macht die Gesellschaft für das eigene journalistische Debakel verantwortlich: „Da ist eine seit Monaten tief erregte Öffentlichkeit, die offenbar keinen Moment darüber nachzudenken versucht, ob der Tod im Schwimmbad mehr ist als der finale, geradezu erwartete Beweis, dass der braune Terror bereits mitten im Herzen der Gesellschaft grassiert." Der Artikel dekliniert die Versäumnisse der Gesellschaft durch, angefangen beim „aufgeschreckten Bürgermeister" über die angeblichen Befindlichkeiten der Republik bis hin zu der im Osten tragisch gescheiterten Mutter von Joseph. Um schließlich eine Zurückhaltung im Umgang mit dem Fall an den Tag zu legen, die man selbst zuvor komplett hat vermissen lassen: „Auch wenn sich womöglich doch nicht nachweisen lässt, dass er das Opfer brauner Totschläger geworden ist (...)." Dieser Halbsatz ist eine geradezu perfide Wendung, die unterstellt: Unsere Geschichte hat im Großen und Ganzen gestimmt (was der Text übrigens auch mit einem zitierten Kommunikationswissenschaftler untermauert) – doch womöglich lässt sich nur nicht »nachweisen«, dass braune

Schläger Joseph ungebracht haben. So will man das Gesicht wahren und die Glaubwürdigkeit beim Leser wieder herstellen.

Nur »Bild« hat die Größe, sich am 26. Juli 2001 bei dem Ort Sebnitz zu entschuldigen und einen Kinderspielplatz und die Unterstützung sozialer Projekte zu versprechen. Der kurze Artikel ist garniert mit einem Seitenhieb auf die Kollegen: „Fast alle deutschen Zeitungen [berichteten] in rund 500 Artikeln über den Fall des kleinen Joseph aus Sebnitz, TV- und Radiostationen bringen ausführliche Berichte – auch Bild."

Den pikanten Schlusspunkt in der Medien-Affäre setzt schließlich die »Netzeitung«. Das Online-Blatt, das am 16. November 2000 in einem Kommentar getitelt hatte „Empörung ist zu wenig" und darin die „Ignoranz all jener" geißelte, „die zugesehen haben", und die Staatsanwaltschaft aufforderte, „auch wegen unterlassener Hilfeleistung zu ermitteln", die Behörden aber gleichzeitig dafür kritisierte, dass sie bagatellisierten und ihnen die „Entschlossenheit" fehle, „dem Recht auf körperliche Unversehrtheit zum Durchbruch zu verhelfen", diese »Netzeitung« gießt nun am 25. Juli 2001 Häme aus über die für den nächsten Tag angekündigte Entschuldigung der »Bild«-Zeitung: „Sie tut es doch! Lange hat es gedauert (...)." Gleichzeitig schwärzt der Text in der »Netzeitung« die Konkurrenz beim Leser an: „Bereits im Februar hatte der Deutsche Presserat die drei Tageszeitungen »Bild«, »Berliner Morgenpost« und »tageszeitung« für ihre Berichterstattung über den Fall Sebnitz gerügt." Insbesondere die Überschriften von Artikeln waren dem Deutschen Presserat übel aufgestoßen: Sie hätten jeden Zweifel am Tathergang ausgeschlossen und somit nahe gelegt, dass der Junge einem Anschlag von Neonazis zum Opfer gefallen wäre. Da war die »Netzeitung« schlauer. Ihr eigener Kommentar vom 26. November 2001 leitet ein mit den Worten: „Wenn sich der Verdacht bestätigt (...)."

3.24. Der Fall Sebnitz – ein Lehrstück für den Umgang mit der Presse

Der Fall Sebnitz ist ein Lehrstück in Sachen Medienmechanismen, mit denen man als Unternehmenskommunikation rechnen muss:

1. Es fällt Presseorganen unglaublich schwer, Fehler einzugestehen, eben weil die Glaubwürdigkeit das alles beherrschende, verkaufsfördernde Gütesiegel ist, selbst für die »Bild«-Zeitung. Die Fülle der Informationen, die tagtäglich über den Äther gejagt und auf Papier gedruckt werden sowie der schnelle Wechsel der Themen bieten den Medien dabei eine gewisse Deckung: Unhaltbare Behauptungen »versenden« sich, sind also schnell wieder vergessen, können aber ebenso schnell korrigiert werden – von den elektronischen Medien jederzeit, in den Tageszeitungen im 24-Stunden-Rhythmus. Und angesichts des vielstimmigen Chors der Informationen, die jeden Tag auf jeden von uns einprasseln, geht viel Halbwahres und Oberflächliches, das Medien verbreiten, einfach unter: Das Radio läuft nebenher, die Zeitung fliegt in den Müll. Neuer Tag, neues Glück. Das spricht für eine gewisse Gelassenheit von Seiten der Unternehmenskommunikation im Umgang mit der Presse, wenn keine groben Verstöße gegen die Wahrhaftigkeit vorliegen.

2. Medienleute besitzen eine Gabe, Sachverhalte blitzschnell zu drehen und zum Angriff überzugehen, um von sich abzulenken. Sie tun das, wie wir gesehen haben, gerne mit Fragen, die in den Raum gestellt werden, ohne sie beantworten zu müssen. Wer also als Unternehmer öffentlich die Presse angreift, schadet sich damit unter Umständen selbst am meisten. Besser ist es deshalb manchmal, die »Faust in der Tasche zu ballen« und möglichst sachlich zu bleiben. Viele Halbwahrheiten, die Medien verbreiten, sind ohnehin nicht justiziabel, weil sie mit einschränkenden Vokabeln geschmückt werden wie »wohl«, »offenbar«, »womöglich« etc. Trotzdem ist etwas in der Welt, das weiterarbeitet. Aber das sollte man souverän hinnehmen. Jede unbedachte Reaktion kann es schlimmer machen. Das beste Mittel gegen die Gerüchteküche ist: Ehrlichkeit und die belegbare Aussage. Sie machen unangreifbar.

3. Man sollte die Konkurrenzsituation nutzen, in der die Medien bundesweit und in manchen Regionen stehen. Wer sich einer seriösen Redaktion anvertraut und ihr exklusiv Hintergründe zukommen lässt, der schützt sich zugleich prophylaktisch vor Angriffen der unseriösen Konkurrenz. Vorausgesetzt, man hat sich nichts zuschulden kommen lassen, denn sonst verliert man auch an Rückhalt in der seriösen Redaktion. Entweder ist das Thema dann für die Konkurrenz »verbrannt«, oder es ist schon einmal eine andere Sichtweise in der Welt, die noch dazu von einem glaubwürdigen Medium verbreitet wird.

Es gibt Fälle, in denen insbesondere die Boulevardpresse Personen der Zeitgeschichte mit erpresserischen Methoden bedrängt, ihr mit markigen Zitaten oder einer Serie zu Diensten zu sein. Sie droht etwa damit, sonst Details aus dem Privatleben zu veröffentlichen oder eine Kampagne zu starten. Wer nicht zu Diensten sein will, weil er um seinen Ruf fürchtet, der kann den Kontakt zur seriösen Redaktion vor Ort suchen und ihr das Ganze anvertrauen. Als Opfer hat er weitgehend die Kontrolle darüber, was veröffentlicht wird, und er begibt sich damit in den Schutz der Öffentlichkeit und nimmt dem Gegner den Wind aus den Segeln. Wenn die Boulevardkonkurrenz trotzdem geifert, dann hat es nicht mehr dieselbe Wirkung.

Auf ähnliche Weise hat sich Helmut Kohl gegen den Teil der Presse zur Wehr gesetzt, der ihm durchaus böswillig gegenüberstand. Zu seiner Zeit als

Kanzler gab er dem »Spiegel« jahrelang kein Interview wegen der teils sehr persönlichen Angriffe des Magazins auf ihn. Das ist legitim. Kohl konnte immer darauf verweisen: Egal, was der »Spiegel« über mich schreibt – es stammt nicht von mir. Das untergrub den Anspruch des Magazins, über alles besser informiert zu sein als die anderen, auf eine sehr elegante Weise. Denn der »Spiegel« konnte keinerlei intensiveren, persönlichen Kontakte zum Kanzler vorweisen, sodass alle Einschätzungen, ihn betreffend, weitgehend aus zweiter Hand stammen mussten – also von der journalistischen Konkurrenz, die Kohl sehr wohl mit Terminen versorgte, oder aus dem gegnerischen Umfeld des Kanzlers, das nicht als sehr objektiv zu bewerten war.

3.25. Das stumpfe juristische Schwert der Gegendarstellung

Angesichts der vielen »weichen« Faktoren, die den Umgang mit den Presseorganen bestimmen und ihn so unberechenbar machen, fallen die wenigen juristischen Werkzeuge und das institutionalisierte Selbstkontrollgremium des »Deutschen Presserats« kaum ins Gewicht. Die viel beschworene Gegendarstellung zum Beispiel darf sich nur auf den konkreten, falsch behaupteten Sachverhalt beziehen. Ein fiktives Beispiel: Eine Zeitung schreibt, im Unternehmen XY sei die Belegschaft unzufrieden mit dem neuen Chef. Der habe sich unbeliebt gemacht, weil er seine „alten Seilschaften" pflege und sich mit „Kumpels aus dem Studium" umgebe, was zur Kündigung des langjährigen Geschäftsführers geführt habe. Nun kann das Unternehmen nachweisen, dass der Geschäftsführer aus freien Stücken gegangen ist und nicht etwa gekündigt wurde, wie der Artikel behauptet. Darüber hinaus will sich das Unternehmen gegen die Aussage wehren, es würden „alte Seilschaften" gepflegt und „Kumpels" des neuen Vorstands zum Zug kommen: Die neue Führungsriege, so die Kommunikationslinie des Unternehmens, zeichne sich vor allem dadurch aus, dass sie qualifizierter sei als die alte und nicht, dass sie zum persönlichen Bekanntenkreis des neuen Vorstandsvorsitzenden zähle.

In einem solchen Fall ist nur die falsche Tatsachenbehauptung gegendarstellungsfähig, „die einem Wahrheitsbeweis zugänglich ist",[89] in unserem Fall also, dass der Geschäftsführer gekündigt wurde. Die Beweislast liegt übrigens beim Kläger. So lange die neue Führungsriege wirklich aus Personen besteht, die dem Vorstandschef schon lange persönlich verbunden sind, fallen die Äußerungen über die Seilschaften unter die Meinungsfreiheit. Die Gegendarstellung ist formal streng reglementiert, sie müsste in diesem Fall ungefähr lauten: *In*

---

[89] www.initiative-tageszeitung.de/lexika/ol-presserecht/olp-artikel.html?LeitfadenID=025.

dem Artikel vom soundsovielten wurde behauptet, der Geschäftsführer unseres Unternehmens sei gekündigt worden. Wir stellen fest: Dies ist nicht der Fall. Er hat unser Haus aus freien Stücken verlassen. Und nur wenn die Gegendarstellung in dieser Form an die Zeitung oder den Sender herangetragen wird und die Tatsachenbehauptung nachweislich falsch war, sind die Redaktionen juristisch verpflichtet, den Gegendarstellungstext zu bringen. Erfüllt die Gegendarstellung diese formalen Kriterien nicht, ist jede Redaktion berechtigt, sie ohne Angaben von Gründen abzulehnen.

Das zeigt: Die Gegendarstellung ist eher ein stumpfes Schwert. Zumal die Zeitung oder der Sender in strittigen Fällen durchaus den Redaktionsschwanz »Die Redaktion bleibt bei ihrer Darstellung« an die Gegendarstellung anhängen darf. Eine Gegendarstellung zu verlangen, ist also nur dann sinnvoll, wenn es sich um einen groben Verstoß gegen die wahrheitsgemäße Berichterstattung handelt, die man etwa mit einer Schadensersatzklage verbinden kann. Boulevardblätter sind hier besonders anfällig, wenn sie beispielsweise Schwangerschaften oder Abtreibungen von Prominenten behaupten, die glatt gelogen sind, und dabei die Persönlichkeitsrechte der Betroffenen schwer verletzen. Für so etwas braucht man als Betroffener allerdings einen längeren Atem: Denn die Ansprüche müssen erst gerichtlich durchgesetzt werden. Und es ist die Frage, ob man ein Thema, das längst vergessen ist, wieder in die Öffentlichkeit zerren will; das aber tut auch ein gewonnener Prozess unweigerlich.

Wichtig im Zusammenhang mit der Gegendarstellung ist, dass man unterscheiden muss zwischen Meinungsäußerungen und Werturteilen auf der einen und Tatsachenbehauptungen auf der anderen Seite. Meinungsäußerungen und Werturteile gelten als Aussagen, „die auf ihren Wahrheitsgehalt durch Beweisführung objektiv nicht zu überprüfen sind, da sie nur eine subjektive Auffassung, eine wertende Einordnung wiedergeben"[90] – in unserem Fall die »Seilschaft«. Muss ein Gericht feststellen, ob es sich im konkreten Fall um eine Tatsachenbehauptung oder eine Meinungsäußerung handelt, dann legt es dabei das Verständnis des Durchschnittslesers als Maßstab an, der mit dem Thema des Berichts nicht speziell vertraut ist. Was kaum jemand weiß: Auch Tatsachenbehauptungen in Kommentaren, Satiren und Karikaturen und – eingeschränkt – in Bildern müssen korrekt sein, sonst sind sie gegendarstellungsfähig. Bilder genießen einen Sonderstatus, da sie in erster Linie zu Illustrationszwecken eingesetzt werden und deshalb „nicht ohne weiteres als Ergänzung einer im Text formulierten Sachaussage zu verstehen"[91] seien, so der Bundesgerichtshof. Gegen die unterschiedliche wissenschaftliche Beurteilung objektiver Befunde kann

---

[90] ebd.
[91] ebd.

man als Unternehmen übrigens nicht vorgehen: Sie gelten als Meinungsäußerung. Der Journalist, der sie zitiert, ist fein heraus.

3.26. Richtigstellung und weiche Einflussnahme

Insofern ist es für ein Unternehmen bei kleineren Ungenauigkeiten besser, auf die zeitnahe Richtigstellung zu drängen. Sie ist nicht einklagbar, aber seriöse Medien werden sich bei einem berechtigten Anliegen darauf einlassen. Das beginnt man am besten mit einem Brief an die betroffene Redaktion, der man den Sachverhalt aus seiner Sicht darstellt und um Korrektur bittet – und zwar in einem sachlichen, überzeugenden Ton. Eine andere Möglichkeit ist der direkte Kontakt: Man macht die Sache am Telefon dringend und sucht das direkte Gespräch mit dem betroffenen Autoren und dem Redaktionsleiter. Erst wenn man so nicht weiterkommt, sollte man sich an den Chefredakteur wenden, der die Stellungnahme seiner Redaktion einholt und dann entscheidet.

Als letztes Mittel kann man sich den Gang zum Geschäftsführer oder Verleger vorbehalten. In gut geführten Häusern, die Redaktion und Anzeigenabteilung strikt trennen, macht es wenig Sinn, der Redaktion mit der Stornierung von Anzeigen zu drohen. Ist man ein regionales Unternehmen, schneidet man sich dabei nur ins eigene Fleisch, weil man meist über den regionalen Medienmonopolisten die eigenen Kunden erreicht. National und global operierende Unternehmen brauchen die regionalen Monopolisten, um die Mitarbeiterschaft unterhalb der Managementebene anzusprechen. Außerdem erzeugen als Erpressungsversuche empfundene Forderungen von Unternehmen, so berechtigt sie letztlich sein mögen, eher Solidarisierungseffekte innerhalb der Redaktion und des Verlages.

Eine elegante Lösung ist es, als Unternehmen auf die eigenen Mitarbeiter zu vertrauen, die ja oft auch die Leser der regionalen Zeitung sind, also die Kunden des Verlags. Bei groben Unstimmigkeiten werden auch sie reagieren und sich in Form von Leserbriefen zur Berichterstattung über das eigene Unternehmen äußern, zumal sie ja die Akteure und Betroffenen sind. Das hat Gewicht in der Redaktion. Es gibt Fälle, in denen Leserreaktionen aus Unternehmen sogar gezielt gesteuert werden: So hatte der Betriebsrat eines Opel-Standorts die Belegschaft aufgefordert, die regionale Zeitung zu boykottieren und massenhaft das Abonnement zu kündigen, weil die Opel-Problematik angeblich nicht ausreichend aus Sicht der Arbeiterschaft dargestellt worden war. Man habe zu viel mit dem Management bzw. der Geschäftsführung gesprochen und die amerikanische Sicht der Dinge verbreitet – letztlich also einer ungerechten Einsparungspolitik das Wort geredet. Viel Erfolg hatte diese Taktik freilich nicht: In

Einzelgesprächen mit den nicht sehr zahlreichen Abbestellern konnte die Chefredaktion unter Verweis auf die tatsächliche Berichterstattung dokumentieren, dass sehr wohl alle betroffenen Seiten zu Wort gekommen waren und der Betriebsrat die Leser nur instrumentalisieren wollte. Zudem hatte der Betriebsrat jedes direkte Gespräch mit der Redaktion abgelehnt, was ihm sehr schadete.

Es ist nicht ratsam, als Unternehmenskommunikation einer derart plumpen Taktik zu folgen: Denn über die veröffentlichte Meinung bestimmen nun einmal die Medien. Und wenn sich die Redaktion in einem Artikel kritisch damit auseinandersetzt, wie eine Interessengruppe versucht, die Pressefreiheit mit Füßen zu treten, sich also selbst zum Märtyrer der Pressefreiheit hochstilisiert, dann hat man dem so gut wie nichts entgegenzusetzen – weder als Gewerkschaft noch als Unternehmen. Der eigene Imageschaden kann gewaltig sein. Das persönliche Gespräch zu suchen, bewirkt da in der Regel immer das meiste. Gute Redaktionen sind für berechtigte Kritik von außen offen und werden nachbessern.

Schließlich gibt es noch das Selbstkontrollgremium des »Deutschen Presserats«, den jeder anrufen kann. Er hat keine Sanktionsmöglichkeiten, aber wenn er einem Blatt eine Rüge erteilt, dann entspreche es fairer Berichterstattung, so das Selbstverständnis des Presserats, diese öffentlich ausgesprochene Rüge abzudrucken. Selbst die »Bild«-Zeitung hält sich daran, und es ist kein Pappenstiel, eine solche Rüge zu veröffentlichen. Freilich kann auch das nur mit einiger Zeitverzögerung geschehen. Der Presserat wacht zudem darüber, ob Vorteile jeder Art angenommen bzw. gewährt werden, die die Entscheidungsfreiheit von Verlag und Redaktion beeinträchtigen könnten. Hier sind der Unternehmenskommunikation in seriösen Medien klare Grenzen gezogen, die freilich mitunter fließend werden, etwa wenn der Verleger oder der Chefredakteur mit einem Akteur aus der Wirtschaft eng verbunden ist, der so eine für ihn günstige Berichterstattung anregen kann.

Durchbrochen wird die klare Trennung von wirtschaftlichen und redaktionellen Interessen auch, wenn Zeitungsverlage oder Sender beispielsweise selbst als Mitveranstalter auftreten und ihre Konzerte bewerben bzw. hinterher darüber berichten. Hier können Unternehmen natürlich strategisch ansetzen und als Mitveranstalter auftreten, um gezielt Öffentlichkeit zu generieren. In den Redaktionen wird das nicht gern gesehen. Es hebelt letztlich die objektive Berichterstattung aus, und es unterminiert die Glaubwürdigkeit der Medien und letztlich auch der Unternehmen. Umgehen kann man das Ganze, indem man als mitveranstaltendes Unternehmen durchblicken lässt, dass man gegen eine kritische Berichterstattung nichts hat, sofern die Kritik berechtigt und fair ist. Das verlangt viel Größe und Selbstbewusstsein, hat aber psychologisch gesehen viel für sich: Die Redaktion fühlt sich dann verpflichtet, besonders sorgfältig zu arbeiten, ist doch das eigene Haus als Veranstalter mit im Boot.

3.27. Die drei Leitfragen der Außenkommunikation

Wir haben nun den weiten Raum der Unternehmenskommunikation mit seinen Unwägbarkeiten und psychologischen Untiefen durcheilt, ohne ihn erschöpfend behandeln zu können, weil jeder Einzelfall wieder ganz spezifische Fragen aufwirft, die spezifische Antworten erfordern. Dennoch kann man sich bei der Einrichtung bzw. Besetzung einer Unternehmenskommunikation an einem Raster entlang hangeln, das aus nur drei Grundfragen besteht. Die erste Frage muss lauten: Wer bin ich? Die zweite Frage: Was brauche ich? Und die dritte: Wen brauche ich?

1. Wer bin ich? Diese Frage bestimmt ganz automatisch die Strategie der Unternehmenskommunikation. Jedes Unternehmen muss sich zunächst klar machen, welches Zielpublikum erreicht werden soll, dann ergibt sich das Zielmedium ganz von allein. Das hängt davon ab, was man produziert bzw. was man als Dienstleister anbietet. Ein Weltkonzern, der vor allem chemische Grundstoffe herstellt, hat als Kunden nicht in erster Linie den Endverbraucher, sondern die Industrie, die diese Grundstoffe kauft, um daraus Produkte für den Konsum zu produzieren. Das bedeutet: Man ist nicht sichtbar für die meisten Menschen. Interessenkommunikation und Imagepflege sind deshalb immer mit einem größeren Aufwand verbunden. Das Fernsehen lässt sich etwa dafür nutzen, einprägsame Bilder zu transportieren und den Namen ein wenig in die Welt zu tragen. Viele Informationen kann man so aber nicht vermitteln, weil das, was man eigentlich tut, viel zu komplex ist, um es im TV oder im von Drei-Minuten-Wortbeiträgen geprägten Radio darzustellen. Also kommuniziert man am besten in die Printmedien hinein. Und wie wir gesehen haben, ist es eine guten Strategie, die regionalen Zeitungen nicht aus dem Blick zu verlieren, wenn man die Masse der eigenen Mitarbeiterschaft erreichen will.

In unternehmenspolitischen Fragen, wenn Druck auf Berlin oder die EU gemacht werden soll, bieten sich für Unternehmen die national verbreiteten (und internationalen) Medien an (neben den üblichen informellen Kanälen über Lobbyisten, die gezielt an bestimmte Abgeordnete herangehen). Dafür braucht es mitunter einen langen Atem, den nur Konzerne haben, wie das Beispiel des im Jahr 2010 nach 14 Jahren von Brüssel genehmigten Anbaus der Industrie-Genkartoffel Amflora zeigt. Der Druck, den die BASF zuletzt geschickterweise im Krisenjahr 2009 auch über die Medien aufbaute, war enorm: „Wenn Amflora nicht genehmigt wird, werden wir prüfen, ob wir uns mit der Pflanzenbiotechnologie aus Deutschland und Europa zurückziehen. Das wäre eine schlimme Entscheidung, politisch getrieben, wider jeden wissenschaftlichen Verstand", drohte BASF-Vorstand Jürgen Hambrecht beispielsweise am 25. August 2009.[92] Mit solchen immer wieder und gezielt bundesweit lancierten, düsteren Szenarien, die das Gespenst des Stellenabbaus an die Wand malten, schoss der Chemie-Konzern die politischen Institutionen sturmreif. Wer so kommuniziert, muss freilich auch finster entschlossen sein, entsprechend zu handeln und die unternehmerischen Ressourcen dazu haben (oder zumindest glaubhaft machen können, dass er sie hätte).

Leichter mit der Unternehmenskommunikation und dem Wahrgenommen-werden tun sich dagegen Firmen, deren Markenname auf der Verpackung prangt, deren Ware direkt im Einkaufskorb der Kunden landet, oder deren Produkte als Alltags- und Luxusgüter angeschafft werden. Kommunikation wird hier vor allem von professionellen Werbeagenturen eingekauft. Entscheidend für die Unternehmenskommunikation ist in diesem Bereich, dass man ein ausgefeiltes und eingeübtes Krisenkommunikationsmanagement hat, wenn es Probleme mit den Verbrauchern wegen der Produkte gibt (Rückrufaktionen, Qualitätsmängel etc.). Die PR-Agentur hilft einem da nicht bzw. tritt erst auf den Plan, wenn es zu spät ist und man mithilfe aufwendiger und teurere Imagekampagnen verlorenes Terrain wieder gutmachen will. Das Gleiche gilt für Firmen, die mit potenziell gefährlichen Substanzen hantieren (siehe oben).

Bringt man Innovationen auf den Markt, will man also die Neu- oder Weiterentwicklung seiner Produkte präsentieren, reicht es ebenfalls nicht, sich auf Werbekampagnen zu verlassen: Man sollte versuchen, damit in die normale Berichterstattung der Medien zu kommen, denn glaubwürdiger sind immer redaktionelle Beiträge. Ich hatte oben einige Beispiele für misslungene und gelungene Pressemitteilungen gegeben. Wichtig ist: Bei dieser Art der Kommunikation die Masse der Regionalzeitungen nicht zu vergessen, denn mit ihnen erreicht man die Masse der Kunden. D.h.: Die Unternehmenskommunikation muss sich einen Presseverteiler zusammenstellen, der möglichst das Bundesgebiet abdeckt. Es dürfte reichen, sich auf die größeren Regionalzeitungen mit Vollredaktion zu konzentrieren. Die Finger lassen sollte man vom Platzieren des eigenen Produkts etwa in TV-Serien (»product placement«). Letzteres ist ein gefährliches Spiel, das zumindest im öffentlich-rechtlichen Fernsehen gründlich schief gegangen ist, nachdem die Schleichwerbung in der Serie »Marienhof« durch einen aufmerksamen Redakteur des »Evangelischen Pressedienstes« aufgeflogen war und inzwischen große Sensibilität herrscht, was das Thema betrifft.[93] Solche Vorgänge erschüttern nicht nur die Glaubwürdigkeit der Medien, sondern auch der beteiligten Unternehmen. Und ob sie die Verkaufszahlen stei-

---

[92] Meldung der Presseagentur dpa vom 25. August 2009; Beleg beim Autor.
[93] vgl. www.epd.de/medien_index_35380.html; aufgedeckt von Volker Lilienthal.

gern, ist höchst zweifelhaft, da der Aufmerksamkeitsfokus auf den Protagonisten der Serie liegt und Waschmittel- oder Taschentuchpackungen bekannter Marken, die wie zufällig in der Szenerie auftauchen, von den Zuschauern eher als Alltagsgegenstände wahrgenommen werden, die sie ohnehin kaufen.

Das Internet ist nach wie vor ein schwieriges Umfeld für die Platzierung von Anzeigen-Links oder Pop-ups etc., das belegen nicht zuletzt die zurückgehenden Einnahmen in diesem Bereich (siehe oben). Erfahrene Nutzer setzen zudem jede denkbare Technik ein, um sich vor unerwünschter Werbung zu schützen. Eine gut gemachte eigene Homepage, die über das Unternehmen informiert und etwas Mehrwert bietet wie ein kurzweiliges, interaktives Spiel, hat da schon mehr Nutzwert. Grundsätzlich unterwirft man sich aber im Netz einer gnadenlosen Transparenz. Darüber muss sich jede Unternehmenskommunikation im Klaren sein: Für den Kunden ist es sehr einfach, Produkte und Preise zu vergleichen oder sich mit anderen über Qualitätsmängel auszutauschen. Insofern ist das Netz für Unternehmen eigentlich die Plattform, um sich dieser Konkurrenz zu stellen und tatsächlich das für den Kunden nachrecherchierbar beste Angebot zu unterbreiten, um dort Kunden-Service vorzuhalten und um einen direkten Draht zum Nutzer zu haben. Service und direkte Kommunikation müssen sehr zeitnah erfolgen und das erfordert einen hohen Betreuungs- und Personalaufwand. Gleichzeitig machen die unbegrenzte Verlinkbarkeit, die direkte Vergleichbarkeit von Aussagen bzw. Stellungnahmen und die kritische Gegenöffentlichkeit die Interessen- und Imagekommunikation im Internet zum schwierigsten, was es gibt. Die Suchmaschinen spucken im Sekundentakt Gegenpositionen zu den eigenen Behauptungen und verbale Angriffe aus. Wer sich auf dieses Terrain begibt, der muss die Szene im Blick haben und schnell reagieren können. Das überfordert die Unternehmen in der Regel. Die Ausnahme sind IT-Firmen, weil diese Branche naturgemäß netzaffin ist.

Dabei scheint im Internet nicht jedes Unternehmen mit den gleichen Maßstäben gemessen zu werden. Bestimmte Strategien, auf sich aufmerksam zu machen, werden toleriert und sogar mit einer gewissen Bewunderung kolportiert, wenn es sich beispielsweise um eine Geschäftsidee handelt, die der neuen Ethno-Ökonomie nahesteht. So prämiert die US-Technikzeitschrift »Wire« jedes Jahr „Vaporware", d.h. groß angekündigte Luftnummern. Das US-Unternehmen Tesla hat es irgendwie geschafft, sich in dieses Umfeld einzuschleusen, ohne dabei Schaden zu nehmen, weil es sich um ein ethisch unbedenkliches Produkt handelte. In einem Presseartikel heißt es: „Da hatte es Tesla klüger angestellt: Die kalifornische Firma war 2003 mit dem Ziel gestartet, einen Elektrosportwagen zu bauen. Von Wundern war nicht die Rede, dass der Wagen sehr teuer werden würde, war immer klar. So kam Tesla mit dem ‚Roadster' zwar in Verzug – und zwar so sehr, dass die Experten zu lästern begannen und es 2007 eine Vaporware-Nominierung setzte. Doch die Strategie war aufgegangen. Als das 98.000 Dollar teure Auto 2008 in Produktion ging, waren mehrere 100 Exemplare vorbestellt. Manchmal lohnt es sich also doch, nach dem Motto: besser spät als nie."[94]

2. Was brauche ich? Damit sind wir bei der zweiten Frage angelangt: Was brauche ich für eine gute Unternehmenskommunikation? Letztlich eine professionelle Stelle, die über das noch einmal drüberschaut, was nach draußen gehen soll. Und die in der Lage ist, Kommunikationsstrategien zu entwickeln und Kommunikationsbedarf zu erkennen (siehe oben implementierte Krisenkommunikation). Man sollte diese Stelle nicht »Öffentlichkeitsarbeit/Marketing« nennen, wie es häufig getan wird, weil man damit den Bereich, der die Öffentlichkeit informieren soll, mit dem Bereich, der reines Marketing betreibt, im Namen der Abteilung verzahnt. In Redaktionen kommt so etwas nicht gut an. Am besten ist eine saubere Trennung zwischen der »Pressestelle« oder der »Öffentlichkeitsarbeit« und der »Marketingabteilung« oder »PR-Abteilung«. Wenn man beide Bereiche aus Kostengründen schon in einer Person vereinigen muss, dann sollte der Unternehmenssprecher darauf achten, dass er seine Bezeichnung ändert, je nachdem, mit wem er gerade kommuniziert. Bei Mitteilungen an die Presse sollte also immer der Pressesprecher oder die Pressesprecherin als redaktioneller Ansprechpartner auftreten und nicht der PR-Mann oder die PR-Frau des Unternehmens.

Ein zentraler Punkt in der Kommunikation nach außen: Die Öffentlichkeitsarbeit muss ansprechbar sein zu den Zeiten, zu denen Journalisten arbeiten und darf sich nicht orientieren an den normalen Bürozeiten des Unternehmens. Das Kerngeschäft der Printjournalisten beginnt gegen 10 Uhr morgens und endet bei Redaktionsschluss, der in regionalen Zeitungen aufgrund der kurzen Distributionswege bis Mitternacht hinausgezögert werden kann. Überregionale Zeitungen schließen mit ihren Fernausgaben gegen 17 Uhr die Nachrichtenverwertung. An ihrem Erscheinungsort können auch sie später andrucken. Bei den Presseagenturen und den aktuellen elektronischen Medien hat sich ein Schicht-System etabliert; die Redaktionen sind also rund um die Uhr besetzt. Allerdings ist die Nachrichtenlage im Inland ab etwa 19 Uhr in der Regel dünn, sodass eine Pressestelle, die zwischen 10 und 18 Uhr ansprechbar ist, eine sehr gute Abdeckung erreicht.

Für Notfälle außerhalb der Bürozeiten und auch am Wochenende (Redakteure haben Samstags- und Sonntagsdienste) sollte man den Redaktionen eine Rufnummer an die Hand geben und zum Beispiel eine Bereitschaft einrichten, die wechselt. Das gilt vor allem für die Unternehmen, die damit rechnen müs-

---

[94] Die Rheinpfalz am Sonntag vom 15. November 2009: Wolkige Versprechen, Seite 19.

sen, dass sie auch Krisenkommunikation zu betreiben haben. Wichtig ist, dass der Bereitschaftsdienst Zugriff auf sämtliche Entscheider und Experten im Unternehmen hat, um die benötigten Informationen zusammenzutragen und absprechen zu können, was man überhaupt gewillt ist, an die Presse weiterzugeben. Den Mitarbeitern und Entscheidern muss klar sein und klargemacht werden, dass der Pressesprecher, der sie am Wochenende aufstöbert, nicht »stört«, sondern dass es ihm darum geht, optimal nach draußen zu kommunizieren – im Interesse des ganzen Unternehmens.

In diesen Zusammenhang gehört übrigens auch, dass man Pressekonferenzen, die eine möglichste breite Wirkung erzielen sollen, nicht nach dem Terminkalender der Unternehmensleitung festsetzt, sondern zu einer Uhrzeit, die gewährleistet, dass die – am besten schon einmal in Form von knappen Thesenpapieren für die Journalisten aufbereiteten – Informationen redaktionell optimal verarbeitet werden können. Das sollte sich nach den Printmedien richten, da sie die größten Reichweiten haben und am differenziertesten berichten können. Zwischen 9 und 14 Uhr ist hier ein guter Zeitraum. Wer seine Pressekonferenzen am Abend abhält, muss sich nicht wundern, wenn in der Kürze der Zeit, die dann noch zum schreiben bleibt, Fehler passieren, oder wenn überhaupt keiner kommt, weil die Redakteure dann intensiv in die tägliche Produktion eingebunden sind, also layouten, redigieren und die Seiten abmelden. Die Ausnahme ist hier selbstverständlich der überraschende, außergewöhnliche Krisenfall: Bei solchen Großereignissen werden Journalisten zu den flexibelsten Arbeitnehmern, die man sich denken kann. So zynisch es klingt, aber die Flexibilität und Intensität der Recherche steigt direkt proportional zum Ausmaß einer (wahrgenommenen) Katastrophe.

Schließlich ist die Frage »Was brauche ich?« jenseits der Strukturen und der personellen Ausstattung vor allem eine Frage nach den mediengängigen Inhalten abseits der Krisenkommunikation, die ja den Ausnahmefall darstellt. Also: Was biete ich Redaktionen an, damit sie es für so öffentlichkeitsrelevant halten, dass sie darüber berichten und so der Name meines Unternehmens im Blatt oder im Fernsehen erscheint, und zwar in einem positiven Licht? Was also brauche ich? Das lässt sich mit einem Wort beantworten: Ideen. Unternehmen, die jenseits der weit verbreiteten Verlosungen, Spendenübergaben oder Kulturaktivitäten in die Öffentlichkeit drängen wollen, brauchen eine kreative Kommunikationsarbeit. Manche Firmen haben hier die Schulen entdeckt und sich ein Engagement im Bildungssektor auf die Fahnen geschrieben. Sie statten Klassenzimmer mit ausrangierten Computern aus, veranstalten Börsenspiele für Schüler oder holen sich öffentlichkeitswirksam Problemjugendliche als Praktikanten ins Unternehmen. Gute Ideen, die darüber hinaus einen sozialen Zusatznutzen haben, die sich aber wie alle guten Ideen sehr schnell im Mahlstrom der medialen Aufmerksamkeitsspirale abnutzen, wenn es zu viele machen. Und was anfangs noch neu und damit einen Mehrspalter mit Bild oder einen dreiminütigen Radiobeitrag wert war, das verkümmert sehr schnell zur Randnotiz und ist irgendwann keine Meldung mehr wert.

Insofern muss in einer Pressestelle implementiert sein, dass sie beständig über öffentlichkeitswirksame Auftritte nachdenkt. Regelmäßig sollte ein Brainstorming stattfinden, in dem berichtenswerte Neuigkeiten aus dem Unternehmen und etwa die bekannten innerbetrieblichen wie außerbetrieblichen Kompetenzen einzelner Mitarbeiter gesammelt und daraufhin abgeklopft werden, was davon man der Presse anbieten könnte (das Einverständnis der betroffenen Kollegen natürlich vorausgesetzt). Ein Abgleich der internen Neuigkeiten mit der aktuellen Nachrichtenlage ist dabei zwingend. Denn große Themen eröffnen immer Möglichkeiten. Wenn beispielsweise gerade die Kindermissbrauchsfälle in den Kirchen und Privatschulen in aller Munde sind: Warum dann als IT-Unternehmen in einer Pressemitteilung nicht darauf rekurrieren und auf eine Verschärfung des Kinderschutzes auch im Internet drängen? Wer das geschickt mit eigenen Recherchen und Zahlen anfüttert und damit beispielsweise auf die Lücken hinweist, die sich im Netz bei der Überwachung von Kinderpornografie auftun, wer das vielleicht sogar anhand einiger konkreter Lecks belegt, die man selbst entdeckt und der Polizei weitergemeldet hat, der kann sich in der Öffentlichkeit als Sicherheitsexperte profilieren. Man sollte bei solchen Themen, die ins Herz der Gesellschaft treffen, allerdings vermeiden, im gleichen Atemzug eigene Sicherheitslösungen anzubieten. Es tut der Glaubwürdigkeit nicht gut, wenn man ehrlich gemeinte Hilfsbereitschaft und gesellschaftliches Engagement mit Geschäftemacherei verquickt. Wie immer erreicht man mit Sensibilität und Understatement mehr.

Unter die kreativen Kommunikationsstrategien fällt z.B. auch die Verlegung der Suchmaschine »Google« von Peking nach Hongkong im März 2010. »Google«, in den westlichen Ländern in der Kritik wegen seiner Datensammelwut für »Street View« und wegen des unabgesprochenen Digitalisierens von Büchern, konnte sich durch das Ausweichen ins liberalere Hongkong als Unternehmen positionieren, das demokratischen Maßstäben verpflichtet ist und sich nicht von den chinesischen Machthabern auf Dauer zur Selbstzensur zwingen lässt. Dahinter steckt freilich ein Kalkül: Während man in China nur auf einen Marktanteil von rund 35,6 Prozent kommt – der Platzhirsch ist die chinesische Suchmaschine »Baidu« (58,4 Prozent) – und sich so ein Rückzug leichter verschmerzen lässt, wickelt das US-Unternehmen weltweit rund zwei Drittel aller Suchanfragen ab; im besonders googlekritischen Deutschland sind es sogar 93

Prozent.[95] Man verzichtet also auf ein wenig Geld, um das Image auf den wichtigeren Märkten zu verbessern. Dass für Chinas Internetnutzer damit gar nichts gewonnen ist, hängt man bei »Google« natürlich nicht an die große Glocke: In Hongkong selbst werden die Suchergebnisse zwar nicht gefiltert, aber außerhalb Hongkongs können die chinesischen Behörden weiterhin jeden missliebigen Inhalt unterdrücken.

Eine andere Möglichkeit, öffentliche Sympathiewerte zu gewinnen, ist der Humor. Eine Kraft, die von den meisten Unternehmen (mit Ausnahme der Startups im Umfeld der »New Economy«) unterschätzt wird. Das meint nun nicht, Pressemitteilungen gewollt witzig zu formulieren, sonder eher, dass man gezielt nach kleinen, heiteren Geschichten aus dem Unternehmensalltag suchen kann, die man der Presse anbietet: etwa die Story von dem sich paarenden Dachs, der nachts den Werksalarm auslöst und dem man ein ungestörtes Liebesnest auf dem Gelände zuweist. Solche Geschichten werden gerne von der Presse aufgegriffen und machen ein Unternehmen menschlich. Polizeiberichte bedienen sich dieser Methodik seit langem. Humor lässt sich gezielt vor allem indirekt einsetzen, wenn man keine Berührungsängste damit hat, auch einmal in lockeren Kolumnen zu erscheinen. Vor allem die Angelsachsen sind uns bei diesem sportlich-spielerischen Umgang mit der Öffentlichkeit weit voraus. So hat das britische Direktorium für chilenischen Wein eine Studie in Auftrag gegeben, die der Frage nachging, wie lange Frauen ein Geheimnis behalten können. Das Ergebnis: Ein Artikel in einer Sonntagszeitung, der die Untersuchung unter dem Titel „Trocken & schwer" in einer augenzwinkernden, regelmäßig erscheinenden Rubrik namens »Frauen verstehen« kolportierte. Hier ein Auszug:

„Untersuchung Nummer 1 wurde finanziert vom britischen Direktorium für chilenische Weine und ist von daher als trocken und schwer einzuschätzen. Die Ergebnisse besagen, dass die Durchschnittsfrau kein Geheimnis länger als 47 Stunden für sich behalten kann. Da man davon ausgehen muss, dass jede Frau besser als der Durchschnitt sein will, dürfte dieser Zeitraum häufig unterschritten werden. 3000 Frauen zwischen 18 und 65 Jahren wurden befragt, und sie gestanden, alles ihren Freunden, Ehemännern, besten Freundinnen oder ihrer Mutter brühwarm weiterzuerzählen, egal wie vertraulich ihnen die Nachricht zugetragen wurde. Das mit den Ehemännern und Freunden glauben wir jetzt einfach mal nicht. Aber der Rest klingt plausibel. Auch die Rolle des Alkohols beim Ausplaudern fragten die Forscher ab. Und siehe da: Ja, sie verraten alles noch schneller unter dem Einfluss einiger Gläser Sekt. Und das ist ja auch gut so. Wie sonst sollte man die Klatschspalten dieser Welt füllen, wenn nicht die

---

[95] vgl. Die Rheinpfalz vom 24. März 2010, Wirtschaftsseite 2.

Frau an seiner Seite über ihn plaudert, was wiederum die beste Freundin an die Presse verrät? Vor allem aber: Wer sollte das alles dann kaufen und lesen?"[96] Für forschende Unternehmen sind zudem Wissenschaftsredaktionen gute Ansprechpartner, um auf intelligente Weise in die Medien zu kommen. Nur sollte man den platten Frontalangriff vermeiden und nicht mit irgendeiner (meist angeblich) innovativen Tür ins Haus fallen. Kein kritischer Wissenschaftsredakteur wird das ungeprüft aufgreifen bzw. veröffentlichen. Und wenn er keine Zeit hat zu prüfen, lässt er es lieber unter den Tisch fallen. Besser ist der Umweg über ein anerkanntes wissenschaftliches Institut, das man als Kooperationspartner gewonnen hat. Auch hier braucht es Fingerspitzengefühl, denn beispielsweise die Pharmaunternehmen, die in den langjährigen Diskussionen um die Gesundheitsreform allzu oft sehr kreativ umgegangen sind mit Statistiken und Ergebnissen, haben viel verbrannte Erde hinterlassen.[97] Der »Spiegel« hat nicht umsonst das unschöne Wort von den »Mietmäulern« geprägt für Wissenschaftler, die sich in den Dienst der Industrie stellen und es dabei mit der Wahrheit nicht so genau nehmen.

Auch außerhalb des Pharmabereichs gibt es durchaus Möglichkeiten der Zusammenarbeit mit der Grundlagenforschung. Das kann in Form einer Machbarkeitsstudie oder eines gemeinsamen Entwicklungsprojekts geschehen; Hochschulen sind ständig auf der Suche nach Drittmitteln. Die Wissenschaft sollte dann die Kommunikation nach draußen übernehmen, nicht das Unternehmen, das sich als Partner am besten etwas zurücknimmt. Wichtig in diesem Zusammenhang ist, dass die Unternehmenspressestelle dafür sorgt, dass die Informationen auch gut (dabei aber seriös) verkauft werden, also über den Text noch einmal drüberschaut und ihn in eine verständliche Form bringt. Wissenschaftler sind selten in der Lage, ansprechend zu kommunizieren, sie neigen zu theoretischen Abschweifungen, sie spicken ihre Texte mit Fachjargon und nehmen Dinge wichtig, die für die Initial-Kommunikation in die Öffentlichkeit hinein völlig irrelevant sind, z.B. ihre wissenschaftliche Methodik (die man nur für tiefer gehende Nachfragen vorhalten muss).

Wer sich ein Bild machen möchte vom erbärmlichen Zustand der Hochschul-Pressearbeit, der kann sich einmal auf der Plattform »Informationsdienst Wissenschaft« umsehen (www.idw-online.de). Das Grundproblem der Hoch-

---

[96] Die Rheinpfalz am Sonntag vom 7. März 2010: Trocken & schwer, Seite 21.

[97] Anmerkung: So kommt eine unlängst im Ärzteblatt (Seite 279-285) veröffentlichte systematische Analyse zu dem Ergebnis, dass „veröffentlichte Arzneimittelstudien, die von pharmazeutischen Unternehmen finanziert werden oder bei deren Autoren ein finanzieller Interessenkonflikt vorliegt, (...) häufiger ein für die Pharmafirmen vorteilhaftes Ergebnis als aus anderen Quellen finanzierte Untersuchungen" ergeben. „Außerdem werden die Resultate öfter zugunsten der Sponsoren interpretiert als in unabhängig finanzierten Studien." (Deutsches Ärzteblatt Jg. 107, Heft 16, 23. April 2010: 279).

schulen ist ihre meist schlechte finanzielle Ausstattung und ihre falsche Prioritätensetzung in Sachen Öffentlichkeitsarbeit: Auf den Pressestellen sitzen meist keine ausgebildeten Redakteure bzw. Journalisten, sondern unzureichend bezahlte Planstelleninhaber aus dem Umfeld der Universitäten; die Hochschulpressestellen müssen sich ihre Texte in der Regel von den Professoren absegnen lassen und können sie von daher gar nicht journalistisch aufbereiten, selbst wenn sie die fachlichen Kompetenzen dafür mitbringen; und die Pressestelle hat keinen Durchgriff auf die Institute und Lehrstühle, wo jeder Professor wie ein kleiner Fürst eifersüchtig über seinen Bereich und seine Forschungen wacht.

Ein sinnvolles System, um die Hochschulkommunikation nach draußen zu verbessern, wäre z.B., Journalisten fest anzustellen und sie selbstständig in den Fachbereichen recherchieren zu lassen; so könnte man Themen entdecken und sie spannend nach draußen kommunizieren. Die Pressesprecher müssten Durchgriff haben auf die Lehrstühle und selbst bestimmen dürfen, was öffentlichkeitsrelevant ist und was nicht etc. Vorbildlich sind in ihrer Öffentlichkeitsarbeit übrigens, abgesehen von den angelsächsischen Hochschulen, in denen die Pressearbeit einen ganz anderen Stellenwert hat, meist die Fraunhofer-Institute und – mit leichten Einschränkungen – die Max-Planck-Gesellschaft. Hier sitzen Kommunikationsprofis, nicht immer zum Entzücken der Forscher.

Von den heutzutage vor allem in potenten Konzernen üblichen korrumpierenden Strategien, Journalisten einzufangen, halte ich persönlich wenig: Einladungen von Autoherstellern an exotische Orte im Süden, um ein neues Modell auf einer Rennstrecke selbst zu testen, Journalistenseminare mit hochkarätigen Referenten und anspruchsvoller Unterbringung bzw. Bewirtung, Firmenrabatte für Redakteure, Einladungen zu einem Golfwochenende, gesponsert ausgerechnet von einem Schokoladehersteller und dem deutschen Golfverband (eine seltsame, aber nicht gerade seltene Allianz) und vieles andere mehr – alles hat einen Unterton der Bestechung. Der seriöse Journalist bzw. das seriöse Presseorgan wird darauf bestehen, Anreise und Übernachtung selbst zu bezahlen oder sich in seinem Artikel oder Beitrag nicht von den Annehmlichkeiten und Vergünstigungen beeindrucken lassen. Insofern: Viel Geld für wenig Ertrag und ein teurer Spaß, den sich die wenigsten Unternehmen leisten können.

Sinnvoller ist es, Journalisten an Standorte etwa in Asien mitzunehmen und sie dort frei agieren und recherchieren zu lassen. In jedem Fall kommt man so ins Blatt, auch wenn es keine Garantie dafür gibt, dass nicht auch Kritisches zur Sprache kommt. Aber damit muss man einfach leben. Schließlich erwarten Unternehmer und Manager von den Medien auch einen kritischen, distanzierten Umgang mit der Politik und der Gesellschaft.

3. Wen brauche ich? Kommen wir zur dritten und letzten Frage: Wen brauche ich für die Aufgaben, die die allgemeine Öffentlichkeitsarbeit mit sich bringt? Fest steht: einen guten Kommunikator, der Fingerspitzengefühl hat, keinen Dampfplauderer. Er (oder sie) darf sich nicht nur horizontal in seiner eigenen sozialen Schicht oder Peer-Group bewegen, er muss auch in der Lage sein – und das ist eine entscheidende Kompetenz, die leider so gut wie nie eingefordert wird –, sich vertikal durch die sozialen Schichten zu bewegen. Das gilt innerhalb wie außerhalb des Unternehmens. Betriebs- oder volkswirtschaftliche Grundkenntnisse kann man sich immer aneignen, weshalb ein Studium in dieser Richtung kein Auswahlkriterium sein sollte, aber häufig ist. Auch Wirtschaftsredaktionen sind nicht unbedingt eine gute Schule, die Journalisten besonders gut qualifizieren würde für einen Wechsel in eine Unternehmenspressestelle: Die Denke ist für eine breit angelegte, kreative Kommunikation meist zu ökonomisch, der Kommunikationsstil bewegt sich innerhalb der gleichen Parameter, die auch die sich selbstverständigende Managementelite verinnerlicht hat und ist damit tendenziell hermetisch. Damit bleibt die Kommunikation nach draußen ein Stück weit selbstreferenziell.

Gute Kommunikation ist eine Frage der Sensibilität, des Durchsetzungsvermögens, der strategisch-taktischen Fähigkeiten, der Gabe, Sachverhalte verständlich darstellen zu können, und insbesondere der Lebenserfahrung: Nur wer auch die andere Seite kennt, also Redaktionserfahrung hat und im Optimalfall darüber hinaus zum Beispiel in der Produktion gearbeitet hat, weil er sich sein Studium am Fließband oder als Staplerfahrer verdienen musste, oder weil er sich als studierender Arbeitersohn durch die sozialen Schichten in die Welt der Akademiker hochgekämpft hat, der kann die Fähigkeit entwickeln, viele verschiedene Menschen kommunikativ mitzunehmen. Für die Personalentwickler in den Betrieben und für alle, die über Bewerber zu entscheiden haben (und für den sich zum Kommunikator berufen fühlenden Chef), heißt das im Umkehrschluss: Nur weil jemand einen Satz fehlerlos formulieren kann, gestochen hochdeutsch daherredet und an der Universität kommunikationswissenschaftliche Seminare belegt hat, ist er noch lange kein guter Kommunikator, der dem Unternehmen wirklich nutzt. Der gute Kommunikator ist ein Stück weit auch der Unangepasste, der mit kritischer Loyalität den anderen Blick ins Unternehmen bringt und den man gewähren lassen und unterstützen muss. Nichts ist schlimmer in der Kommunikation, als im eigenen Saft zu schmoren. Denn dann ist Kommunikation keine Kommunikation mehr, sondern kommunizierte Introspektion. Und das ist für ein Unternehmen tödlich.

Der gute Kommunikator unterhält außerdem persönliche Kontakte zu Medienleuten, denen gegenüber er schon einmal zugibt, dass dieses oder jenes im Unternehmen nicht so gut gelaufen ist, ohne dabei Betriebsgeheimnisse zu verraten oder allzu vertrauliche Details preiszugeben. Er tut dies »off the record«, also ohne es offiziell gesagt zu haben, und nur gegenüber Journalisten seines

Vertrauens. Das macht ihn glaubwürdig bei der Presse, weil man ihn nicht als aalglatten Abwiegler empfindet. Und es hilft bei Krisen: Wenn ein als glaubwürdig empfundener Pressesprecher versichert, der Vorstand habe nichts von dieser oder jener Sache gewusst und sofort alles Menschenmögliche getan, dann nimmt man ihm das ab. Kommentare werden dadurch milder. Einen besseren Zugang zu Medienleuten kann man sich nicht wünschen. Das bedeutet intern: Vertrauen haben in seine kommunizierenden Querköpfe. Sich fernhalten von informationellen Durchlauferhitzern, die Ja und Amen sagen zu jedem Unsinn, den man ihnen aus der Chefetage serviert, und die sich nach draußen wie ein Vorstands-Megaphon gerieren. Das mag einem selber zwar schmeicheln, dient aber nicht dem Unternehmen. Die beste Loyalität ist die kritische Loyalität. Der beste Kommunikator ist der mitdenkende Öffentlichkeitsmitarbeiter, von dem man sich auch einmal beraten lässt.

Literatur

Bencke, J.: Die deutsche Art des Nichtlächelns, in: Psychologie heute 3/2007: 32ff.

Bundesverband Deutscher Zeitungsverleger: Zeitungen 2006, Berlin, 2006.

Castells, M.: Die Internet-Galaxie. Internet, Wirtschaft und Gesellschaft, Wiesbaden, 2005.

Falk, A./Heckman, J.J.: Lab Experiments Are a Major Source of Knowledge in the Social Sciences, in: Science vom 23. Oktober 2009.

Fast, N.J./Chen, S.: When the boss feels inadequate, in: Psychological Science, Early View online, 2009.

Frey, U./Frey, J.: Fallstricke. Die häufigsten Denkfehler in Alltag und Wissenschaft, München, 2009.

Gigerenzer, G./Goldstein, D.G.: Betting on One Good Reason: The Take The Best Heuristic, in: Gigerenzer, G./Todd, P.M./ABC Research Group (Hrsg.): Simple heuristics that make us smart, New York, 1999: 75-95.

Gruber, C.: Unvorhersehbarkeit als Normalfall: Der literarische Wandel. Eine interdisziplinäre Untersuchung, Würzburg, 2000.

Ders.: Literatur, Kultur, Quanten. Der Kampf um die Deutungshoheit und das naturwissenschaftliche Modell, Würzburg, 2005.

Ders.: Was ist Bedeutung? Eine Naturphilosophie der Subjektivität, Würzburg, 2007.

Hofmann, W. et al.: The road to the unconscious self not taken: Discrepancies between self- and observer-inferences about implicit dispositions from nonverbal behavioural cues, in: European Journal of Personality, 23/4, 2009: 343-366.

Keller, R.: Sprachwandel. Von der unsichtbaren Hand in der Sprache, Tübingen, 1990.

Krieger, W.: Geschichte der Geheimdienste. Von den Pharaonen bis zur CIA, München, 2009.

Miller, G.F.: Die sexuelle Evolution. Partnerwahl und die Entstehung des Geistes, Heidelberg, Berlin, 2001.

Northoff, G.: Die Fahndung nach dem Ich. Eine neurophilosophische Kriminalgeschichte, München, 2009.

Paetow, K.: Medienmacht, Medienvielfalt und wirtschaftliche Vernunft als kartellrechtliche Herausforderung, Sinclair-Haus-Gespräch 2003, im Internet: http://www.herbert-quandt-stiftung.de/root/index.php?page_id=702&PHPSESSID=5d735ed1ccc3ddb351392ecfec405a71&PHPSESSID= 5d735ed1ccc3ddb351392ecfec405a71.

Panksepp, J.: Affective Neuroscience: The Foundations of Human and Animal Emotions, New York, 1998a.

Ders.: The preconscious substrates of consciousness: affective states and the evolutionary origins of the self, in: Journal of Consciousness Studies, 1998b: 566-582.

Ruß-Mohl, S.: Die deutschsprachige Medienlandschaft im Überblick, Sinclair-Haus-Gespräch 2003, im Internet: http://herbert-quandt-stiftung.de/root/index.php?lang=de&page_id=708.

Ryan, R. et al.: Weekends, work, and well-being: Psychological need satisfactions and day of the week effects on mood, vitality, and physical symptoms, in: Journal of Social and Clinical Psychology, 29, 2010: 95-122.

Simon, H. A.: Homo rationalis. Die Vernunft im menschlichen Leben, Frankfurt/M., 1993.

Singer, T. et al.: Empathic neural responses are modulated by the perceived fairness oft others, in: Nature vom 26. Januar 2006: 466-469.

Spork, P.: Der zweite Code. Epigenetik – oder Wie wir unser Erbgut steuern können, Reinbek, 2009.

Watzlawick, P./Beavin, J.H./Jackson, D.D.: Menschliche Kommunikation. Formen, Störungen, Paradoxien, Bern, [8]1993.

Weber, E.: Vergessene Katastrophen. Warum wir uns in wirtschaftlichen Situationen oft falsch entscheiden, Interview in: Psychologie heute 2/2010: 26-28.

Weischenberg, S.: Journalismus als soziales System, in: Merten, K./Schmidt, S.J./Weischenberg, S. (Hrsg.): Die Wirklichkeit der Medien. Eine Einführung in die Kommunikationswissenschaft, Opladen, 1994: 427-454.

Winkler, P.: Zwischen Kultur und Genen? Fremdenfeindlichkeit aus der Sicht der Evolutionsbiologie, Analyse & Kritik, Opladen, 1994: 101-115.

Journalismus / PR

Marcel Bernet
Social Media Relations
Online PR im Zeitalter von Facebook
2010. ca. 192 S. Br. ca. EUR 24,95
ISBN 978-3-531-17296-5

Beatrice Dernbach
Die Vielfalt des Fachjournalismus
Eine systematische Einführung
2010. 302 S. Br. EUR 24,95
ISBN 978-3-531-15158-8

Hans J. Kleinsteuber
Radio
Eine Einführung
2010. ca. 280 S. Br. ca. EUR 24,95
ISBN 978-3-531-15326-1

Netzwerk Recherche (Hrsg.)
Trainingshandbuch Recherche
Informationsbeschaffung professionell
2. Aufl. 2010. ca. 250 S. Br. ca. EUR 24,95
ISBN 978-3-531-17427-3

Ulrike Röttger / Sarah Zielmann (Hrsg.)
PR-Beratung
Theoretische Konzepte und empirische Befunde
2010. 237 S. Br. EUR 29,90
ISBN 978-3-531-16955-2

Ansgar Zerfaß
Unternehmensführung und Öffentlichkeitsarbeit
Grundlegung einer Theorie der Unternehmenskommunikation und Public Relations
3., akt. Aufl. 2010. ca. IV, 468 S. (Organisationskommunikation. Studien zu Public Relations/Öffentlichkeitsarbeit und Kommunikationsmanagement) Br.
ca. EUR 49,95
ISBN 978-3-531-16877-7

Erhältlich im Buchhandel oder beim Verlag.
Änderungen vorbehalten. Stand: Januar 2010.

www.vs-verlag.de

VS VERLAG FÜR SOZIALWISSENSCHAFTEN

Abraham-Lincoln-Straße 46
65189 Wiesbaden
Tel. 0611.7878-722
Fax 0611.7878-400